中国国际扶贫中心
International Poverty Reduction Center in China

国际减贫与发展丛书
THE INTERNATIONAL POVERTY REDUCTION AND
DEVELOPMENT SERIES

世界各国减贫概要

（第二辑）

POVERTY PROFILES OF DEVELOPING COUNTRIES
(Volume 2)

主　编　左常升

副主编　谭卫平　张广平　徐丽萍

社会科学文献出版社
SOCIAL SCIENCES ACADEMIC PRESS(CHINA)

前　　言

　　中国国际扶贫中心是全球唯一专职从事减贫研究、培训、合作和交流的国际平台，致力于开展减贫研究，分享发展经验，推动国际交流，促进南南合作。中心立足中国，放眼世界，在促进中国减贫事业发展的同时，致力于为世界消除贫困做出贡献。为借鉴世界各国的减贫与发展经验，我们于2013年出版了《世界各国减贫概要》（第一辑），得到了广大从事减贫的理论和实践工作者的一致好评。我们继续推出《世界各国减贫概要》（第二辑），为国内精准扶贫提供好的经验和做法，以期为国内脱贫攻坚做出贡献。

目　录

第1章　中国减贫战略研究

张　琦*

　　中共中央、国务院发布的《关于打赢脱贫攻坚战的决定》明确提出"到2020年，稳定实现农村贫困人口不愁吃、不愁穿，义务教育、基本医疗和住房安全有保障。实现贫困地区农民人均可支配收入增长幅度高于全国平均水平，基本公共服务主要领域指标接近全国平均水平。确保我国现行标准下农村贫困人口实现脱贫，贫困县全部摘帽，解决区域性整体贫困"，确保2020年农村实现全面脱贫，为"十三五"时期我国扶贫确立新的攻坚目标和战略。

　　截至2015年末，我国还有5575万名贫困人口，虽然2020年完成"现行标准下的贫困人口全部脱贫"，但并不代表到2020年没有贫困，仅仅是贫困结构发生了变化。也就是说，即使到2020年完成全面脱贫的任务，绝对贫困问题基本解决，并不意味着贫困完全消除，贫困问题始终是人类面临的任务和挑战，我国扶贫减贫重点也将转向相对贫困方面的新阶段。

　　因此，2020年后中国减贫战略研究是我国减贫目标、减贫内容、减贫体系和减贫策略的创新和升级，更是自改革开放以来中国减贫之路的延续。首先，从减贫结构来讲，2020年后现行标准下贫困人口全部脱贫后，贫困结构转向高标准的相对贫困，减贫目标从单纯减少贫困人口转变为缩小相对贫困人口和非贫困人口的差距，减贫结构更加多层次化，难度也会

---

　　* 张琦，北京师范大学中国扶贫研究中心。

有所上升。其次，随着相对贫困问题的突出，我国减贫目标也从"脱贫"转变为"动态脱贫"，即打破绝对贫困概念，从相对贫困出发，根据相对贫困人口与非贫困人口的差距制定动态的减贫目标，使减贫目标更加灵活化，同时，使减贫内容更加多元化。在全面解决绝对贫困问题的基础上，相对贫困人口生活水平整体提高，此时的减贫内容也需进一步丰富，为使相对贫困人口原有生活水平有所提高，达到减贫的目标，除了增加衣食住行等基本生活要素外，还应增加环境、公共设施、心理健康、权益享受等软要素。最后，减贫策略的制定需根据减贫内容的变化有所改革，一方面要对 2020 年之前全面脱贫的贫困人口实施精确的监测考核策略，避免返贫状况出现；另一方面要针对相对贫困人口制定进一步提升生活水平的减贫策略，使减贫体系更加完善。

本章的研究目标之一是为目前我国扶贫攻坚战略提供前瞻性的指导，使减贫工作具有更高的衔接性。从总体上看，我们认为，2020 年后中国减贫战略重点和政策将实现四大融合推进的新变化，即由集中性减贫治理向常规性减贫治理转变；由主要解决绝对贫困问题向主要解决相对贫困问题转变；由重点解决农村贫困问题向城乡减贫融合推进转变；由重点解决国内贫困问题向推动国内减贫与国际减贫相结合转变。在此情况下，新的扶贫治理体系转向常规化，减贫职能由分散性职能向集中性职能转变。从时序发展战略演进看，2020 年后我国将经历第一阶段即扶贫脱贫巩固阶段，第二阶段即扶贫新战略确定并快速推进阶段，第三阶段即国家减贫战略稳步推进和建设幸福中国阶段。除了实现四大融合推进的新变化之外，我们认为 2020 年以后在考虑相对贫困问题的情况下，仍然需要制定一个较为明确的贫困标准。在此基础上，我们就 2020 年后减贫战略的重点研究领域进行了梳理。

一　总体趋势的研判

可以预期，到 2020 年，我国现行标准下农村贫困人口将如期全部脱贫，贫困县也将全部摘帽，区域性整体贫困问题基本得到解决，但贫困问题仍将广泛存在于中国的农村和城市。面对宏观经济态势和贫困人口分布趋势，

2020 年后依照中国贫困程度而确定的减贫标准、减贫战略重点思路和政策将进行调整，扶贫减贫的治理体系出现新转变。

（一）2020 年后的减贫形势

与 2020 年后的减贫形势有关的变量主要有两个。一是宏观经济形势，其一方面影响国家对贫困地区、贫困人口的外部财政支持，即影响国家有关扶贫资金的转移支付能力；另一方面经济形势直接影响到贫困人口利用市场机制脱贫的成效。二是贫困人口地理空间趋势，贫困人口的总量、地理空间的分布状况等均会对 2020 年后的减贫形势有所影响。

1. 宏观经济形势

从长远来看，中国的经济还会保持高速增长，但是像过去那样年均 10% 以上增长可能很难持续，预计在未来几年会按 7%、6%、5% 甚至更慢的速度增长。这带来两方面的影响。

第一，经济增长带动减贫的速度减慢。一般认为影响 21 世纪以来农村减贫的最重要的两个因素，一是持续的经济增长和农村劳动力的流动，带来了大幅的非农收入的增加；二是 2000 年以后，农村减贫战略开始由对贫困县的瞄准转向对贫困村的瞄准，并进行整村推进的扶贫开发。从 2013 年开始，我国经济进入新的发展阶段，即"经济新常态"，其主要特点是：其一，经济增长"从高速增长转为中高速增长"；其二，经济结构开始不断优化升级；其三，经济增长动力"从要素驱动、投资驱动转向创新驱动"。"经济新常态"给扶贫工作带来的重要影响主要有两个方面。一方面，经济增长速度放缓将相应地降低减贫效应。经济增长速度降低，导致通过区域经济发展带动扶贫开发的能力相应会下降。投资增速下降，导致贫困地区扶贫开发和贫困人口的就业能力减弱。另一方面，传统的依靠"高投入、高消耗、高污染"的主导性产业扶贫开发模式，将被新常态下由以环境保护为核心的生态绿色产业主导的扶贫开发和减贫动力新体系所替代，这是一个必然趋势。这两方面的合力导致以下后果：产业结构变化必然带来就业结构、方式以及扶贫政策的新变化，农民收入来源结构就会随之改变，贫困地区如何适应这种新变化是一个现实挑战。2020 年到 2030 年两个趋势会出现，一个是收入水平的不断提高，另一个是收入分配差距的继续扩大，尤其是财产方面的差距还会保持在一个相当高的水平，那么这意味着什么呢？这意味着人们对这种贫困的理解会跟过去的低收入情况很不一样。所以这个时候大家会更多地要求生活水平提高，生活标准不一样，更多关注相对贫困以及更高标准的绝对贫困。

第二，公共财政支持减贫的能力受到削弱。一般来说，政府公共财政能力增长的弹性实际上要大于经济增长的弹性，所以，这样的话，在这个时候，政府财政收入的增长速度放缓。这就意味着扶贫，尤其过去严重依赖公共部门动员投入大量资源去扶贫的这种趋势，未来会加强，需要更多依赖其他方面的资源。此外，我国老龄化趋势意味着两个方面问题，一个是人口的老龄化问题，另一个是老龄化和少子化导致养老负担加重，即国家财政各方面负担都会比较重，未来的公共预算约束可能会进一步加强，有人对养老保障方面的财政压力做过预测，认为缺口为 3 万亿 ~ 7 万亿元。由于对社会服务的需求也会增加，公共财政支持减贫的能力也会受到影响。

首先，出于这两方面的考虑，传统上依赖高速增长的"带动脱贫"的这种效果也会大不如前，但贫困人口也是人力资本积累方面、物资积累方面相对薄弱的人群，他们参与市场的机会也越来越有限。市场在解决贫困问题中仍然可以发挥重大作用，但是不会像 20 世纪八九十年代起的作用那么大。其次，由于老年人贫困问题、儿童贫困问题已经到了一个非常突出的程度，比如，如果儿童贫困问题不解决的话，那么未来发展所需要的劳动力素质就得不到保证，经济结构调整、转型升级也就没有基础，即既没有充足的劳动力，也没有高素质的劳动力来支撑经济结构调整、转型升级。

2. 贫困人口地理空间趋势

"十三五"规划纲要要求"持续加大对集中连片特殊困难地区的扶贫投入力度"。到 2020 年，集中连片特困地区与发达地区相比，仍然存在地理条件差、基础设施不完善、社会保障机制不健全等问题，加上历史上就有自然灾害频发、地方病和传染病多发等原因，这些地区面临的自然风险、健康风险和市场风险仍然较大，脱贫人口重新返贫或处于贫困线边缘的低收入者陷入贫困的可能性较高。

对比分析不难发现，西藏和四川藏区、新疆南疆地区，以及位于六盘山区、秦巴山区、武陵山区、乌蒙山区、滇桂黔石漠化区等片区的极端缺水

（主要位于西北地区）或（和）极端缺地（主要位于西南地区）的部分地区，是我国典型的集中连片深度贫困地区，多属于"贫困的贫困"（经济贫困＋自然条件恶劣）地区，脱贫难、返贫易。而其他片区多为"欠发达资源富集区"，往往集资源富集性、经济滞后性、环境敏感性、生态脆弱性、社会复杂性和致富迫切性于一体，只要处理好发展与保护之间的关系，其减贫效果就可期，尤其是紧邻京津的燕山－太行山片区凭借其资源和区位优势，脱贫致富前景良好。

（二）2020 年后中国减贫战略方向和重点将面临四大转变

伴随 2020 年后"我国现行标准下农村贫困人口如期脱贫，贫困县全部摘帽，解决区域性整体贫困"目标的实现，基于我国宏观经济形势和贫困人口地理空间趋势，我国的减贫战略亦需做出相应调整，以适应新形势下减贫发展的需要。

1. 由集中性减贫治理向常规性减贫治理转变

我国大规模扶贫开发政策的调整始于 1986 年，在过去的 30 多年中主要依靠政府主导和推动，大规模、有组织、有计划地将扶贫开发作为党委、政府的一项重要任务，特别是"十三五"时期，面对 5575 万名贫困人口减贫的艰巨任务和全面建成小康社会的目标，国家采取了超常规的举措，出台了一系列扶贫脱贫的政策，诸如精准扶贫方略下的考核机制、退出机制，金融扶贫、社会扶贫、驻村帮扶机制以及产业扶贫、易地搬迁、生态搬迁脱贫和社会保障兜底政策等，将扶贫开发纳入全党全社会的重点工作，对口帮扶、东西协作力度不断加大，中央和国家部委配合扶贫脱贫任务出台了一系列支持政策，这些举措应当说是必要的，也是必需的，这也正体现了我国社会主义的制度优势和政治优势，尤其是对于贫困问题，制度优势和政治优势是其他国家不具备的。在贫困人口比较集中、突出形势下，集中性的举措占有十分重要的地位。但是，2020 年后，随着现行标准下贫困人口全部脱贫，建设一个稳定、内嵌式的新型扶贫机制，由集中性减贫转向常规性减贫成为我国扶贫事业的重要战略转移路径。与过去主要通过行政举措推动不同，稳定、内嵌式、常规性的扶贫机制与社会保障、民生建设、现代农业建设和经济发展一样，将减贫事业渗透到国家常规性的工作之中。当然，在此需要特别提出一点，在完成由集中性减贫向常规性减贫转变过程中，存在减贫成果的巩固阶段向新阶段的平稳过渡。就贫困县而言，2020年摘帽之后，原有财政支持、项目援助等摘帽不摘政策的"扶上马，送一程"机制短期内仍将延续，以巩固贫困县社会经济发展和减贫成果。就贫困人口而言，按照现行标准脱贫的群体并不代表其贫困脆弱性得到彻底"治愈"，依靠教育扶持、就业促进、社保兜底等综合举措的减贫路径仍需一个缓冲期，以阻断返贫路径。综合来看，完成减贫成果巩固、阻断返贫路径需要五年左右的时间。贫困群体自身能力再造与提升是巩固脱贫能力和阻断返贫路径的有效途径。基础设施建设是消除贫困的基本条件；教育和就业支持旨在提升贫困人口的内生动力，区域性甚至全国性的就业信息和劳务输出平台的建设成为不可或缺的外部条件。除了完善政策保障和公共服务之外，贫困群体自身能力的培养和提高对于缩小收入差距、提升减贫效果，进而阻断返贫路径至为关键。

2. 由主要解决绝对贫困向主要解决相对贫困转变

减贫战略的本质转变是由解决绝对贫困向解决相对贫困转变。经过"十三五"脱贫攻坚之后，我国绝对贫困问题将得以解决，以2011年的2300元不变价为基准，2015年贫困标准为农民年人均纯收入2800元，2016年贫困标准约为农民年人均纯收入3000元。据此测算，对于我国现在正在解决的5575万名贫困人口的脱贫问题，人均每天可支配收入达到2美元，高于联合国确定的贫困标准，因此，我国绝对贫困问题的如期解决已无疑问。2020年后，我国减贫战略的重点转向相对贫困，其也是包括发达国家在内的其他国家共同面临的挑战。相对贫困和绝对贫困有一个重要的区别，就是相对贫困对应于低收入人口。2020年后相对贫困标准的确定主要有四种方式。第一，按照收入的绝对水平予以确定，与现行全国性统一贫困标准不同，相对贫困标准依据地区发展水平设定，高于现行全国性统一贫困标准；第二，按照一部分人的收入占人均收入的百分比确定，比如，把收入占人均收入的百分比低于20%或30%的群体作为相对贫困人口，当然具体比例的确定需要进一步的研究和论证；第三，参照国际标准进行确定，联合国、世界银行和其他发达国家均有相应的贫困指导线或救助标准，在综合国情实际和对比分析的基础上确定相对贫困标准；第四，将多维贫困识别和测度作为确定相对贫困标准和制定多维减贫政策的标准。诚然，相对贫困永远存在，其标准随社会经济发展将适时调整，减贫事业亦将永远持续。

3. 由重点解决农村贫困向城乡减贫融合推进转变

减贫范围不是缩小了而是扩大了，减贫任务不是减轻了而是加重了。2020 年以前甚至 2025 年以前，我国减贫战略重心仍以农村减贫为主。但伴随中国城镇化速度的不断加快，我国农村城镇化建设也将加快推进。我国目前城镇化率在 50% 左右，按照城镇化率 30% ~70% 是快速推进阶段的规律，农村人口进入城市的潜力和速度是很大的。2020 年虽然农村贫困人口脱贫目标实现，同时户籍制度逐步被居住证制度所代替，但城乡一体化政策的滞后性必然带来城市中新贫困群体的大量产生。因此，2020 年后，城市贫困也成为国家减贫的重要任务，减贫战略重心开始由农村减贫转向农村和城市减贫融合推进上来，以建构城乡一体化减贫模式。

4. 由重点解决国内贫困向推动国内减贫与国际减贫相结合转变

减贫发展国际化是建构中国新型扶贫治理体系的重要组成部分。经济全球化深入发展，把世界各国利益和命运更加紧密地联系在了一起。2020 年后，我国提前完成联合国 2030 年可持续发展议程的减贫目标任务，但应该看到，中国在新时期的历史任务已不像以前那样"单纯"，作为一个大国，国际义务和大国责任在 2020 年后的国际社会与经济发展中更加凸显。扶贫脱贫亦如是，如果说以前我国只要解决好本国减贫问题就已经完成任务的话，那么，2020 年后的国际减贫与国内减贫融合推进也是我国新时期减贫的重大责任，因此，未来我国所承担的减贫责任将更加重大。事实上，中国国际减贫合作已得到世界各国的称赞，中国减贫经验也被世界各国所推崇，中国 2015 年承诺的"6 个 100"项目（为发展中国家提供 100 个减贫项目、100 个农业合作项目、100 个促贸援助项目、100 个生态保护和应对气候变化项目、100 所医院和诊所、100 所学校和职业培训中心六大方面的项目支持）实际上已经开启了国际减贫合作的大幕。中国倡导的"一带一路"同样也将助推国际减贫事业共享发展。以亚洲基础设施投资银行为载体，加强中国与其他国家和地区合作、互联互通等都是中国履行大国责任、进行国际减贫合作的开始。

（三）2020 年后中国新型减贫治理体系的建构

在明确 2020 年后减贫战略四大转变之后，就应着手建立和完善与之相适应的新型减贫治理体系和架构。从前面分析可知，2020 年，我们虽然解决了农村的绝对贫困问题，但是相对贫困问题依然存在，因此，2020 年后的减贫战略将随着由集中性减贫治理向常规性减贫治理转变，由主要解决绝对贫困问题向主要解决相对贫困问题转变，由重点解决农村贫困问题向城乡减贫融合推进转变，由重点解决国内贫困问题向推动国内减贫与国际减贫相结合转变，促进减贫国际化合作。伴随这一过程，减贫治理体系也将发生新变化，主要体现在以下两个方面。

1. 减贫治理体系的职能常规化

减贫治理体系的职能常规化就是指减贫成为国家政府管理的日常性工作职能而存在，将扶贫工作嵌入政府常规性的职能中去，从中央到地方、从省到县将减贫发展纳入政府日常职能序列中，构成政府职能的组成部分。县域层面是减贫的直接实践主体，在贫困问题把握和瞄准、措施精准和高效等方面具备天然优势，对于统筹土地利用和规划，合理安排城镇建设、农田保护、产业集聚、新村建设、生态涵养等空间布局，形成由点到面、梯度推进、覆盖全域的减贫工作体系具有直接作用。

2. 减贫职能由分散性向集中性转变

减贫职能集中性就是指与减贫事业完全分散到各个部门的思路不同，未来可通过设立中央（国家级）正式的扶贫机构（如中央扶贫与社会救助署）来整合扶贫资源和部门力量。作为一种新型的在整合分散性资源基础上的减贫机构，其可专门负责管理城乡扶贫与社会保障及救助事务，也就是说，集中后的扶贫职能机构应该将城乡减贫融为一体，将减贫和社会保障与救济融为一体，即通过职能整合和优化，统一分配和使用扶贫与社会保障及救助资源，以达到提高减贫与扶持效率，切实保障、提升公民福祉的目的。城乡一体化减贫体制同时给减贫战略提出了挑战：城乡贫困标准同一化意味着由原来城市和农村两套标准变成一套标准，在此标准下统一划定贫困人群，应考虑到区域社会经济发展的不均衡现象，所采用的贫困标准应体现区域差异性特征，尤其是要更注重城乡重点人群（包括老人、儿童等弱势群体）。

（四）2020 年后我国减贫时序推进战略路线图

当然，我们也应该看到，新时期我国减贫战略和减贫治理体系的转变和形成并非在短时期内就能完成，是一个长期缓慢的过程。但综观世界各国减贫历程和中国减贫实践及未来中国社会经济发展趋势，我们认为这个过程的可能轨迹如下。

第一阶段即扶贫脱贫巩固阶段。其重点任务就是：第一，巩固已有的减贫成效，夯实减贫成果，继续保持原有各项减贫政策；第二，阻断返贫路径，重点是对返贫较多的区域和人群加大实施减贫扶持带动政策的力度；第三，快速推进和实现城乡公共服务均等化；第四，逐步加大实施国家在消除和减少群体收入差距上的政策力度，以缩小群体收入差距为重点。

第二阶段即扶贫新战略确定并快速推进阶段。其战略重点是相对贫困标准的确定，国家集中减贫体制的确立；现有体制向城乡一体化融合体制转化试点；救济与扶贫融合体制试运行；社会扶贫机制构建与快速推进；以"一带一路"为主线的国际扶贫合作快速推进和发展。

第三阶段即国家减贫战略稳步推进和建设幸福中国阶段。此阶段减贫战略重点是：相对贫困标准在不断提升，国家减贫政策制度化（救济与减贫全面融合，城乡减贫融合，社会福利与公共服务均等化快速推进，全社会扶贫制度化逐步规范、成熟）、扶贫合作交流全球化快速推进。减贫目标是：收入增加和生活水平迈向富裕，营养质量和健康水平快速提升，社会扶贫现代化，彰显减贫的大国责任；健康、绿色、生态和低碳的社会经济共享发展格局全面形成；全面小康、全民富裕和幸福中国的目标基本实现。

二　2020 年以后贫困标准

（一）现行贫困标准的有关研究简述

通常，学者倾向将贫困状况划分为绝对贫困（生计贫困和基本需求）和相对贫困（相对剥夺）。生计贫困概念始于 20 世纪初期，被定义为家庭总收入不足以支付维持家庭成员身体正常功能所需最低数量的生活必需品的状态，涉及食品、衣服、住房等。到了 20 世纪中期，考虑到贫困者的社会需求和人力资本积累的需要，学者建议在贫困的收入测度中增加诸如公共环境卫生、教育和文化设施等社会保障内容，由此产生了基本需求概念。上述两种贫困测度方式均试图找到一系列维持贫困人口生存和基本发展的客观标准，然而，是否存在这样一些客观标准呢？这些标准又是否保持不变？假使社会物质足够充盈，贫困现象能否消失？伴随全球经济及部分国家内部的不均衡发展，学者对贫困的理解逐渐深入，认识到贫困不仅仅意味着吃不饱穿不暖，还意味着遭受相对排斥和相对剥夺，由此提出了相对贫困理论。相对贫困是相对于社会平均水平而言的。这一概念由 Galbraith（1958）、Runciman（1967）和 Townsend（1971）等人提出并推广。相对贫困线是与收入分配相关的，以一个国家国民平均收入的 30%～50% 为标准，收入处于该标准之下的个体就被确定为相对贫困人口。

相对贫困本身说明贫困是相对的，这是相对贫困和绝对贫困最根本的差异。相对贫困本身意味着并不一定缺乏维持生命最基本的物质，尤其在一个物质丰裕的社会中，那种绝对的物质匮乏可能不复存在，但并不意味着这个社会不存在贫困，因为在这样的社会中可能有部分成员无法获得社会公认的维持基本需要的收入水平。从这个意义上说，相对贫困实际上和绝对贫困又有很大的相似性，即都是一种"剥夺"，只不过前者是一种"绝对的剥夺"，后者是一种"相对的剥夺"。但与绝对贫困不同的是，相对贫困往往只与社会的收入分配有关，在一个物质相当贫乏的社会，如果社会财富过多地向富人集中，则社会不仅会有更严重的绝对贫困，而且还会出现相对贫困，即社会成员之间存在较大的收入分配差距。较大的收入分配差距使部分社会成员处于劣势地位，这种相对剥夺感往往与一个社会的公平观有关。

作为转型国家，随着经济社会发展和贫困问题的演变，国内相对贫困问题也越来越显性化，并得到众多学者的关注。对于农村的相对贫困问题，有学者指出，随着绝对贫困问题的逐渐解决和社会贫富悬殊程度逐步加大，中国农村贫困状况已经从绝对贫困普遍存在演变为绝对贫困和相对贫困并存（李小云等，2004），且相对贫困开始凸显（李爽，1998；陈宗胜等，2013）。不仅相对贫困人口在逐年增加，而且相对贫困深度在逐年加深（李小云等，2004），相对贫困问题日益严重。同时，从未来发展趋势看，农村经济的持续发展和农民收入水平和生活水平的不断提高，一方面会促使衡量贫困水平的指标呈现高位化，进而使相对贫困人口所占的比重不断提高（许飞琼，2000）；另一方面会促使地区发展差距和贫富阶层收入差距进一步拉大，两者的共同作用将使我国农村的相对贫困问题更加突出（李爽，1998）。相对贫困将逐步取代绝对贫困，成为贫困的主流和社会关注的焦点（叶普万等，2003）。因此，加强对相对贫困的研究成为必然。

我国采用的贫困标准一直是绝对贫困标准，虽然其水平一直在提高（现行标准是以 2010 年不变价格计算的每人每年 2300 元），但贫困标准一直是理论界争论的焦点，贫困标准也影响全球对我国减贫成就的认同。随着我国社会经济的不断发展，2020 年后应该着手界定贫困的概念以及制定贫困新标准，即从绝对贫困标准向相对贫困标准转化。根据我国社会经济发展情况，2020 年后我国减贫重点工作的转化应从全面、多维、动态的角度出发，科学制定和预测贫困人口，制定相对贫困标准，开展新一轮扶贫减贫工作。按照我国的实际情况，如果要制定相对贫困标准，就应该将贫困线定在社会平均收入水平的 40% 左右（张青，2012；陈宗胜等，2013），标准过低，对缩小收入差距作用不大；标准过高，则政府财力无法承受。因此，要以农村居民平均收入水平为基数，按照特定均值系数计算相对贫困标准，使贫困线的变动适应经济社会发展水平的变化，从而确保以一个适当的扶贫标准切实帮助贫困人口。

（二）贫困线变动：由经济贫困到多维贫困，由绝对贫困到相对贫困

贫困线的确定是讨论其他减贫政策的基础。总体来看，我们认为 2020 年以后，还存在大量多维贫困视角下的贫困人口，贫困线的变动会出现两种趋势：第一，由经济贫困到多维贫困的转变；第二，由绝对贫困到相对贫困的转变。在这两个趋势上，我们主张以相对贫困为基础，确立一个贫困线的绝对值。

1. 由经济贫困到多维贫困

现行贫困标准（以 2010 年不变价格计算的每人每年 2300 元）是一个较为侧重绝对贫困的贫困标准，绝对贫困的核心概念是人的基本需求没有得

到满足，但是人的基本需求是会变化的（随着社会发展不断变化）。人的基本需求排第一位的是基本的食物和营养需求，人的食物总体变化比较慢，但是也会变化，贫穷的人吃得越来越好（食用高价值的食物越来越多），食物部分的需求会增加，非食物部分更是如此。正因为如此，绝对贫困标准不断提高是非常客观的事情。世界银行做了一个研究，把世界发展中国家的贫困线拿过来与经济发展程度做比较，发现一个非常明显的趋势，随着经济的发展，贫困线会显著提高，并且贫困线提高的速度大大高于经济增长的速度。这也是贫困问题在全球都没有很好解决的原因，经济越发展，贫困标准会提得越高，这是一个基本的问题。此外，绝对贫困是基于基本需求的，我们的基本需求确实没有得到很好的满足，基本需求并不仅仅涉及这点钱，钱只是用来购买基本需求的，实际上它的涉及面很宽。

目前，我国脱贫攻坚战也基于多维贫困提出了"两不愁、三保障"，"两不愁"就是稳定实现农村贫困人口不愁吃、不愁穿，"三保障"就是保障义务教育、保障基本医疗、保障住房安全。可以预见，2020 年之后，随着现行标准下农村贫困人口全部脱贫，贫困县全部脱贫摘帽，彼时的贫困人口对于其他社会保障的需求程度将更高，内容也会更加丰富，贫困的维度也越发增加。因此，2020 年后的贫困标准，除了反映贫困人口的基本需求之外，还应反映贫困人口更多的非基本需求，涵盖贫困人口社会保障的其他方面。

2. 由绝对贫困到相对贫困

2020 年后的贫困标准采用相对贫困标准还是绝对贫困标准？从全球的实践来看，采用相对贫困标准的只有欧盟，它的贫困标准是中等收入水平的60%，如果你的收入水平没有达到中等收入水平的 60% 就处于相对贫困。其他所有发展中国家都还采用绝对贫困标准来确定贫困线。

但随着 2020 年脱贫攻坚战的完成，中国完全有能力也有必要采取相对贫困标准来确定贫困标准。这显然需要认真进行前期研究和制度设计，如绝对贫困让大众产生误解，在大众传媒中，2020 年要完全消灭贫困人口，但实际上，2020 年以后不是说中国就没有贫困人口了，那时候的贫困人口和现在的贫困人口是不完全一样的，他们是相对贫困人口。贫困问题会长期存在，即使是世界上的发达国家，也不能说没有贫困人口。另外，联合国

2030 年可持续发展议程提出的目标是，全球要在 2030 年之前消除极端贫困，中国在 2020 年能够做到消除极端贫困，但仍然会有一定比例的相对贫困人口。

需要指出的是，2020 年后的贫困线，不可能还像有些人主张的那样，说收入水平没有达到最低人均收入水平的某个百分比（比如 3%）的人口为贫困人口，或者参考欧盟标准，收入水平没有达到中等收入水平的某个比例（比如 60%）的人口就是贫困人口。无论理论界还是实践界，目前支持此类主张的人很多。但我们认为，应以相对贫困为基础，以多维贫困为参考，来确定一个绝对值贫困线。

3. 以相对贫困为基础的绝对值贫困线

首先，多维贫困是没有统一贫困线的，所谓贫困是多维的，即在生存的维度上没有解决食物或者饥饿的问题就是生存的贫困，在教育的维度上没有解决贫困人口教育方面的问题就是教育的贫困，在健康维度上没有解决贫困人口健康方面的问题就是健康的贫困，无论如何，只要有一个维度没有解决就是存在贫困。

以多维贫困确定贫困人口的难点在于：实际上我们在测算有多少贫困人口的时候，都以经济福利指标（消费和收入）为主；而扶贫实践中对贫困人口的测算早就超过消费和收入层面了，脱贫攻坚不能只强调提高收入。我们非常明确提出的"两不愁、三保障"目标，本身就是按照多维贫困的视角确定的。

所以我们在定义标准和测算贫困人口时都是先确定以货币为指标的绝对值贫困线以解决上述技术难题，基本假定是收入多，福利状况就好，生活水平就高。如果不用具体的货币衡量，多个维度就没办法比。比如健康的贫困和教育的贫困如何衡量，简单地说，就是我有病而你的孩子没学上，我们俩到底谁穷？我身体好我就觉得教育更重要，而你则觉得健康更重要，因此，衡量标准可以"进入"更高维度，如在公共服务方面，若存在这么多维度则没办法比较。

此外，学术界在研究多维贫困指数时，就涉及权重的问题，这一问题又很难解决，全球都面临这个问题，比较的时候还是采用经济福利指标，这是一个脱节的问题。这已经对我们现阶段的精准扶贫产生很大影响了。国家统计局的统计方法是按照贫困县重点消费支出测算出贫困人口，然后分解到基层去确定，但基层没有这个数据基础，所以诸如"四看法"之类的精准识别手段才应运而生。但我们国家的政策是"两不愁、三保障"，基层识别出的贫困人口和国家统计局统计的贫困人口不同，所以就出现了脱节。已经有很多研究表明，国家统计局统计的贫困人口和建档立卡的贫困人口大约有一半可以匹配，所以才导致现在我们在实际工作中真正要扶持的对象远远超过5575万人，这比按照一个标准测算的贫困人口多得多，根据多维贫困理论有关研究，结合我国经济、社会发展状况，这些方面有很多理论和实际上的问题需要解决。

可以预见的是，经过"五个一批"任务分解之后，2020年以后贫困人口、贫困的维度可能会有所减少，从而集中关注收入状况。因此，我们认为，2020年以后贫困线的确定，有两个大的原则：第一，在2020年绝对贫困（极端贫困人口）消除之后，根据多维贫困理论有关研究，我国经济、社会发展状况，测算出相对贫困人口的总数；第二，根据多维贫困和相对贫困的具体情况，折算出一个以收入水平为参考的绝对值贫困线。

（三）贫困线变动带来的贫困人口变化趋势

贫困线的变动必然引起贫困人口数量的变化，从已有的研究来看，2020年以后不同标准贫困线的人口数量大概有以下几个发展趋势。

第一，以2020年实现全面小康，即人均收入达到8000元的小康水平来看，保守估计，彼时贫困人口规模可能重新达1.5亿人的水平。

第二，以农村家庭收入中位数的50%作为分界线的话，有19%的人处于相对贫困状态（2013年数据），但这采用相对贫困的标准，2020年变化不会很大，应该仍有15%以上的农村人口处于贫困状态，即相对贫困人口大约有1亿人。

第三，如果将目前的2300元标准提高90%，那么贫困人口大概会增加250%，以乐观情况估计，到2020年其中有一半人脱贫，彼时就算以4600元为贫困标准也仍然会有7000万名左右相对贫困人口。

第四，如果将现在的标准提高到2.9美元，贫困发生率大概从11%提高到17%，则至2020年，大约有5000万名贫困人口。

第五，很多人说中国的贫困标准还采用单纯的收入标准，没有加入消费内容，此外，生存标准在制定过程当中也没有增加娱乐、新型消费等内容，如果将其都加入，那么以 2300 元为基数，现在的贫困发生率至少为 14%，即提高 3~4 个百分点，增加 2000 万名贫困人口。

第六，如果换成多维标准，数字则比较惊人。2016 年 7 月，牛津大学在中国国内开展了有关多维贫困的大量学术交流活动，有人用最新的 2013 年、2015 年的数据对中国多维贫困情况进行了测算，这涉及八个维度的标准，如是否通水、交通是否方便等。如果任选八个当中的两个，则贫困发生率从 11% 一下子提高到 30%，也就是说，目前情况下多维贫困人口超过两亿人，按目前脱贫攻坚的进度计算，2020 年，多维贫困人口至少仍然有 1.5 亿人。

基于现有研究，2020 年的贫困标准究竟如何，可能已经不单纯是一个学术问题，更多的是一个政治问题，不仅需要大量的研究工作支撑，还需要相当的政治智慧予以解决。

三　2020 年后减贫战略的重点领域

基于本章前两部分的研究，我们梳理 2020 年后减贫战略应当重视的领域。第一，贫困人口识别的动态调整机制何如建立？尤其是其成本过高的问题怎么解决？第二，贫困地区的土地制度如何创新、完善？如何最大限度挖掘贫困人口土地财产的价值？第三，社会组织如何更好地参与贫困治理？第四，如何解决城镇化带来的城市贫困问题？第五，贫困的代际传递效应如何削弱？第六，如何完善贫困地区的公共服务？第七，如何通过资产收益、产业发展、就业保障等手段解决贫困地区的可持续发展问题？第八，如何建构针对贫困人口的发展型社会保障政策？

1. 贫困人口识别的动态调整机制如何建立？尤其是其成本过高的问题怎么解决？

无论何种条件，贫困人口识别的动态调整机制均应是制定各种减贫政策所依赖的基石，每年有大量的人口脱贫也有大量的人口返贫，贫困人口实际是在不断变化中的。例如，就现有研究来看，有学者就对 2004~2015 年我国返贫情况做了分析，2004~2008 年返贫比例在 9% 左右，近几年返贫比例有所提高，大概为10%，从整体趋势来看，返贫比例在逐渐提高。这表明，贫困人口识别的动态调整机制在2020年后减贫战略中仍然具有重要位置。如何建立适应2020年后减贫形势的动态识别机制，仍然是减贫实践和政策研究中的一个重点问题。识别机制如何建立、如何进一步完善，动态识别机制如何建立，有关贫困的检测又如何开展，都需要进一步研究。

此外，从实践来看，贫困人口的识别成本并不低，可以说成本还比较高。有人计算识别贫困家庭的成本每户大概要25元，也有人计算大约需要30元。此外，还需要投入大量的人力、物力，广西马山事件以后，全自治区投入20万名干部进行贫困识别工作，每天光干部的补贴就高达750万元。2020年，以本章第二部分所列的贫困标准确定的贫困人口的总数为基准，去进行贫困人口识别和动态调整，即便每年贫困人口出现10%的浮动，所需资金量都要以亿元为单位。实际上目前的精准扶贫数据涵盖了部分农户数据，但2020年后新的贫困标准是否有变化，现有数据能否做到全部涵盖，仍然是未知数。因此，如何利用现有精准扶贫的基础数据，对2020年后的贫困人口进行重新识别和动态调整，甚至就从当下着手，建立一个可以长期有效的贫困人口动态调整机制，既是一个非常重大的研究，也是一个非常现实而迫切的研究。

2. 贫困地区的土地制度如何创新、完善？如何最大限度挖掘贫困人口土地财产的价值？

土地是贫困人口最重要的生产、生活资料，也是贫困人口最重要的财产之一。习近平总书记指出，深化农村改革，完善农村基本经营制度，要好好研究农村土地所有权、农户承包权、土地经营权三者之间的关系。2016年10月30日，中共中央办公厅、国务院办公厅出台了《关于完善农村土地所有权承包权经营权分置办法的意见》，可以说，"三权分置"改革，是继家庭联产承包责任制之后，我国农村改革的又一重大制度创新。从制度设计上来看，其旨在"让全国4.6亿亩农村流转的土地迸发出新的活力"。可以预见的是，2020年以后，贫困人口仍然分布在一些偏远、自然条件较差的地区。这些地区的土地资源本身并不值钱，如何创新、完善这些地区的土地制度，如何最大限度挖掘贫困人口的土地价值，仍然是值得研究的领域。至少以下几个方面值得研究。

第一，土地确权如何进行。农村土地作为资源、资产和资本，能够真正可持续支持农民或者说未来新市民的发展。目前部分地区农村的承包地的确权工作虽然顺利进行了，但里面投机取巧、回避矛盾的问题如何解决，以为"三权分置"奠定更好的基础，值得进一步研究。

第二，如何优化农村土地资源空间市场化配置。很多偏远的贫困地区，土地资源并不值钱，如何通过土地增减挂钩机制，盘活农村公益性用地乃至耕地，是非常值得研究的内容，尤其是总结、推广现有的创新机制能够为2020 年减贫战略贡献相当大的力量。例如，重庆的地票制度，通过优化土地资源的空间配置，解决了贫困地区土地不值钱的问题，但土地大量的上市带来市场的下滑，其中的风险又如何让贫困人口应对（一旦土地价格出现波动，农民的损失是很惨重的）又是另外值得研究的问题。

第三，农村宅基地改革和创新如何推进。农村宅基地的市场价值可能远远超过耕地，这方面的改革没有真正放开，如何在这方面实现大的创新与突破，如何以宅基地改革创新推动、鼓励工商资本下乡（提供住所），重塑农业产业模式（休闲、度假、观光、养老）等具有重要意义。比如，目前耕地实现了"三权分置"，如果宅基地的经营权还有商业性经营性用地的相关流转运营同时去确认和规范的话，那么工商资本可以下乡去流转土地，发展新型产业。

3. 社会组织如何更好地参与贫困治理？

社会组织参与贫困治理的理论和实践出现了一定程度的背离。就目前来看，社会组织、公益组织、社会责任企业和社会企业等概念眼下非常"红火"，实际上从它们参与贫困治理的效果来看并没有像它们的名气那么大。它们的重要意义在于其给人提供了各种可能性，此外，随着它们的兴起，一些新手法、新工具、新理念也兴起了，比如小额贷款、电商扶贫。公益组织特有的合作方式，公益组织特有的在扶贫过程中帮人们形成自立自强的意识这种软性基础，恰好是以前我们国家扶贫当中所缺的。以前我们国家扶贫资金并不缺乏，问题是资金下来以后制度通道出了问题，如在和穷人接触过程中，互动模式出了问题。公益组织（如有官方背景的公益组织）在这方面非常有优势，它和市场中追寻自我利益的私人组织不一样，政府体制内的社会组织不仅要求非常严格，而且具有灵活的特点和建构平台的作用，在这个平台上不同的资源被整合在一起，就形成了"市场 + 政府 + 公益组织"的模式，这是 2020 年后减贫战略的重要方向。具体如下。

第一，如何推动建立以政府购买服务为主要方式的社会组织参与贫困治理的新机制；如何通过加快推进政府面向社会购买扶贫服务，以提升扶贫开发资源供给社会化水平；如何支持社会组织通过公开竞争方式承接政府扶贫公共服务、扶贫项目，这其中的制度又从哪里突破；如何探索以扶贫项目规划编制、实施、验收、技术推广、信息服务、能力培训等内容为主的社会组织承接扶贫服务机制，都是亟待研究的问题。

第二，精准扶贫可能作为中国减贫的一个长久性战略存在下去，在2020 年后减贫战略中，精准扶贫（脱贫）很可能也是非常重要的一个手段。如何建立和完善社会组织直接参与贫困人口脱贫的机制，倡导、鼓励和动员有条件的社会组织参与未来的减贫工作，也是值得研究的问题。

第三，如何通过强化制度管理，促进信息共享；如何通过建立具体的制度提高社会组织参与扶贫的效率，诸如制定政府购买社会组织精准扶贫服务的财政资金使用管理办法，使有关资金使用更加规范；如何建立社会组织参与的评估机制；如何对社会组织扶贫服务供给进行等级评价，又如何建立社会组织精准扶贫服务评价机制，也是值得进一步研究的问题。此外，如何促进社会组织基本信息、扶贫项目部门间信息共享，对于提高社会组织的减贫效率也具有非常重要的意义。

第四，对于如何完善社会组织培育孵化机制，目前实践中一个难点在于社会组织的建立和培育都较为艰难：如何建立一套完善的社会组织培育孵化机制，以降低扶贫社会组织的注册门槛；如何培育一些具有减贫功能的社会组织，在实践中也亟待解决。

4. 如何解决城镇化带来的城市贫困问题？

城镇化加速发展趋势在未来一个时期仍然持续存在。2015 年，我国的城镇化率为 56.1%，有人预测到 2020 年城镇化率会达到 60%，2020 年以后，最终可能为 70% ~ 75%，总体来看，城镇化率还有 10% ~ 15% 的上升空间。这表明有大量的农村人口在未来一个时期要进入城市，但是此部分人口在城市里面谋生的手段是什么？很可能发生农村本已脱贫的人口到城市后，由于生活和就业能力有限，于是变成城市的边缘人或者贫困人口，分散到城市的各个角落里，成为这些地方的贫困人口。此外，我国还有大量的农村进城务工人员、城市低保户、城市五保户，根本没有被计算在内，如果这部分人在 2020 年之后也被看作城市人口的一部分，这些人未来要在这个城市沉淀下来从而成为城市的低收入阶层，那么会不会出现城市贫困问题？解决这部分人的贫困问题的扶贫方式，相比现在我们应对农村贫困问题的扶贫方式可能需要有一个大的变化。

因此，城镇化带来的城市贫困问题也是 2020 年后我国减贫战略需要重点关注的问题之一。目前的有关研究大多是一些预测性研究，更多的是纯理论的研究，但城市和农村的贫困状况到底有什么区别，有关减贫的制度性安排又是如何，到底是完全将户籍人口跟常住人口一起安排，还是像现在这样，各个地方都不一样，常住人口在城市里更多，常住人口的城镇化水平远远高于户籍人口的城镇化水平？是把城乡完全一体化？还是分开来进行？每一种方法肯定有利有弊，其具体的利弊在哪里，哪一种更符合 2020 年后城市贫困问题的具体状况，能够使管理更顺畅、效率更高，不遗漏相关群体。此外，城镇化可能还带来一种新的贫困形式，其在当下也有一定程度的显现，即所谓城乡的"双鼠人"，他们在农村的房子盖得比较好，房子盖起来以后就到城市打工，在家盖起来的房子没有人住，就养了老鼠，而他们到城市住地下室，又接触老鼠，即"双鼠人"。

5. 贫困的代际传递效应如何削弱？

习近平总书记指出发展乡村教育，让每个乡村孩子都能接受公平、有质量的教育，阻止贫困代际传递，是功在当代、利在千秋的大事。教育是阻止贫困代际传递的根本手段，一方面是实现机会公平，另一方面是实现能力提升。就机会公平而言，很多贫困问题也不完全是穷人自己的问题，机会的不公平使他们本身的能力变弱，而能力弱又与早期的公共政策有关系，所以它是一个非常复杂的相互影响的问题。就能力提升角度而言，能力提升越早越好，而我们现阶段的扶贫实践对这方面还没有予以足够重视，现在我们的教育更多强调的是基础教育，同时也在增加对高中教育甚至大学教育的补贴，而最根本的部分是学前教育。我们总体的看法是，2020 年后减贫战略转型，有关削弱贫困代际传递效应的重点应该放在解决儿童贫困的问题上。具体应该注重以下几个问题。

第一，如何在多维贫困的视野下，解决儿童贫困问题。儿童贫困问题的解决不能寄希望于未来，即便是在 2020 年后减贫战略的尺度上，重点也应放在通过建立一个恰当的机制实现送教下乡；通过教育的干预、领养的干预、心理的干预解决儿童贫困问题。此外，在更大的时间尺度上，通过何种探索实现儿童跟着父母进城，在制度上又如何放开儿童的进城门槛，使其更好地享受公共服务也是值得研究的问题。

第二，如何完善贫困地区没有被纳入义务教育阶段的教育，例如幼儿园建设、儿童早教等。乡村幼儿园并没有被纳入义务教育体系，很多费用是需要家庭承担的，教育成本太高，加重了家庭负担。即便经济发展，最关键的 0~3 岁的孩子基本上没有接触到学前教育，接触学前教育的是 3~6 岁的孩子，现在农村地区幼儿园只考虑到 3~6 岁的孩子，这部分也还没有全覆盖，覆盖率最低还不到 50%，像贵州覆盖率比较高一点的地区，目标是 70%~75%，目前还没有实现。在制度上覆盖这两个阶段的贫困儿童，也应该是 2020 年后减贫战略的重点。

第三，如何建立留守儿童关爱体系。留守儿童的成长问题非常突出，父母的互动对孩子早期成长非常重要，贫困地区大量的留守儿童不能和父母一起生活，不利于孩子的成长。《关于打赢脱贫攻坚战的决定》中明确指出要建立留守儿童关爱体系，但从实践来看，情况不容乐观，很多小学里面挂了"留守儿童关爱办公室"，但其实往往只有一块牌子，里面什么东西都没有，不仅仅因为没有人力、物力、财力支持，还因为这是一个专业性的事情，贫困地区本身没有能力建立留守儿童关爱体系。建立、完善真正能够运转、起作用的留守儿童关爱体系，是 2020 年后减贫战略的重要组成部分。

6. 如何完善贫困地区的公共服务?

我国的公共服务体系存在强烈的马太效应和地区差距，越是富人享受的服务越多，越是穷人就越不能享受服务；越是富裕地区公共服务体系越完善，越是贫困地区公共服务体系就越不健全。在减贫领域最突出的例子是农村合作医疗，从政策设计来讲，每个人都应该平等受益，但国家统计局数据分析的结果是，收入越少的人报销的比例越小，收入越高的人报销的比例就越大。这种体系就相当于穷人补助富人。政策看上去是平等的，但是仔细看，对于很多平等的政策，贫困人口不能享受，即医疗政策本身并不排除贫困人口，但是实际上已经将其排除了。因为长期以来要报销，首先就得去看病，而很多穷人没钱看病，所以最后报销的就少。不解决这些问题，他们就不能从贫困中脱离出来，这是累积效应，对贫困人口一生都有影响。可以预见，2020 年后，贫困地区的公共服务水平和其他地区的公共服务水平的绝对差距将越来越大，因此，尽快弥合贫困地区和非贫困地区之间的公共服务水平鸿沟，是 2020 年后减贫战略的一个重点。具体来看，有以下几个方面。

第一，如何建立符合贫困地区实际情况的公共服务体系？应在贫困地区财政允许和各级转移支付能力范围内，建构设施网络基本完善，设施种类齐全，规模、质量达到国家建设标准，基本公共服务项目逐步健全的公共服务体系。

第二，在现行公共产品供给体制下，政府把大量的公共资源投到了城市，农业积累成为工业发展的重要资金来源。另外，我国的地方税收体系不完善，地方对税收制度基本无权调整，严重削弱了县、乡两级政府提供公共产品的能力。如何在现有的制度环境下将公共服务的供给大量投入贫困地区，同时又兼顾公共服务产品的外部边际效应，是值得研究的内容之一。

第三，就贫困地区而言，政府既是公共服务的供给主体，也是公共服务的投资主体，投融资机制的单一性严重影响了贫困地区公共服务的供给，造成贫困地区公共服务的供给困难。如何破解贫困地区公共服务投融资机制单一的难题，是解决贫困地区公共服务问题的关键。

第四，就实际情况而言，贫困地区公共服务产品还存在两个问题，一是投资空间与农村经济发展对公共服务产品需求的多样化和多层次性"适应"差；二是投资结构偏颇。例如，不顾农村的客观条件，热衷于投资一些见效快、容易出政绩的短期公共产品（如各类达标升级活动等）。一些见效慢、期限长的纯公共产品则不受重视，因而不可避免地造成了农村公共产品供需结构失衡，如关系政治利益的公共产品供给过剩。政府官员目前的任职制度导致了其只对上负责的"短视"行为：片面追求短期效益，追求有显性政绩的公共服务供给，对上级有考核要求的公共产品的供给积极性高，对于具有长期效益和隐性政绩的公共服务的供给则不积极。如何破解此类难题也是值得研究的。

7. 如何通过资产收益、产业发展、就业保障等手段解决贫困地区的可持续发展问题？

2020 年后减贫战略的重心之一可能在于从根本上逐步解决贫困人口的可持续发展问题。贫困人口的可持续发展又有两个层面，一是长期、稳定、可靠的收入来源，二是可以持续增收的产业机制或者个人能力。第一个层面可能更多的是要探索一种资产收益的模式，第二个层面则是通过产业发展、能力提升实现有保障的就业。

第一，人如何通过贫困人口资产收益手段获得长期、稳定、可靠的收入？如果农民有了资产的产权，就有资产性收益，资产性收益可以解决现在我们长期存在的纠缠不清的事——低保和扶贫。低保政策让那些老而无能或者没有收入的人有了最低的保障。低保就是社会兜底，一旦让这些人的资产有了收益，仅仅保证这群人的生计本身就不切实际了。贫困人口实际上还是有一些资产的，比如土地。但如何构建一套有效的机制，让贫困人口的资产能够大幅增加？这也是现在我们扶贫当中面临的问题。也就是说，给贫困人口建立一个可持续的创收体系，即他们的资产能够不依赖自己的经营从市场上收益。这些都是亟待解决的重点问题。

第二，如何培养贫困人口可持续的创收能力，即产业发展、就业保障。不论是被纳入公司还是合作社体系，贫困人口都解决不了一个产业里面所有方面的问题，对市场也没有把握，技术也很差，也没有销售能力，估计其也很难判断前期到底要做什么。所以需要把其纳入现在整个产业链里面能力更强的经营主体主导的体系中去，用什么方式去实现？这在某种程度上是违背市场经济发展规律的，这种发展规律就是越富的人越留下来做，合作社也是这样的。现在我们探索的就是让穷人进入这个体系，并实现这种机制的创新，且这种机制是可持续的、共赢的。

8. 如何建构针对贫困人口的发展型社会保障政策？

在"五个一批"任务的分解中，2020 年以后仍将长期存在的就是"兜底一批"即将丧失劳动能力、无法通过产业扶持和就业帮助实现脱贫的贫困人员全部纳入最低生活保障体系，通过社会保障措施进行政策性兜底扶贫。总体来看，以维持最低生活保障为核心的农村社会救助体系，在缓解贫困方面发挥了重要作用。由于农村低保的直接转移特点，它可以增加收入、减少支出，进而缓解收入/支出型贫困。但现行的"兜底政策"过于侧重兜底，2020 年后减贫战略在社会保障政策方面，除了发挥其"兜底"功能之外，还要适度发挥其"发展功能"，建构"发展型的社会救助"，所谓发展型的社会救助，从设计目的以及结果看，很大程度是要提升受救助人的自我发展能力，包括提高受救助人的人力价值、改善受救助人所处的发展环境、促进受救助人与社会融合、降低受救助人的各种风险，最终表现为提高受救助人从正常的社会和市场获得报酬的能力。总体来看，其应该侧重以下几个方面。

第一，稳定农村最低生活保障制度，要坚持该制度的最低需求保障性质。尽管社会上有一些人呼吁低保要提高标准，但低保的标准高低主要看是否满足救助对象的最低需求（甚至不是基本需求），所谓最低需求，就是《中国农村扶贫开发纲要（2011—2020 年）》里提出的"不愁吃、不愁穿"，救助对象的其他需求需靠其他专项救助来解决。这样做可以降低救助对象对低保的过高预期，鼓励有劳动能力的救助对象积极就业。

第二，在具体实施低保政策过程中，可以避免简单地按家庭人口计算低保金，应该给儿童、老人更多、更大的权重，强化与家庭内儿童、老人状况的关联。在一些地方低保对象老龄化，甚至直接就是按老人情况安排相关工作，这种做法虽违背政策愿意，但也符合当前的社会文化。

第三，考虑到目前的公益性岗位设置等项目主要针对城镇失业人员，社会救助部门应积极考虑在农村运用公益、以工代赈等理念，设置公益性岗位，鼓励救助对象通过就业换取救助。首先可以考虑在社区照料中心、敬老院、长期护理中心、第三方寄养机构等设置相关工作岗位。社区内部的岗位可以是半就业性、半条件性互助合作岗位（与长期护理、寄养、购买服务结合）。

第四，对普通的低保对象仍可以明确规定获得转移支付的行为条件，这些行为条件可以与社会和环境相关，如个人卫生保洁、农村环境爱护、邻里互助、参加集体事务等，以促进被救助对象融入所在社区。

第五，与开发式扶贫相衔接，协助被救助对象做好家庭理财和资金管理计划，推动救助性金融（针对穷人的小额贷款、担保金、农业保险）发展等，因为本质上，社会救助资金、发展资金和其他补贴在农户手中是可以互相替代的。重点是要加强社会救助制度和扶贫开发、社会保险等不同制度之间的衔接。

参考文献

［1］Galbraith，J.，*The Affluent Society*（Boston：Houghton-Mifflin，1958）.

［2］Peter *Townsend*，*The Concept of Poverty：Working Papers on Methods of Investigation and Life-styles of the Poor in Different Countries*（London：Heinemann Educational，1971）.

［3］W. G. Runciman，"Relative Deprivation and Social Justice：A Study of Attitudes to Social Inequality in Twentieth-century England，"*American Sociological Review*，1967，32（1）.

［4］李小云等：《中国农村贫困状况报告》，《中国农业大学学报》（社会科学版）2004 年第 1 期。

［5］李爽：《中国的贫困化趋势和反贫困战略及政策研究》，《中国贫困地区》1998 年第 10 期。

［6］陈宗胜等：《中国农村贫困状况的绝对与相对变动——兼论相对贫困线的设定》，《管理世界》2013 年第 1 期。

［7］许飞琼：《中国的贫困问题与缓贫对策》，《中国软科学》2000 年第 10 期。

［8］叶普万等：《全球视野内的中国贫困问题研究》，《山东社会科学》2003 年第 5 期。

［9］张青：《相对贫困标准及相对贫困人口比率》，《统计与决策》2012 年第 6 期。

第2章 老挝减贫研究

广西大学课题组*

消除贫困是当今世界面临的最大全球性挑战。1986 年老挝推行革新开放后，一直致力于发展经济和消除贫困，经济上实现了较稳定的快速增长。1991～1996 年，国民经济年均增长 7%。2001～2006 年，国民经济年均增长 6.8%。2006～2010 年，国民经济年均增长 7.9%，① 成为东盟成员国中经济增长最快的国家之一。然而老挝毕竟饱受殖民统治和长期内战摧残，工业基础极其薄弱，基础设施条件也十分落后，因此仍然是世界上最不发达国家之一。老挝人均 GNI 为 1735 美元（2015 年数据），贫困人口占全国总人口的 16.7%②。因此，贫困问题仍然是困扰老挝社会和经济发展的最大问题。

---

* 广西大学课题组组长：李好，博士，广西大学海上丝绸之路研究中心常务副主任，广西大学商学院副教授、硕士生导师，中国－东盟区域发展协同创新中心研究员。课题组成员：戴永红，博士，四川大学缅甸研究中心主任，四川大学南亚研究所教授，博士生导师，中国西部边疆安全与发展协同创新中心研究员；宋志辉，博士，四川大学孟加拉国研究中心主任，四川大学南亚研究所书记、副教授、硕士导师；刘志超，硕士，中共广西区委党校科研处教师、中国－东盟区域发展协同创新中心兼职研究员；肖坚，广西大学商学院国际贸易硕士研究生；王耀华，广西大学商学院国际商务硕士研究生；王杰，广西大学商学院国际贸易硕士研究生；周德尚，广西大学商学院国际商务硕士研究生；苏立坡（老挝），广西大学商学院国际贸易硕士研究生；黄潇玉，广西大学中国－东盟研究院应用经济学硕士研究生、越南研究所研究生助理。

① 数据来源：中国外交部。
② 数据来源：世界银行。

一 老挝的国家贫困标准与贫困现状

1994 年世界银行按照当时的购买力平价计算，将"1 天 1 美元"定为国际通用的贫困标准。这一贫困标准在 2000 年也被联合国千年发展目标所采用。2008 年，为了更加准确地反映出发展中国家的生活成本，世界银行又将贫困标准提升到每天生活消费 1.25 美元。2015 年，世界银行再次将贫困标准上调到每天生活消费 1.9 美元。根据世界银行新的贫困标准测算，老挝贫困人口至少还占到全国总人口的 23.2%。

除了使用世界银行制定的国际绝对贫困标准以外，老挝国家农村发展与消除贫困委员会也制定了一套较为详细的老挝国家贫困标准。

（一）老挝国家贫困标准[①]

老挝划定贫困线的标准主要依据世界银行的贫困标准，将国内贫困标准分为三个层次，分别如下。

1. 贫困家庭的划分标准

（1）一个家庭的总收入（或者同等价值的物品）低于 85000 基普（约合 100.51 美元）[②] 每月。

（2）城市居民每人每月收入不到 100000 基普（约合 12.37 美元），农村居民每人每月收入不到 82000 基普（约合 10.15 美元）。

（3）每人每月可购大米少于 16 公斤。

（4）在衣着、住房及健康等方面的开支无法满足基本需要。

2. 贫困村的划分标准

（1）满足贫困家庭划分标准的家庭数量占到 51% 以上的村落。

（2）没有固定的小学或者需要走路 1 个小时以上才能到学校的村落。

（3）没有医院和药店，需要走 6 公里以上的路程才能接受治疗的村落。

（4）无法提供清洁饮用水的村落。

---

① 数据来源：老挝国家农村发展与消除贫困委员会。
② 按照 2016 年 9 月基普兑美元的汇率计算，以下相同。

（5）公共道路设施缺乏的村落。

3. 贫困县的划分标准

（1）满足贫困村的划分标准的村落数量占到全县一半及以上的县。

（2）全县有 40% 以上属于贫困村，且这些村内或附近无固定的教育场所。

（3）全县有 60% 以上属于贫困村，且无法提供清洁饮用水。

（4）全县有 60% 以上属于贫困村，且无公路到达。

近年来受到通货膨胀和生活成本不断上涨的影响，老挝国家农村发展与消除贫困委员会领导指出，原有的贫困标准已无法正确衡量老挝的贫困水平，建议提高贫困标准线以反映民众真实的生活状况。2013 年老挝国家领导委员会主任 Bounheuang Duangphachanh 提出了新的贫困标准。这个新标准界定，人均收入低于 25.3 万基普（约合 31.3 美元）每月的农村家庭属于农村贫困户，人均收入低于 28.4 万基普（约合 35.14 美元）每月的城镇家庭为城镇贫困户。① 按照新的老挝国家贫困标准测算，2016 年贫困家庭有 76318 户，占全国家庭总数量的 6.56%；贫困村有 1689 个，占全国村庄总数的 17.85%。②

（二）老挝的贫困现状

1. 老挝国家贫困状况

20 多年来，在国际援助以及老挝国家自身的努力之下，老挝国家的贫困发生率逐渐降低，老挝减贫工作取得显著成绩。从图 2 - 1 可知，1992 ~ 2012 年，老挝国家的贫困发生率从 46.0% 下降到 23.2%，贫困人口减少了一半。老挝政府通报，2013 年全国贫困发生率下降为 15%，2015 年进一步降为 6.59%，实现了到 2015 年底降到 10% 的预期目标。③

2011 ~ 2015 年，老挝的贫困家庭数量从 198678 户减少到 76604 户，占全国家庭的比重从 18.68% 下降至 6.59%；老挝的贫困村数量从 3175 个减少到 1736 个，占全国村落的比重从 36.69% 下降至 20.5%。截至 2015 年，老挝全国贫困县的比重仅占到全国的 15.54%，④ 贫困状况得到较大改善。

---

① 陈盈盈：《预计到 2015 年老挝贫困率下降至 10%》，《云南信息报》2013 年 5 月 6 日。
② 《老挝减贫步伐减慢》，《万象时报》2016 年 11 月 8 日。
③ 陈定辉：《老挝 2015 年回顾与 2016 年展望》，《东南亚纵横》2016 年第 1 期。
④ 数据来源：老挝国家农村发展与消除贫困委员会。

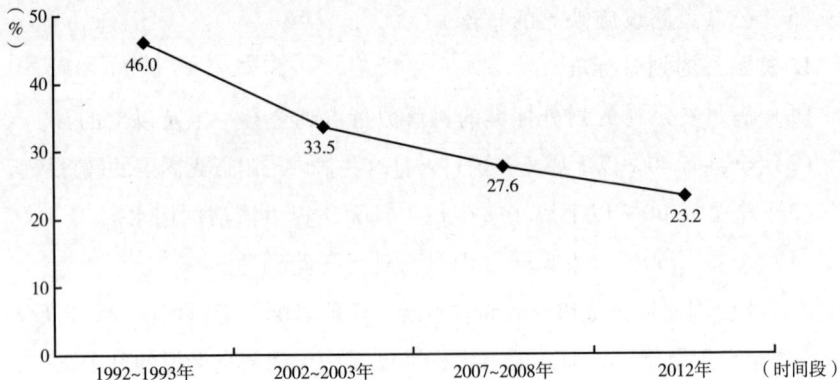

图 2 - 1　1992 ~ 2013 年老挝国家贫困发生率趋势

资料来源：老挝国家农村发展与消除贫困委员会。

　　教育方面，老挝已宣布普及小学教育，有 1 个省和 42 个县宣布普及初中教育，全国 98.78% 的村庄有了小学。卫生方面，老挝已建立农村卫生站 993 所，村药箱 5000 多个，在 102 个县设立了贫困者健康基金，在 7 个省实行免费接生政策。在农村发展方面，在 148 个县 6531 个村设立了发展基金，流动资金为 13570 多亿基普，使贫困群众的生产发展有了贷款渠道。2015 年，老挝村庄通路的比例达到了 84.4%，使用清洁饮用水的村庄占 91.65%，文化村占 55.4%。[①]

　　2. 老挝贫困人口的城乡分布

　　20 多年来，老挝不管是城市还是农村，贫困发生率均有很大程度的下降。1992 ~ 2012 年，城市的贫困发生率从 26.5% 下降到 10.0%，下降 16.5 个百分点；同期农村的贫困发生率从 51.8% 下降到 28.6%（如图 2 - 2 所示）。同时以上数据也反映出农村的贫困发生率改善程度明显落后于城市地区。老挝城市和农村之间贫困差距的加大主要是由基础设施、社会保障、公共服务的获得、受教育程度等多种因素综合导致的。例如，2013 年老挝城市里能够享受医药服务的人口比例已经达到 34.8%，但在农村能够享受医药服务的人口比例仅占到 2.3%。[②] 老挝的农村地理环境比较恶劣，农村的

---

　　① 陈定辉：《老挝 2015 年回顾与 2016 年展望》，《东南亚纵横》2016 年第 1 期。
　　② 数据来源：世界银行。

群众很难获得资金和技术支持；由于基础设施落后而带来的物流屏障也阻隔了农民和市场的联系。在城乡二元社会结构发展的背景下，老挝的农村地区是贫困人口主要的居住地。

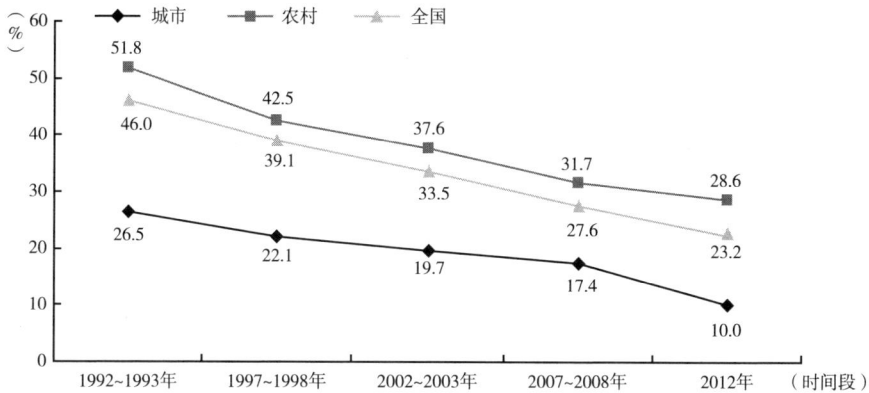

图 2 - 2　老挝农村与城市贫困发生率对比

资料来源：Warr P. G. , Rasphone S. , Menon J. , *Two Decades of Rising Inequality and Declining Poverty in the Lao People's Democratic Republic*, Social Science Electronic Publishing, 2015。

3. 老挝贫困的地域分布

如表 2 - 1 所示，过去老挝的贫困人口主要分布在北部及东北部地区的丰沙里、华潘、川圹等省份，2003 年的贫困发生率都在 40% 以上。但近 20年来伴随着社会经济的发展以及扶贫工作的顺利开展，老挝贫困的地域分布也逐步发生变化。

表 2 - 1　老挝各省份贫困发生率

单位：%

省份	2003 年	2008 年	2013 年
万象市(直辖市)	16.7	15.2	5.9
丰沙里省	50.8	46.0	12.3
琅南塔省	22.8	30.5	16.1
乌多姆赛省	45.1	33.7	30.1
波乔省	21.1	32.6	44.4
琅勃拉邦省	39.5	27.2	25.5
华潘省	51.5	50.5	39.2
沙耶武里省	25.0	15.7	15.4
川圹省	41.6	42.0	31.9

续表

省份	2003 年	2008 年	2013 年
万象省	19.0	27.8	12.0
波里坎赛省	28.7	21.5	16.4
甘蒙省	33.7	31.4	26.4
沙湾拿吉省	43.1	28.5	27.9
沙拉湾省	54.3	36.3	49.8
色贡省	41.8	51.8	42.7
占巴塞省	18.4	10.0	19.9
阿速坡省	44.0	24.6	8.9
赛宋本行政特区	36.4	46.1	—

资料来源：世界银行。

首先是全国各地区的贫困发生率整体逐渐降低。1992~2012 年老挝北部地区贫困发生率从 51.6% 降到 25.8%，中部地区贫困发生率从 45% 降到 23.3%，南部地区贫困发生率从 45.7% 降到 29.2%。

其次是北部地区和中部地区减贫工作取得明显成效，像万象市、丰沙里省、乌多姆赛省等贫困发生率都出现大幅度下降。

最后是贫困地区出现均匀分布的趋势。北部、中部、南部三个地区在最近二十年间的贫困差距逐渐缩小（如表 2-2 所示）。2013 年低于老挝国家贫困发生率的省份中，北部地区占了 3 个（万象市、丰沙里、琅南塔），中部地区占了 3 个（沙耶武里省、万象省、波里坎赛省），南部地区占了 2 个（占巴塞省、阿速坡省）；中重度贫困（贫困发生率在 30% 以上的）的省份中，北部地区有 2 个（波乔省、华潘省），中部地区有 2 个（乌多姆赛省、川圹省），南部有 2 个（沙拉湾省、色贡省）。

表 2-2　老挝贫困发生率

单位：%

地区	1992~1993 年	1997~1998 年	2002~2003 年	2007~2008 年	2012~2013 年
北部地区	51.6	47.3	37.9	32.5	25.8
中部地区	45.0	39.4	35.4	29.8	23.3
南部地区	45.7	39.8	32.6	22.8	29.2
老挝国家	46.0	39.1	33.5	27.6	25.2

资料来源：Warr P. G., Rasphone S., Menon J., *Two Decades of Rising Inequality and Declining Poverty in the Lao People's Democratic Republic*, Social Science Electronic Publishing, 2015。

4. 老挝贫困的族群分布

2005 年老挝第三次人口大普查结果显示，老挝共有 49 个民族；2012～2013 年老挝官方政府的支出与消费调查报告将这 49 个民族分为 4 个族群，分别为佬泰族群、孟高棉族群、汉藏族群和苗瑶族群，并进行相关数据的收集，其中，佬泰族群属于老挝国家的主体民族，其他族群属于少数民族，少数民族主要分布在高山地区。这些地区是老挝减贫最核心的帮扶对象，也是减贫工作推进最艰难的领域。令人担忧的是，近年来少数民族中除了汉藏族群的贫困发生率出现大幅下降外，其他两个族群却不降反升，出现了族群间贫困发生率差距日益扩大的趋势，长此以往，会导致民族矛盾，国家社会不稳定。

二　老挝减贫战略及减贫历程

综上所述，老挝减贫取得的成绩是显著的，但发展是不平衡的，仍然面临艰巨的挑战。老挝人民革命党对此也有清醒的认识，多次在政府纲领性文件中阐述其关于消除贫困的基本思想：贫困是造成政治、经济和社会不稳定的原因。消除贫困是全党、全国人民的共同责任和根本任务。但是，减贫不可能一蹴而就，必须是一个长期的系统工程。具体实践中，必须在确定一般贫困区和重点贫困区之后，才制定规划，提出措施，先试点，吸取经验，然后再推广。在这样的基本思想的指导下，老挝近 20 年来提出了较为全面的减贫战略、原则、方针和目标，并根据社会经济发展形势而适时做出调整。

（一）老挝减贫战略概述

1. "五五"期间（2001～2005 年）的减贫战略

2001 年在老挝"七大"上，老挝政府提出了"2010 年基本消除贫困，至 2020 年摆脱不发达状态"的奋斗目标，并全面阐述了"五五"期间（2001～2005 年）消除贫困、促进经济可持续增长的主要发展战略，涉及基础教育、基础设施建设、区域与全球化合作、电力资源、中小企业与手工艺品生产、外国直接投资、出口导向型私营部门、贸易自由化、金融市场与法律监管。为了贯彻上述十大战略，老挝政府还进一步提出了八项优先工作规划，包括食品生产、发展商业、稳定轮垦、基础设施建设、农村发展、人力资源、服务业以及对外经贸合作。

2. "六五"期间（2006～2010年）的减贫战略

2006年在老挝"八大"上，老挝政府总结了"五五"期间减贫工作的经验与教训，制定了更为详细的工作方针来推动减贫战略的实施。例如，老挝政府强调在"六五"期间（2006～2010年）减贫要以解决家庭的贫困为重点，必须同发展农村联系起来，将建立文化村、无案件村、三清洁村、教育成功村、卫生村、无毒品村列入总体工作；建立开发村以解决人群的贫困，必须针对实际条件，帮助贫困家庭，使之成为小康家庭——家庭成员有固定的居住地，有稳定的职业，有衣着，得到基本的教育和公共卫生方面的服务；必须出台有效地使用各项资金的管理措施，包括政府支出的减少贫困的资金，向国际借贷用于减少贫困的资金，来自外国的援助资金、鼓励资金等，以使上述这些资金真正用在贫困家庭上；必须整顿和规范资金的管理组织机构和章程，使之精简、透明，减少管理费用开支，防止各种浪费和流失。

3. "七五"期间（2011～2015年）的减贫战略

2011年在老挝"九大"上，老挝政府提出"七五"期间要达到联合国千年发展目标，主动融入地区和国际经济体系，到2015年完全加入东盟自由贸易区并争取早日加入世界贸易组织，以为2020年摆脱最不发达状态夯实经济基础。在此期间要实现国内生产总值年均增长8%以上，贫困人口比例降至19%，2015年底人均国内生产总值达到1700美元。这些经济指标反映了老挝对实现2020年前消除贫困、摆脱世界最不发达国家状态的大目标充满信心。为了贯彻经济建设和精神文明建设相结合的方针，逐步提高人民群众的文化生活水平，保证经济社会长期稳定发展，老挝的减贫战略重点从消除家庭贫困转移到了农村发展建设与脱贫，总目标是通过优惠政策，千方百计提高农村地区和落后地区人民群众的收入，确保千年发展目标得以实现。主要任务是继续、长期深入基层，落实老挝人民革命党中央政治局制定的"四任务四目标"，帮扶目前仍针对处于落后状态的各村寨、老革命根据地等，帮助当地群众发展具有市场潜力和前景的产业，指导、帮助他们提高生产技术，为他们提供种苗、技术等，努力提高他们的收入水平。同时，建设和完善农村地区基础设施,确保农村长期稳定发展,加大新农村建设,使农村地区成为自然资源取之不尽的地方。"七五"期间,力争使全国贫困户比例减少到10%以下;每个县力争建成"四任务四目标"达标村1~2个;力争把零散的小村落和偏远村庄集中到一起,合并成新的大村庄、新社区(小城镇),每省要建成1~2个这样的示范村。

(二)老挝减贫历程概述

1. 革新开放前老挝减贫阶段

在确立全面革新经济路线之前,老挝政府已经在推动经济发展和减少贫困人口上进行了摸索。1976年,老挝照搬苏联的经济发展模式和经验,在全国推行农业集合合作运动,要求人民"一起劳动",实施生活所需"平均分配"等。罔顾自身国情、一味照搬他国经济体制的做法并没有使老挝经济实现预期的快速增长,民众的基本需求仍然没有得到满足。

20世纪80年代初,老挝人民革命党前总书记凯山·丰威汉实行了小型私营经济开放与自由化政策,鼓励个人创业和自由经营。同时,大力发展小农经济。但是,由于受到20世纪70年代后期农业集体化激进改革政策的影响,这些举措收效甚微,无法全面激发经济发展动力。

2. 革新开放后大规模开发式减贫阶段

1986年老挝"四大"召开,决定着手建立"新经济机制",摆脱落后的社会发展模式,这标志着老挝进入全面革新开放的初始阶段,也预示着老挝拉开了大规模开发式减贫的序幕。在这个阶段,老挝政府以凯山·丰威汉的思想为指导,结合老挝实际国情,吸收了中国改革开放、越南革新开放的成功经验,逐步进行了经济体制改革,实现了由计划经济向商品经济的转变。

1991年老挝"五大"召开,首次明确了走"社会主义革新开放发展道路"的基本方针,开启了由计划经济向市场经济的转型。这一阶段,老挝经济社会得到快速发展,对外开放力度不断加大,而且在宪法中明确了为国内外所有投资者任何形式的投资方式提供保护并加以促进。

1996年老挝"六大"召开,对革新开放政策的制定、实施推广、取得的成绩与经验教训进行了详尽的总结,强调要继续深入实施全面革新路线。

在这一阶段，老挝建立起商品经济，并通过接受大量外援获取了经济发展、改善民生所急需的资金、技术和经验。尤其是 1998 年老挝加入东盟自由贸易区后积极融入区域经济一体化和全球化进程，对外贸易与投资活动异常活跃，促进了国民经济的发展，也加快了减贫进程。

3. 21 世纪以来稳步摆脱贫困阶段

2001 年老挝"七大"以后，老挝在整体政策制定方面除了继续强调采取措施推动经济可持续增长以外，开始将消除贫困作为工作的重心，陆续出台了一系列长期、中期和短期减贫计划与战略，其中包括《减贫战略文件（PRSP）》（2004 年）、《国家增长与消除贫困战略（NGPES）》（2008 年）等。2000 年，老挝作为联合国成员之一，还与其他国家一起签署了千年发展目标。在世界银行综合发展框架指导下，老挝将千年发展目标与其他减贫计划相结合，构成了其中长期发展目标。至此，老挝对消除贫困计划做出了战略部署，将减贫纳入了国家战略，国家减贫战略从面向调整转为面向发展。

4. "九大"后的全面摆脱贫困阶段

2011 年老挝"九大"召开，老挝人民革命党提出未来的发展方针：一是继续坚持以经济发展为中心；二是提高政府的经济管理能力和效率，完善经济管理体制和机制；三是加大扶贫脱贫和农村建设力度，促进商品生产，提出要发展协作型农业，保障粮食安全，保护和恢复森林植被；四是实施工业化、现代化战略，合理配置和高效使用资源。为此，特别强调要大力解决贫困问题，挖掘各种资金来源渠道，运用特殊的鼓励政策，有重点地推进经济社会基础设施建设，进而推动其他领域的发展。老挝政府制定的"七五"规划（2011～2015 年）报告中指出，要使经济快速、稳定、持续发展，达到联合国千年发展目标，主动与地区和国际融合，于 2015 年完全加入东盟自由贸易区，争取加入世界贸易组织，为 2020 年摆脱最不发达状态打下坚实基础。

"七五"规划对未来五年老挝经济社会发展提出了总目标和主要任务指标。总目标是：①保持国民经济快速、持续、健康发展，力争到 2015 年实现人均国内生产总值 1700 美元；②努力完成各项经济发展指标，实现千年发展目标，为老挝在 2020 年退出世界最不发达国家行列打下坚实的物质、技术基础，为建立工业化、现代化国家创造条件；③努力实现经济发展和社会－文化建设、环境保护协调发展；④确保政治稳定、社会安定，独立自主地参与国际社会活动。减贫方面提出的主要任务指标包括：力争到 2015 年实现人均国内生产总值 1700 美元；实现千年发展目标，为老挝在 2020 年退出世界最不发达国家行列打下坚实的物质、技术基础，为建立工业化、现代化国家创造条件；力争到 2015 年能解决 317 万人的就业问题，其中新增就业 277000 人（农业新增就业人口为 210000 人，工业新增就业人口为 14000 人，服务业新增就业人口为 53000 人）；力争使贫困人口率低于 10%，小学入学率达到 98%，中学入学率达到 75%，人均寿命达到 68.3 岁；确保到 2015 年全国 80% 的家庭能够用上电等。

三　老挝减贫政策梳理

通过对老挝减贫战略的分析不难看出老挝政府已经意识到在未来要想消除贫困、摆脱不发达的状态，最根本的途径是创造更多的经济机会和提供更为完善的社会保障体系。因此，近年来老挝的减贫政策也主要围绕经济增长、改善民生来制定和实施的。

（一）整顿政府管理机构和打击腐败，鼓励干部赴边远地区扶贫

为了提高基层干部的领导执政能力，1998 年初，由老挝中组部和中宣部牵头组织实施了"基层一把手"工程，由中央机关和各部委下派干部到县、村指导，协助政治、经济双扶贫工作。"七大"后，中央领导也分别到各地视察工作，了解基层情况，帮助地方制订经济社会发展计划；八届三中全会后，又建立了领导干部、骨干或新干部长期或短期下基层制度，将省委委员、县委委员下派到县和基层任职，指导基层工作，带领基层人民脱贫致富。中央机关和各部委下派干部帮助县、村搞政治、经济双扶贫，帮助基层单位选好主要领导，并选派大学生到农村基层支部工作。

为进一步完善政府运作机制，抵制党内和政府机构的不良风气，提高国家管理和执法的有效性，老挝党和政府设立了党政监察委员会、反贪污专门委员会，并出台《反贪污腐败法》、《公务员操守政令》、《关于现在至 2020

年预防和惩治贪污腐败战略》和《干部公务员法》等一系列法令监督政府
部门工作人员的行政行为。

（二）建立经济特区，吸引外资，增加就业

2000 年以来，老挝已经批准设立了 10 个经济开发区，占地 13564 公
顷，其中 2 个为经济特区和 8 个为经济专区。① 经济特区和经济专区已经吸
引投资 47 亿美元，入驻企业 420 家，其中包含中资企业 234 家，它为老挝
提供了一万余个就业岗位。② 根据老挝政府制定的《2011—2020 年老挝经济
特区和经济专区发展战略计划》，到 2020 年老挝要在全国范围内建成 10 个
经济特区和 29 个经济专区。

对于入驻经济特区和经济专区的企业，老挝政府制定了极具吸引力的税
收优惠政策：进口的原材料、半成品和成品在加工后销往国外的，经老挝计
划投资部批准进口的设备、机器配件可享受免征进口和出口的营业税、消费
税和关税；投资服务业将可享受 2 ~ 10 年的免税期，此后征收 8% 或 10% 的
企业利润税；投资贸易行业将可享受 2 ~ 5 年的免税期，此后将征收 10% 的
企业利润税；投资工业将可享受 5 ~ 10 年的免税期，此后将按 8% 的比例征
收企业利润税等。

（三）通过金融与财税扶持引导农村发展

目前老挝在金融方面对农业方面予以支持的有商业性银行和政策性金
融机构。商业性银行的主要代表是老挝促进农业发展银行，专为涉农中小
企业的手工业和农作物生产提供信贷。政策性金融机构的主要代表是老挝
政策银行和村发展银行。2007 年成立的老挝政策银行是中央银行成立的
专门服务于消除和摆脱老挝贫困的金融机构，截至 2009 年，已投入 1184
亿基普，覆盖了老挝 47 个较贫困的县中的 43 个县，为 796 个村、

---

① 2 个经济特区和 8 个经济专区为沙湾 - 色诺经济特区（2003 年）、金三角经济特区（2007
年）、磨丁美丽城专业经济区（2003 年）、万象嫩通工业贸易园（2009 年）、赛色塔综合开
发区（2010 年）、东坡西专业经济区（2012 年）、万象隆天专业经济区（2008 年）、普乔
专业经济区（2011 年）、塔銮湖专业经济区（2011 年）、他曲专业经济区（2012 年），并
且将在琅勃拉邦省宗佩县和琅勃拉邦县外围地区建设占地 4850 公顷的经济特区。

② 数据来源：老挝国家经济特区和专业经济区管理委员会。

2444762 个家庭提供了低息贷款。2002 年，由老挝政府拨款为较贫困的 47 个县成立村发展银行，每个村发展银行获得 5 亿基普作为发展基金，以服务于当地农民，到 2009 年，村发展银行已经吸收 744140 个成员，覆盖了 252 个贫困村。

老挝根据不同地区的发展程度给予不同的投资优惠政策。①一类地区，指没有经济基础设施的山区、高原和平原。免征 7 年利润税，7 年后按 10% 征收利润税。②二类地区，指有部分经济基础设施的山区、高原和平原。免征 5 年利润税，之后 3 年按 7.5% 征收利润税，再之后按 15% 征收利润税。③三类地区，指有经济基础设施的山区、高原和平原。免征 2 年利润税，之后 2 年按 10% 征收利润税，再之后按 20% 征收利润税。免征利润税时间按企业开始投资经营之日起算；如果是林木种植项目，则从企业获得利润之日起算。此外，企业还可以获得以下优惠：①在免征或减征利润税期间，企业还可以获得免征最低税的优惠；②利润用于拓展获批业务者，将获得免征年度利润税的优惠。

（四）鼓励旅游业发展，促进更多劳动力就业

近年来服务业已经成为老挝经济增长的主要动力，对 GDP 的贡献率高达 39%，预计 2015～2020 年至少能新增 14.4 万个就业岗位。老挝政府历来重视旅游业的发展，积极采取各种措施，出台与旅游业相关的法律法规，通过增设通关口岸，实行落地签证，延长签证停留期，对部分国家个人或公务签证实行免签等政策，以鼓励旅游者进入老挝旅游，促进旅游业的发展。老挝国家旅游局与超过 500 家国外旅游公司签署合作协议，开放国际旅游口岸，同时采取加大旅游基础设施投入，培训专业导游、饭店服务人员，减少签证费，放宽边境旅游手续等措施，促进旅游业持续发展。

老挝还推出一系列优惠政策鼓励外国投资者到老挝投资旅游业，特别是酒店和餐饮业，如老挝规定，外国投资者可以在老挝独资经营大型酒店、餐馆，以及旅行社外商持股比例范围可以为 30%～70%，特别是在外国投资者进入老挝旅游市场的所有权限定方面，大大地降低了旅游业的贸易壁垒。老挝政府根据《东盟旅游协定》对东南亚地区的游客实行免签制度，非东

南亚地区的游客除可以在老挝驻本国大使馆申请到签证外，也可以在老挝的国际口岸申请落地签证。除与中国、泰国合作开辟澜沧江 - 湄公河旅游路线外，老挝还与越南、柬埔寨联合打造旅游圈，开发边远地区的旅游业，促进边远地区的人脱贫。

（五）坚持以农业发展为主要任务，努力提高农业收入水平

农业收入的增长仍然是老挝减贫的重要支柱。在老挝，仍有70%以上的人口继续从事农业生产，特别是只接受过较低教育的中年人群将在未来很长一段时间内继续从事农业生产。因此提高农业收入水平是老挝摆脱贫困的主要方式。近年来老挝逐步加大对农业的投入，发展农业技术，扶持农业生产专业户，大力兴建农田水利设施，促进农业专业化生产。为了提升农业附加值，老挝政府积极鼓励外商投资农副产品加工业并采取了一系列政策和法规来优化投资环境。

（六）完善基础设施建设，改善贫困地区生活条件

老挝已经将发展公路作为今后几年工作的重点，通过采取多方求援，寻求国际组织和相关国家的帮助，贷款和集资等措施，加快公路建设。例如，老挝政府与亚洲开发银行签订了2990万美元的贷款协议，以用于治理与养护本国公路，并制定了公路发展规划，拟投融资近60亿美元用于国内公路123个项目的全面升级改造。2006～2008年，老挝政府又对贫困地区投入了12亿基普，以为农村贫困和偏远地区提供低息贷款和改善基础设施。同时老挝鼓励外国公司和国内私企参与基础设施建设，重视完善信息基础设施建设，例如改善国内外通信系统，普及移动通信电话、公共电话，提高互联网使用率，发展超短波系统，架设贯通南北的光缆系统等。截止到2010年，老挝通信光缆总长约5000公里，可以覆盖全国17个省份的138个县，其中3G网络已经覆盖2000个自然村。

（七）鼓励在贫困地区为人民重新安置居住地

对少数民族进行移民安置已经成为老挝政府重要的农村发展战略。过去10年，国家推行的安置计划将大多数居住在高地（高原、台地）的村民搬

迁安置到山下。老挝采取两种搬迁方式。第一种方式是将村子搬迁到新的安置点，但村民仍然暂时保留原来的宅基地，并耕种迁出区原有的土地，从而保障他们的粮食安全。这种"双住房"体系成为北方山地移民搬迁的一大特色。第二种方式是"安置诱导迁移"，即沿着道路或河流安置的村民不再返回到他们山上的住所，并且这种方式试图吸引更多的农户搬迁到附近，进而形成新的村庄。

（八）制定人口空间分布政策，改善医疗卫生状况

1999 年以来，老挝城市人口总量增长速度较快，但城市基础设施建设和社会保障体系不完善，因此老挝采取了人口空间分布政策，使大城市中心的权力下放给较小的城市、郊区和农村地区，从而减少从农村到城市的迁移人口，避免了老挝农村人口进城返贫的情况，也为农村发展提供了必要的人力资源。同时采取了促进农村发展的人口政策，如鼓励建立或保留农村产业，加快建设和发展农村基础设施等。在过去的五年里，老挝全面提高了产前保健覆盖率，扩大了产科护理覆盖面、必要的产后和新生儿保险范围，增加了有效的避孕措施、安全堕胎服务（包括流产后保健），加大了对接生人员的招聘和培训力度，改善了老挝的医疗卫生状况，极大地降低了新生儿和孕妇的死亡率。

（九）在全国推行国家教育系统改革政策，尽可能提供平等接受教育的机会

2007 年老挝政府颁布了《国家教育系统改革政策》，改革的目标是让城市和农村的所有少儿都享有平等的受教育权利。《国家教育系统改革政策》实施前，老挝家庭教育支出占家庭年收入比重达到 26.01%；2007 年该政策实施以后，老挝家庭教育支出占家庭年收入比重逐步降到 5% 以下。由此可见，该项教育政策的推行不但有利于减少因缺乏教育而造成的贫困代际传递现象，而且能在较短时间内明显增加贫困家庭的可支配收入，这对消除贫困有重要意义。

此外老挝政府在全面实施小学义务教育政策的同时，也特别关注少数民族及弱势群体的学校教育发展，以为少数民族儿童提供更多接受正规教育的

机会。① 为此还制定了较为详细的少数民族教育发展政策，如推进少数民族
地区的扫盲运动，尤其是农村妇女的扫盲；重点提高初高中的教学质量以及
中小学的校舍水平；支持和扩充私立教育，鼓励更多的人投资创办私立中学
和职业学校；继续完善少数民族地区乡村教育的监督与管理体制，不断改善
教师的待遇等。

四　老挝减贫存在的问题

（一）经济增长未能实现"亲贫困增长"

"亲贫困增长"是指能够使贫困群体参与经济活动并从中得到更多好
处的经济增长。随着老挝经济的快速发展与对外开放力度的不断加大，老挝
国内基础设施水平逐步提高，民众生活也得到明显改善，贫困发生率稳步下
降，这都是经济增长带来的积极效应。但是通过前面对老挝贫困城乡、地域
以及族群分布的分析可以发现，经济增长带来的成果并没有被均衡地分享：
处于湄公河流域的城市减贫工作成效明显，而北部高山地区的少数民族聚居
地、革命老区等仍然是贫困重灾区；拥有自然资源优势的地区基本消除了贫
困，但很多资源匮乏和资源获取困难的条件艰苦的地区（如波乔省、色贡
省）脱贫还存在很大难度。鉴于此，当前老挝经济增长并没有实现"亲贫
困增长"。目前，老挝尚未脱贫的家庭基本集中在偏远艰苦地区，减贫难度
很大。如何让更多的民族和地区分享经济增长带来的成果，共同摆脱贫困、
实现均衡发展是未来老挝政府在减贫政策的调整时需要重点考虑的问题。

（二）农村剩余劳动力没有得到有效转移

新型工业化国家经济发展的实践证明，通过政策引导国内农村剩余劳动
力从农业部门转移到利润率更高的非农业部门可以在较短时间内创造更多的
就业岗位和收入，有助于消除贫困。然而老挝近年来经济高速发展主要是由

---

① 袁同凯：《老挝基础教育改革述评》，《云南民族大学学报》（哲学社会科学版）2012 年第 6
期。

高成本的资源密集型产业推动的，其只创造了少数就业岗位，对贫困人口帮助微乎其微，反而可能带来生态环境等其他社会问题；尽管老挝也出台了一系列政策来加快农业产业化和第二产业、第三产业的发展，但受地理位置、生产技术、基础设施等因素的制约，老挝产业结构还没有实现根本性改变，农业集约化程度低下、经营粗放等问题没有根本解决，工业化水平和城镇化水平还十分落后，这必然会严重限制农村剩余劳动力从农业部门向非农业部门的有效转移。同时，拥有大量熟练技能的人力资源是发展劳动密集型产业和服务业的基础条件，也就是说劳动力素质的优化是实现农村剩余劳动力转移的重要前提。老挝国内劳动力供给不足，具有高素质的劳动力更是稀缺。鉴于此，老挝政府在考虑推进产业减贫的同时也不能忽视通过教育提高劳动力素质，推进教育减贫。

（三）经济增长和社会发展不协调

老挝革新开放带来经济快速增长的同时给国内的社会变革却带来了诸多负面的影响。一方面，贫困发生率虽不断下降，但社会不平等趋势逐渐加深。毒品、走私、非法开采等诸多社会问题日益突出，正成为老挝社会冲突的根源；另一方面，弱势群体受到更大的冲击，主要体现在犯罪率明显上升、农村儿童营养状况日趋恶化等方面。相比其他东盟邻国的同龄儿童，老挝儿童由于营养不良个头偏矮，在农村和偏远地区尤其严重。老挝营养不良的儿童比例约为44%，而邻国越南的比例为22%。除此之外，老挝儿童死亡率也高于邻国。据2012年老挝社会指标调查，每10000位产妇中死亡人数为357人。每1000名活产儿童中，一岁以下儿童死亡68人，一岁到五岁儿童死亡79人。死亡的主要原因为营养不良，免疫力低下。[①]

（四）减贫工作高度依赖政府财政

近年来，老挝开展减贫工作所需要的资金主要依靠中央和地方的财政支出。老挝各级政府通过加大对公共服务的投入力度也确实取得了不俗成绩。然而最近十年间，老挝宏观经济总体运行情况虽然良好，但是财政管理状

---

① 数据来源：老挝资讯网。

况，尤其是政府预算赤字和预算外开支问题较为严重。例如，2012～2013
财年老挝为了实现联合国千年发展目标，将7339亿基普用于实施1168个基
础建设、农村发展和减贫项目。① 但是在距2012～2013财年结束仅剩余一
个月时，老挝财政收入仅完成年度计划的78.38%，需要用外国贷款和短期
债券筹集到的3.7万亿基普平衡财政赤字。② 老挝2015～2016财年前10个
月财政收入只完成国会预定全年计划的74.52%，加剧了预算紧张，难以满
足支出需求。③ 不可否认，除了政府资金支持外，近年来也有一些外国直接
投资及外援用于老挝减贫。据统计，2000～2014年，老挝共获得国际援助
（无偿援助、贷款）达75.837亿美元，并且呈现逐年递增的趋势。④ 但是老
挝政府在政府资金和外来资金的使用上缺少管理经验，没有做好协调，有时
甚至会做一些重复性工作，造成资金的浪费。

（五）移民搬迁安置与城镇化工作布置不到位

将北部等集中连片特困地区的移民搬迁安置，是近年来老挝政府努力推
进降低贫困发生率的一种有效途径。但是在移民搬迁安置工作中，老挝缺乏
详细的计划，如投入的资金还不足以让贫困人民在安置点维持生计，更谈不
上改善物质生活条件，提高生活水平。其结果是很多移民又选择返回原住地
或者流动到其他地区寻求生计，这带来一些社会隐患。另外，在移民搬迁安
置的同时推进城镇化进程本来是一项极其有利于减贫的策略，但老挝政府在
政策具体实施的过程中经常出现重点目标不明确、计划变动性较大等问题，
最终在资金有限的情况下城镇化程度不高，这又反过来为扶贫移民工作带来
了阻力。

（六）地方基层行政能力水平较低

如前所述，消除贫困是老挝全党、全国各部门工作的重点，但在基层实
践中政策执行与组织责任的落实情况不尽如人意。老挝减贫策略的制定和实

---

① 《老挝政府将拨专款用于减贫》，《社会经济报》（老挝）2013年1月24日。
② 数据来源：中国商务部驻老挝经商参处。
③ 《老挝财政收入不足加剧预算紧张》，《亚太日报》2016年8月19日。
④ 陈定辉：《老挝2014年回顾与2015年展望》，《东南亚纵横》2015年第2期。

施需要有能力、高水平的公务员相配套，而目前老挝公务员系统仍存在多种问题，如公务员文化程度整体偏低、决策能力不足、办事效率低下，部分部门缺乏专业人才，公务员所学专业与岗位不相称，各部门公务员数量配置不合理，中央和地方部门协调不够等。这些问题使老挝减贫政策的具体实施效果大打折扣。例如，一些基层工作者在为土著居民进行减贫宣传教育时，没有认真或者很好地履行自己的工作职责，工作效率和工作质量都不高，以至于当地居民对国家减贫政策只是泛泛地了解，甚至是误解，这也给农村扶贫和发展工作带来了困难。值得关注的是，尽管中央政府一再强调要加强对教育的投入，但地方政府为追求更快的经济增长，近年来都趋向于优先鼓励对基础设施项目的投资，忽略了对教育等公共产品的投资，这也引起了当地居民的不满和抵制。

五 对老挝减贫的政策建议

（一）制定以包容性增长为导向的减贫制度和政策

老挝人均国民收入已经从 1986 年的 114 美元提升至 2015 年的 1913 美元，但贫富差距越来越大，农村和城市发展不平衡等问题也使老挝的减贫工作任重道远。[①] 鉴于此老挝政府减贫制度的设计与政策调整必须从 GDP 增长导向转为包容性增长导向，让经济发展的成果惠及老挝各地区和各阶层，让老挝所有民众都能共享成果。为实现包容性增长，老挝的扶贫制度设计和政策调整需要满足以下基本条件。一是减贫机制应快速反应，快速启动，减贫措施必须及时落实，尽可能调整贫困人口的贫困状态；二是减贫制度设计要确保让所有贫困人口受益，全面覆盖符合贫困标准的人口，逐步推进精准扶贫；三是逐渐降低贫困人口的依赖性，帮助贫困人口提升自身减贫能力以及抵御自然灾害、分享经济发展成果的能力；四是提高减贫资源的利用效率，避免重复、浪费，达到最佳的减贫效果。

---

① 《老挝学者期盼借鉴中国经验促减贫》，中华人民共和国新闻办公室网站，http：//www. scio. gov. cn/zhzc/2/32764/Document/1515344/1515344. htm。

（二）财政减贫政策的调整需进一步发挥财政支出的直接和间接减贫功能

政府在减贫中居于主导地位是减贫外部性的内在要求，财政支出可通过转移支付进行直接减贫，也可通过发展经济提高贫困人群收入水平实现间接减贫。因此财政政策的抉择应兼顾其直接和间接减贫功能，以充分发挥财政支出的最佳减贫作用。[①] 老挝财政转移支付实现直接减贫的能力和条件有限，因此如何调整财政支出政策，发挥财政支出的直接和间接减贫功能是现阶段老挝政府必须思考的问题，建议老挝政府在进行政策调整时应考虑到：一是财政支出要切实促进农村经济的发展，如加大对农村基础设施建设投入，创造更多资金筹措渠道，通过税收优惠等方式促进农村非农经济的发展等；二是财政支出要逐步消除劳动力的转移障碍，如提高劳动力素质、促进公共服务均等化等；三是完善财政支出直接减贫的瞄准机制，重点增加教育、医疗卫生、社会保障和就业支出；四是充分动员社会力量，引导资金、物质、技术向贫困地区倾斜，积极开展定点扶贫工作。

（三）提升基层干部队伍素质和执政能力，培育一批减贫中坚力量

提升基层干部执政能力是贫困地区振兴经济的关键所在，因此老挝应重视加强减贫中坚力量建设，尤其是进一步加强贫困地区领导班子建设。为此建议，一是建立和完善基层干部教育培训机制。一方面要针对老挝基层干部文化程度整体偏低的情况，建立起长期持续的基层干部教育培训计划；另一方面要有侧重点地加强基层干部对政治理论和国家政策规定的学习，使他们对国家的大政方针有一个清晰的认识，以方便他们日后向民众宣传。二是建立和完善基层干部激励保障机制。一方面要注重人文关怀，对工作优异者，给予口头表扬与颁发荣誉证书；对无法适应或表现不佳者，给予正面疏导；

---

① 王海：《财政支出减贫：机理分析与政策启示》，《河南师范大学学报》（哲学社会科学版）2013 年第 3 期。

对愿意继续留在岗位的加强对其能力培养；对不愿留在岗位的，给予一定的抚恤金并帮助其另谋他职。另一方面要注重物质奖励，对工作能力突出，表现优异者，给予适当的物质奖励，以鼓励他们继续在工作岗位发光发热；为城市中愿意下基层工作的干部，提供更好的福利待遇等。三是建立和完善公务员流动制度。一方面，通过公务员流动制度能促进不同地区的经验与交流，并为各级公务员提供锻炼机会，这有利于老挝公务员整体素质的提升；另一方面，省、县的公务员到村一级基层组织短期任职和挂职锻炼，能够给基层带来先进的管理经验，而村的基层干部到省、市干部队伍中学习，能够拓宽他们的视野和提升他们的知识水平，这对提高他们的执政能力有很大的作用。①

（四）借鉴中国"精准扶贫"的思想与模式，缓解贫困发展不平衡的现象

老挝国内减贫发展不平衡的问题已经非常突出，有可能激发社会的动荡，因此未来老挝减贫工作的重心应该从全国贫困发生率的下降转向山地和高原地区农村贫困发生率的下降。中国近年来实施的"精准扶贫"战略，对降低民族地区贫困发生率起到了立竿见影的作用，值得老挝学习和借鉴。中国的"精准扶贫"思想要义在于"因人因地施策，因贫困原因施策，因贫困类型施策，通过扶持生产和就业发展一批，通过易地搬迁安置一批，通过生态保护脱贫一批，通过教育扶贫脱贫一批，通过低保政策兜底一批，广泛动员全社会力量参与扶贫"。结合目前老挝国情，建议做好以下几点工作：第一，以"村村通路"为主，加快交通基础设施建设，实现偏远地区农村与外部市场和信息的联通；第二，多渠道筹措资金，保证如色贡省、沙拉湾省、川圹省等贫困发生率较高的省份的扶贫计划得以顺利开展；第三，提高政府的管理效能和地方政府的执政能力，严厉打击腐败；第四，结合地域特点发挥地域优势，有针对性地制订减贫计划。例如：色贡省、沙拉湾省、川圹省民族特色保留完整、自然风光秀丽，还有众多名胜古迹，均可以

---

① 李和中、黄进杰：《老挝公务员制度建设与政府能力提升研究》，《社会主义研究》2016 年第 3 期。

发展旅游业，从而带动服务业的发展；色贡省、沙拉湾省、华潘省、川圹省以农牧业为主，但农业生产效率低下，因此要改良品种、加大农业试点、提高农业科技含量，同时要提高农民的农业知识水平、推广农业新技术、加大农业基础设施建设，在自给自足的前提下加大商品生产力度，增加家庭收入；沙拉湾省、华潘省具有丰富的能源矿产资源，应继续加强同外国在煤炭、石灰石、石油、天然气勘探开采方面的合作；波乔省具有区位优势，可以通过引入外企的方式，提高农副产品加工业的出口产品附加值，形成规模和品牌优势，提升竞争力。

（五）多渠道筹措资金，支持基础设施建设，实现户户有电，村村通路

加大财政资金对基础设施建设的投入力度，以工业带动当地的经济发展，从而改善当地的基础设施。政府应结合当地的风俗习惯、地理特点、生态环境等实际情况，因地制宜地制定科学的基础设施建设规划和目标，优先解决当地居民最需要的设施，如水、电、路，并做好专项财政资金预算，以用于改善和兴建偏远落后地区的道路、电网、大型农田水利设施、通信设施等公共物品；兴建医院、学校等事业单位，改善医疗和教育条件，鼓励人才到经济不发达的地区工作，并给予财政专项补助。

考虑 PPP 模式的推广，鼓励社会资本参与基础设施建设，以减轻政府财政的负担；与此同时，企业要充分履行社会责任，鼓励企业从利润中提取一定比例的资金用于改善落后地区的生活条件和基础设施，在兴建基础设施的同时，鼓励当地居民广泛参与，这可以促进当地人口就业，提高当地居民的收入水平；加大对存在安全隐患的水库进行翻修的力度，提高农业的减灾抗灾能力，推广、扶持滴灌、喷灌等农田节水灌溉方式；政府应积极制定各种优惠政策，扩大招商引资规模，鼓励企业到有条件的地区建立产业基地和工业园，以推动当地经济发展。

（六）不断改善商业环境，增强对外国投资的吸引力

良好的商业环境以及高素质的劳动力资源是吸引外资的重要因素，也对创造更多的非农工作岗位、提高收入水平有着重要影响。老挝商业环境竞争

力水平低下主要体现在两个方面：硬件上是物流设施联通的可能性太低；软件上是政府监管较多，阻碍了贸易投资的便利化。因此，老挝应对症下药，着手改善商业环境。一是增强物流基础设施的联通性。建设联通出海口的公路，最大限度地利用越南的港口；建设与改善南北、东西贯通的公路网，特别是边境地区的公路。二是放松管制，同时要着力提高旅游、金融、商业、邮政和公共交通的服务水平。除了旅游业外，还要大力发展物流业、提供货物过境服务。在全国实现商品信息系统联网，建设湄公河次区域的物流集散中心。

（七）建立多元化金融机构，实现信贷、保险、担保的多元化金融减贫机制

当前老挝农村的金融发展水平非常低下，金融机构单一而且涉入程度也不高。因此，建议老挝在金融扶贫领域可考虑通过建立多元化的金融机构，确立老挝农村金融的信贷、保险、担保多元机制。首先，积极发展农业和商业银行、政策性商业银行、合作社、村发展银行等，信贷政策向农户进一步倾斜；其次，建立农业保险机制，通过政府补偿和农户投保结合，对冲自然灾害、价格波动对农民收入、银行信贷的不良影响；最后，基于谨慎性原则，试点、推进产权交易中心建设。由于老挝农村的金融资产偏少，银行出于风险考虑，惜贷也是情理之中。老挝农村主要资产是土地和林场，若能建立起相关的产权交易中心，帮助农民将实物资产变为流动资产，则能够有效提高农村地区信贷活力。

（八）加大对偏远地区和少数民族聚居地教育的政策倾斜力度，提高劳动力素质

通过发展教育，提高人力资本质量，是老挝从根本上摆脱贫困的重要途径。目前，老挝教育区域发展不平衡问题严重，由于教育资源配置和师资力量分配不平衡、各地区所处的地理环境和各少数民族历史文化传统的不同以及受各族群对学校教育的群体态度等主观因素影响，偏远山区和少数民族聚居地区教育极度落后，学生入学率极低。人才的缺乏和人力资本素质的低下极大地限制了这些地区的发展。因此，老挝政府需要加大对偏远山区教育发

展的政策倾斜力度，在保护民族传统和文化的同时积极引导和宣传，增强人民的学习和受教育意识；增加对偏远山区教育的投资力度，增加学校数量，在落后地区进一步普及基础教育并提高职业教育的入学率，为偏远地区和少数民族群体接受教育直接提供资助；继续加强偏远地区的校外教育，通过对农村妇女、农村劳动力、山区和少数民族群众进行扫除文盲教育和初级职业培训，提高其文化水平和职业技术水平；提高偏远地区老师的薪资待遇，着力实行少数民族师范计划，从而为偏远山区吸引和培育更优秀的教师。老挝具有人口结构优势，但是劳动力素质较低，因此职业教育在老挝减贫中扮演重要角色。由于老挝职业教育质量较差，课程设置不合理，教学内容不深入，培养的学生不能满足市场的需要，职业教育并未引起老挝人民的重视。因此，老挝政府应该提高职业教育的战略地位，增加政府投入，建立现代化职业教育体系，重点提升职业教育质量，强化职业教育培训和行业合作，培育市场导向型人才。发展教育和经济增长之间具有互动机制，因此老挝应该完善教育体制，健全教育体系和评估机制；制定教育政策以促进教育公平和性别平等，提高女性入学率；增加教育的政府投入，申请国际教育项目援助，鼓励组织机构、集体、个人建立和投资各种基金以发展教育；增加教师薪资，提高教师社会地位，加大对教师的培训和评估力度，提高教师质量；编订适合本国实际的教材，从而提高老挝人力资本素质，促进经济发展，实现减贫目标。

（九）通过完善社会保障制度，为农村家庭应对冲击提供更多保护

在老挝，农村家庭贫困发生率是城镇家庭的两倍以上，在边远地区和少数民族聚集区情况更为严重，因此加强社会保障制度建设，特别是医疗保险制度，为脆弱的长期贫困的人口建立社会福利项目及促进金融财政的包容性发展，能够为家庭应对冲击或灾难提供保护。为此建议老挝：一是建立以社会保险、社会福利、社会救助、社会优抚为主的社会保障体系，扩大养老保障体系的覆盖范围，尤其是在落后的农村地区，要做到应保尽保，针对农村人口和城镇人口不同特点，制定不同缴费机制和给付待遇，着重完善养老保险和医疗保险，使老有所养，病有所医，以解决最基本的

生活需求；二是鼓励多途径筹集社会保障基金，比如社会捐助、福利彩票等形式，并建立有效的监督机制，保证专款专用，确保社会保障基金发挥最大的效用；三是积极引入商业保险，政府应积极鼓励商业保险涉入养老保险、医疗保险等领域，以减轻财政负担，并且作为社会保障体系的一个有效补充，鼓励有条件的人积极购买商业保险，因为老挝现在的社会保障体系还处于一个不完善的阶段，保障的水平也不高，同时应以税收优惠等措施鼓励企业为员工购买医疗保险、养老保险、失业保险、生育保险、工伤保险。

六　老挝对中老减贫交流合作的需求

（一）加快推进磨憨－磨丁跨境经济合作区建设

跨境经济合作区是近年来新兴的一种次区域合作方式，有利于相邻国家借用外部市场与资源优势，进一步挖掘各自的比较优势，吸引各种生产要素在区内集聚，促使边境地区由"边缘区"转变为"核心区"，从而达到经济增长的目的。早在 2007 年联合国开发计划署就对跨境经济合作区的经济功能给予了充分肯定，认为其不仅能推动当地经济社会发展，还可实现当地减贫目标，有利于解决就业、发展少数民族地区经济。

近年来广西与越南进行中越跨境经济合作区建设的实践证明了其确实对消除贫困有着立竿见影的作用。以中国龙邦—越南茶岭三大跨境经济合作区为例，通过互市贸易已经帮助 1000 多户边民成功脱贫，正在推进的互市贸易区建成后，预计 2~3 年内可以使 3 万多人就业；区内重点建设的万生隆国际物流中心项目开园运营阶段就可创造物业管理人员、装卸人员、运输人员等直接就业岗位 1820 个、间接就业岗位 3000 多个。同时，该项目还将在互市贸易区内配套建立多个加工园区，在加工园区内，预计 3 年内，可安排就业人员 15000 人左右。按靖西 2015 年最低月工资标准 1085 元计算，年人均收入能达到 13020 元。

2016 年 3 月《中国老挝磨憨－磨丁经济合作区建设共同总体方案》的签署标志着中国与老挝之间的第一个跨境经济合作区建设正式启动。老挝呼吁能够复制、推广中越跨境经济合作区边贸减贫、产业减贫的成功经验，在磨憨－磨丁经济合作区内也通过建设互市贸易区和加工园区来加快发展互市贸易和加工贸易产业，吸纳更多的边境居民就业，提高他们的生活水平，使他们摆脱贫困。

（二）驻扎老挝，为当地居民提供长期的技术指导和支持

近年来，中国通过建立合作园区、提供机械设备、建设农业示范中心、培训专业技术人员、派遣海外志愿者等多种形式加强了对老挝农业的投资和技术援助，但是双边的合作并没有直接惠及老挝农村。例如，中国在老挝建立的合作园区的投资主体是以营利为主要目的的企业，其对改善当地居民民生的公益性事业的参与度有限；中国和老挝之间的教育培训交流项目，参加者也主要是老挝国家政府工作人员、科研人员和留学生等，直接面向边远地区农村农民的技术指导和支持比较少；海外志愿者虽然也深入老挝当地农村，但都只做短暂停留，长则 1 年，短则数周就离开了，并没有很好地与当地居民融合。相比之下，日本、韩国等长期派专家和技术人员去老挝当地驻扎。例如，韩国专门设立韩国国际农业计划老挝中心，派遣专家长期驻扎在老挝，为当地居民提供技术指导和支持；日本援助老挝建立"日本－老挝合作开发人力资源合作中心""国际合作与培训中心"，为老挝提高农民技术水平发挥了重要作用。日韩专家长期生活在老挝农村，与农民一起吃住，学习当地的语言和习俗，手把手地培训农民生存发展技术。因此，老挝认为，相比日韩，中国直接对老挝农民提供技术指导援助应优先进行，希望中国的扶贫机构以及类似的非政府组织能够更加切实地融入老挝农村，相关人员可以驻扎下来为当地农民提供技术指导和培训，帮助老挝实现技术减贫和农业产业化减贫。调研过程中，有位老挝官员强调，"希望能在（老挝）村子里看到中国人的脸"，这非常形象地表达了老挝对与中国在开展减贫合作时的需求。

（三）加大对行政人员的培训和促进中老交流，学习借鉴中国"第一书记"的成功经验

老挝"八大"指出在"六五"期间要"加快人力资源开发，特别是

对国家干部和公务员的培养",由此可见,老挝对加强与中国等国就行政人员的技术培训和经验交流方面的合作有强烈的需求。除了继续举办定期的专题、专业及项目培训、交流及研修班外,老挝还希望中国能参考日本国际协力机构 JICA 的做法,针对老挝行政人员加大集体进修、长期进修等形式的交流力度。① 近年来,中国从优秀年轻干部中选派"第一书记"脱产驻村,他们已成为扶贫帮困的"先锋力量"。"第一书记"往往会利用自身人脉广、政策熟、能力强的优势,主动与相关职能部门保持密切联系,最大限度调动各方力量和资源,深入群众,找准经济发展缓慢的症结,通过培育和发展村级主导产业来扩大就业、拓宽群众致富渠道,最终实现农业增效、农民增收、农村发展的目标。老挝政府普遍认为"第一书记"制度是能够实现农村减贫的重要举措,非常值得老挝借鉴。但目前中老两国在"第一书记"上的交流和培训还比较缺乏,希望今后能有所加强。

(四) 在减贫合作中能够提供大量的资金援助

老挝的"八五"规划指出要加强农村基础设施建设、提高农民技术水平、提高农业科技水平、完善农村金融服务（农村信贷、农村发展基金等）；加强基础设施建设,包括道路、电力、医疗站点、学校、集市和水利工程等；完善互联互通、跨境经济合作区等的建设；加大人力资源投资,加强教育和培训工作,如贫困地区职业技术培训、贫困地区成人教育、特殊教育等。据预测,老挝用于减贫的专项资金,仅来自外援的需求就高达每年7.8 亿美元。中国对老挝经济社会发展的援助力度历来排在世界前列。2013年,中国对老挝官方发展援助排名世界第一。2015 年中国向老挝提供援助15.1 亿元人民币,其中无偿援助 7 亿元人民币,无息贷款 2 亿元人民币,优惠贷款 6.1 亿元人民币,主要用于建设一些事关国计民生的水利灌溉设施、其他重要设施、首都万象道路改造项目以及提供财政援助等。老挝希望

---

① 日本国际协力机构 JICA 接收来自老挝的行政官员等在官方的高校或研究机构进修,称为集体进修；接收将来在老挝从事政策拟定方面的人才在日本留学,获得硕士或者博士学位,称为长期进修。

中国在"八五"期间可以发挥技术和资金优势，继续援助老挝完成铁路项目、水电站项目，同时可以针对老挝具体减贫项目的需求给予援助。另外老挝表示希望中国对老挝的援助要具有计划性和连续性，保证减贫资金的有效运用和减贫项目的顺利实施。老挝也表示会制定专门的政策措施来保障中老减贫合作的顺利进行。

第3章 印度减贫研究

广西大学课题组[*]

　　长期以来，贫困始终是困扰印度社会发展的重大问题。印度独立后，通过实施土地改革、"绿色革命"、"白色革命"和一系列改革，特别是近年来莫迪执政后进行的一系列经济改革，印度的经济有了巨大发展，印度的贫困状况也在不断改善，应该说，印度政府减贫的努力还是有成绩的。但是，由于土地制度改革不彻底，人口增长过快，教育落后和社会资源环境被破坏等严重制约了减贫效果，印度的贫困问题至今仍然十分严重。2011～2015 年，约 40% 的印度 5 岁以下儿童存在发育障碍，印度普遍存在的儿童消瘦和发育不良仍是一个严重问题。[①] 印度严重贫困的原因是多方面的，既有政治制度的因素，也有经济和社会以及宗教、文化等方面的原因。尽管印度各届政府均把减贫作为其执政的重要目标之一，努力发展经济以消除贫困，但由于历史与现实的原因，印度的减贫效果并不明显，前景也令人担忧。

---

[*]　广西大学课题组组长：李好，博士，广西大学海上丝绸之路研究中心常务副主任，广西大学商学院副教授、硕士生导师，中国－东盟区域发展协同创新中心研究员。课题组成员：戴永红，博士，四川大学缅甸研究中心主任，四川大学南亚研究所教授、博士生导师，中国西部边疆安全与发展协同创新中心研究员；宋志辉，博士，四川大学孟加拉国研究中心主任，四川大学南亚研究所书记、副教授、硕士生导师；刘志超，硕士，中共广西区委党校科研处教师、中国－东盟区域发展协同创新中心兼职研究员；肖坚，广西大学商学院国际贸易硕士研究生；王耀华，广西大学商学院国际商务硕士研究生；王杰，广西大学商学院国际贸易硕士研究生；周德尚，广西大学商学院国际商务硕士研究生；苏立坡（老挝），广西大学商学院国际贸易硕士研究生；黄潇玉，广西大学中国－东盟研究院应用经济学硕士研究生、越南研究所研究生助理。

[①]　数据来源：全球饥饿指数（Global Hunger Index, GHI）、国际粮食政策研究所（International Food Policy Research Institute, IFPRI）。

一　印度国家的贫困标准及贫困现状

（一）印度国家的贫困标准

贫困线是指在一定的时间、空间和社会发展阶段的条件下，维持人们的基本生存所需消费的物品和服务的最低费用，因此，贫困线又叫贫困标准。2014 年 5 月，纳伦德拉·莫迪执政后，印度政府对其贫困标准进行了调整，把农村贫困线上调至 32 卢比（53 美分）、城市贫困线定为 47 卢比（78 美分）。按照该标准，印度 2013～2014 年度贫困人口为 3.63 亿人，占印度总人口的 29.5%。[①] 2015 年 10 月，世界银行宣布，按照购买力平价计算，将国际贫困标准从此前的每人每天生活支出 1.25 美元上调至 1.9 美元。按照国际贫困标准，印度的贫困人口还会更多，其贫困状况也更加严重。印度的贫困状况是通过印度国家抽样调查组织（NSSO）进行的每五年一次的家族消费支出数据和每年进行的小范围抽样调查得出的。1993～1994 年度所做的五年一度的抽样调查结果表明，在 20 世纪 80 年代持续下降的贫困发生率在改革年代出现了停滞现象。1999～2000 年度进行的第 55 次抽样调查结果却超出许多人的意料。该结果显示，印度的贫困发生率从 1993～1994 年度的 36% 下降到 1999～2000 年度的 26%——整整下降了 10 个百分点。从 2004 年开始，印度就进入了经济高速增长期，并在 2010 年度获得了高达 8.5% 的经济增长率，印度的经济受到了世界的瞩目。然而，如果把教育、医疗卫生服务、住房、环境等其他社会指标考虑进去，就会发现印度是落后的。在国际粮食政策研究所于 2016 年 10 月公布的 "2016 年全球饥饿指数"排名中，印度在 118 个发展中国家中列第 97 名。这凸显了印度普遍存在的饥饿状况的严重性。甚至连尼泊尔、斯里兰卡、孟加拉国这样的国家，排名都高于印度。实际上，印度的排名在过去 20 多年里已从第 83 名滑落到第

---

① Hindustan Times：World Bank's Poverty Figures Don't Add up, http：//www. hindustantimes. com/comment/world-bank-s-poverty-figures-don-t-add-up/story-aILKmmqACfvUm4jkSSernK. html, Aug. 7, 2014.

97 名。"2016 年全球饥饿指数"的排名结果给印度敲响了警钟,如果它想要被认为是一个崛起中的世界大国的话,它就需要更关注与"所有方面的不平等(包括地区、种姓和性别)"相关的问题。① 即便是在印度的穷乡僻壤,也有很多农民的收入高出了该国目前的贫困标准,但他们依然挣扎在温饱线上。

(二) 印度贫困的原因

印度约 2/3 人口居住在农村,其中大约 3.7 亿人为贫困人口。印度贫困严重的原因是多方面的,既有政治制度的因素,也有经济和社会以及宗教、文化等方面的原因。

1. 政治制度严重阻碍政府的减贫努力

独立后的印度长期实行所谓"尼赫鲁式社会主义"制度,苏联一直把印度定义为"已经走上非资本主义发展道路的国家"。印度的"尼赫鲁式社会主义"制度在政治上学英国搞宪政民主,在经济上主要学苏联办国营企业。尼赫鲁一心要通过国家集中投资来赶超发达国家,把印度变成工业化强国。因此印度经济的产业集中程度相当高,很多基础工业部门的生产集中于若干大型国营公司。就整个联邦范围而言,在 20 世纪 90 年代以前印度政治上固然体现出近似于西方的宪政民主,经济上却更多地搞命令经济。国有企业比重之大、市场管制程度之严、外贸保护手段之多都相当突出。印度如今也在搞经济体制改革,努力革除旧弊,实行市场化与开放式竞争,但其进展并不明显。印度从"民主社会主义"向民主资本主义转轨也是这样的。印度转向市场经济的改革也有多年,真正起步是在 20 世纪 80 年代末的拉·甘地时代,而最近十年才真正出现实质性突破。印度的国体为联邦制,各邦各自选出的政府有左有右,拥有相当大的自治权力,其选择的发展模式也有很大差异。不同的政党代表不同的利益群体,执政党为了保护执政权往往会只顾利益集团而牺牲弱势群体,特别是贫困人口的利益,不可能大力进行减贫,这种所谓的民主政治制度会在很大程度上削弱政府的减贫努力。

---

① 《印度 GDP 增速已超中国　外媒:医疗教育仍远远落后》,网易财经,http://money.163.com/16/1023/07/C41UL9M7002580S6.html,2016 年 10 月 23 日。

2. 土地改革未能改善农村贫困人口的状况

在 1947 年获得政治独立后，印度政府随即实行了废除柴明达尔制、改革租佃制度、限制土地占有量等土地改革措施。这些措施使许多无地或只有少量耕地的农民获得了土地。然而，由于商品经济的发展，农产品的商品化造成农民分化，从而拉大了农民之间的贫富差距。此外，印度是典型的发展中国家，其经济结构也表现出二元特征，一方面存在一个相对先进的非农业部门（工业部门和服务部门），另一方面存在一个相对落后的传统农业部门。印度自独立以来，经济年均增长率大约为 4%，这种增长速度不足以把大量农村剩余劳动力转移到非农业部门中。由于在非农业部门中得不到就业机会，印度农村中新增人口对土地和农业生产的依赖程度很高，农民的子女们就只能去"分享"父辈的土地财产，这导致小农、边际农和农业工人数量增加。土地改革并未真正改善广大贫困人口的生活状况，这也是印度农民由于贫困而自杀的概率高居不下的原因。

3. 宗教、文化等因素也是贫困的重要根源

印度是世界上受宗教影响最深的国家之一，宗教在这个国家及其绝大部分人民的生活中扮演着决定性的角色，宗教和文化的负面影响深入其社会的方方面面。印度少数民族、小宗教信徒的贫困与民族宗教冲突之间已经形成"相互促进"的恶性循环。部分少数民族、小宗教信徒将贫困的原因归咎于大民族、大宗教信徒，他们积郁在心，往往诉诸民族宗教冲突的暴力手段以求改变现状，甚至单纯泄愤，且这些极端做法往往打着"维权"之类旗号；某些少数民族、小宗教信徒实施极端行为时倍感"理直气壮"。倘若领头这么干的人能够借此赢得民族宗教"领袖"地位而名利双收，民族宗教冲突就将更频繁、更暴烈。但这种诉诸民族宗教冲突的暴力手段反而从两个方面损害了少数民族、小宗教信徒自身：一方面，主流社会、大民族因此对这些少数民族、小宗教信徒的不良看法滋长，民间投资和就业机会对其避而远之，政府也会有颇多怨言；另一方面，这些冲突又驱使少数民族、小宗教信徒倍感不安，在迁出本民族本宗教信徒聚居区后，他们发现自己更加孤立，失去了族际交流的机会和就业机会，损害了自己的发展前景。文化教育水平低下更对印度众多少数民族和小宗教信徒摆脱贫困、减少民族宗教冲突产生了消极作用。这一问题在穆斯林群体中

极为突出。发展经济本是解决贫困问题的根本出路，但在印度这样一个民族构成、语言文字和宗教信仰严重缺乏一致性的国家，要在少数民族贫困动荡地区进行经济建设极为困难。

二　印度的减贫战略及减贫历程

（一）印度减贫战略概述

2014 年 7 月 16 日，印度莫迪政府表示，贫困问题仍是印度面临的最大挑战，政府决心把减少贫困作为工作的重中之重。为此，印度政府决定通过下列改革措施实现减贫的战略目标。

1. 发展印度制造业

推行"印度制造"战略，将制造业占印度 GDP 的比重从之前的 15% 提升至 25%，并为每年进入印度劳动力市场的逾 1200 万名年轻人创造就业机会，以促进包括交通、煤矿、电子、化工、食品加工等 25 个领域的制造业发展。

2. 改善基础设施建设

加强基础设施建设，采用类似中国广东的发展经验，大力发展基础设施，吸引外资，打造工业园，将其作为推动"印度制造"的支持战略。

3. 加大对外开放力度

加大对外开放力度，鼓励外国增加投资，充分发挥本国丰富的劳动力资源、低廉的劳动力成本以及不断改善的产业政策等优势，废除繁杂的投资手续，提高政策和税收体制的一致性和清晰度，积极吸引外国投资。

4. 推进私有化改革

进一步推进私有化改革，计划逐步减少 36 家国企的股份，以筹集 100 亿美元以上的财政资金，这涉及煤炭、石油、钢铁等多个行业。

5. 创造更多就业机会

盘活非就业人口，提高劳动参与率，使 2/3 普通印度人脱贫，为印度经济增长创造一个强大的引擎。

6. 提高政府工作效率

通过整顿政府工作作风，提高政府工作效率，严惩基层腐败，鼓励女性公务员上岗。

7. 积极开展经济外交

大打经济外交牌，助力国内政策。为此，莫迪不论出访哪个国家，都致力于宣传和推介"印度制造"、游说外国投资者、争取当地印侨支援印度建设，外交为经济服务成为最突出的主题。

（二）印度减贫历程概述

独立以来，虽然历届政府都把发展经济、改善民生作为其执政的基础，但由于各届政府面临的具体情况不同，减贫的政策各异，因而减贫效果也有较大差别。

1. 尼赫鲁时期

尼赫鲁时期主要侧重于建立新经济体制，实行公私并存的混合经济体制以摆脱英国殖民经济制度的约束，同时进行土地改革并推行"绿色革命"，提高农业产量，以解决贫困人口的吃饭问题。

2. 英·甘地时期

英·甘地执政时期的减贫对象主要集中在农村，通过增加对农业的投入，扩大农业信贷支持，利用外资发展农业，利用价格刺激农业发展，坚持农用物资的财政补贴并重视农业科研教育。

3. 拉奥时期

拉奥执政期间，先后颁布了一系列新的工业、贸易、投资、外汇和金融政策，主要通过大幅度减少为公营部门保留的领域，使公营部门在更多的领域与私营部门竞争。拉奥政府在各领域中的改革均取得进展，引起世界各国的关注，改革卓有成效。

4. 瓦杰帕伊时期

瓦杰帕伊联合政府推行的经济改革，重点是扶持以 IT 为龙头的高新技术产业，加快国有企业的全面改造，大力推进经济私有化、自由化与市场化进程等，其发展的重点放在资本与技术密集型产业。在瓦杰帕伊任内，印度的经济发展战略一直是以富人和城市为主，经济改革严重忽视了农村的发展。在联阵政府主政期间，政府对农村的公共投资逐年减少，所占 GDP 比重由改革开放前的 14.5% 减至不足 6%，某些年份甚至低于 5%。

5. 辛格时期

以曼莫汉·辛格为总理的国大党重新执政后，开始考虑占印度人口大多数的农民等中下层人民的利益。辛格政府认为，印度经济改革的步伐不会停止，但改革重点、方向与步速需要调整，低收入群体和农业将是新政府经济政策的关注重点。① 为此，国大党联合政府推行了统筹兼顾、稳中求快、快中求全的经济发展模式，既强调市场经济的竞争性与公平性，又突出经济发展的平民化、人性化；既设法加快经济发展速度，又照顾到贫弱阶层利益。莫迪执政后，推出五年的施政计划，致力于"印度制造"，吸引海外投资，鼓励民营资本投资煤炭行业和防务行业，建立工业区并出台激励措施促进劳动密集型制造业的发展，努力把印度打造成"具有国际竞争力的制造业中心"，同时利用先进技术提高农业产出，大力发展旅游业。

6. 莫迪时期

如何尽快减少大城市中的贫困人口，是莫迪政府面临的挑战之一。印度总理莫迪 2015 年 8 月 15 日在新德里红堡发表独立日演讲时，强调印度政府将向腐败和贫穷开刀，同时承诺在 1000 天内确保印度各地村村通电。当前莫迪政府还没有出台清晰的减贫战略，但莫迪已经把腐败视为阻碍印度经济发展和贫困人口减少的巨大障碍，因而从 2016 年发生的印度废钞运动等可以预测未来印度减贫会以"反腐"为核心。除此以外，莫迪也会汲取在古吉拉特邦执政时的经验和教训，把重视基础设施建设及公众利益，推动公务员诚信问责，推广运用信息技术，改善商业投资者环境，以及促进经济增长等纳入减贫战略当中去。

三　印度的减贫政策梳理

尽管印度历届政府都把消除贫困、改善民生、解决城市及农村穷人的温

---

① "How to Read India's Poverty Stats?" *The Wall Street Journal*, 2013.

饱问题作为政府执政的首要任务来抓，但由于多方面的原因及地方各环节上的种种障碍，减贫进展缓慢。①

（一）尼赫鲁政府的减贫政策

由于长期受英国殖民统治，印度的经济结构受到严重的破坏，独立初期印度的经济状况十分严峻。为了迅速改变国家的落后面貌，使人民尽快摆脱贫困，尼赫鲁政府采取了一系列政策措施，主要如下。

1. 实行混合经济体制，迅速改善经济环境

独立后，为促进经济发展，在允许私营经济存在和发展的同时，印度又利用国家的力量，建立并不断扩大公营经济，从而在印度实行公私并存的混合经济体制。为了保证公营部门的发展，印度不仅利用工业政策为公营部门保留了许多经济领域，而且利用财政投资在这些领域中大力发展公营经济。这些领域一方面关系国计民生，在经济发展中具有十分重要的战略地位；另一方面又是需要投资多，建设周期长，投资风险大而私人资本无力投资或不愿投资的领域。它们大多属于重工业部门或基础工业部门。实行混合经济体制，规定由政府来担负起建立这些工业部门的责任，以保证这些部门的建立与发展，从而真正落实优先发展重工业和基础工业的经济发展战略，为印度经济的发展奠定重要的物质基础。

2. 颁布新的工业政策，创造城市就业机会

在1956年4月执行第二个五年计划之际，印度政府颁布了新的工业政策决议。该决议将所有工业部门分为三类，第一类包括武器弹药、原子能、钢铁及钢铁铸件、重型机械、重型电机、电讯设备、煤及沥青、矿物油、有色金属及矿产开采、贵重金属的开采和加工、航空运输、铁路运输、造船、电话和电报以及发电和输电等。这一类工业部门完全由政府负责，私营企业经政府许可才能兴建和扩建，但限于自身需要只能将其作为副产品。第二类包括铝，其他矿藏品及不包括在第一类的非金属、机床、特殊钢及工具钢、制造药品和染料等化学工业所需要的基本产品和中间产品，维生素和其他重要药品，化肥，合成橡胶，化学纸浆，公路运输，海

---

① 李文云、钱峰：《印度扶贫新举措》，《人民日报》2001年1月9日第3版。

运等。这类工业部门将逐渐归国家所有，但同时允许私营企业参加，或完全私营。第三类包括除第一、二类以外的所有其他工业部门，完全向私营部门开放。这类工业部门正是独立初期印度急需的产业，新的工业政策提供了大量的就业机会。

3. 制订经济发展计划，改善民生以减少贫困

独立后，为了促进经济发展，在发挥市场调节作用的同时，印度又强调计划在经济发展中的地位与作用。为了保证优先发展重工业和基础工业的战略的实施，印度政府制订了突出重工业的经济发展计划。第二个五年计划不仅使投资总额从"一五"计划的 196 亿卢比猛增到 460 亿卢比，而且使工业投资总额在计划投资总额中的比重从"一五"计划的 6% 猛增到 24%。优先发展重工业和基础工业的经济发展战略促进了印度工业的较快发展和工业体系的初步形成及工业结构的变化，如"三五"计划期间，工业生产年均增长率为 8.2%，重工业增幅更大，"三五"计划期间，电机增长 71%，非电机增长 82%，金属制品增长 57%，运输设备增长 59%，五金增长 49%。但由于强调资本密集型的重工业而忽视劳动密集型的中小工业，尽管随着经济发展就业人数有所增加，但这仍远远满足不了新增劳动力的就业需要，失业人数不可避免地增多。此外，物价上涨，也使人民的生活水平降低，社会矛盾更加尖锐。

（二）英·甘地及拉·甘地政府的减贫政策

20 世纪 80 年代初期，英·甘地政府开始对经济政策进行全面调整，加大促进出口的力度，向国际金融市场融资，注意引进外国直接投资，从而使外商在印度的投资有所增加，对外贸易也有较大发展，印度出口总额占世界出口总额的比重也有所提高，经济增长速度也有所加快，20 世纪 80 年代印度经济的年均增长率达到 5.5%。然而，由于出口服务增速高于进口，其经济发展战略与模式并未从根本上改变。20 世纪 80 年代中期，拉·甘地担任总理后继续实行经济自由化政策，他领导的国大党政府开始了经济自由化的初步探索，主要体现在六个方面：第一是减少贸易壁垒，第二是降低政府对商品进口垄断，第三是推动出口增长，第四是加大放松对工业部门的管制力度，第五是进行税制改革，第六是采用一种现实的汇

率安排。同时，拉·甘地提出的"用信息化把印度带入 21 世纪"的口号
和相关政策引发了印度社会的信息产业革命。经过 20 世纪 80 年代英·甘
地及拉·甘地所坚持的经济调整，印度经济发展速度加快，年均增长率第
一次超过 5%，从而摆脱了缓慢增长的局面，跃上了一个新的台阶。拉·
甘地的尝试虽然提高了经济增长率，但同时带来通货膨胀、财政赤字扩大
和外汇短缺等问题，这为 20 世纪 90 年代初的政治经济危机埋下了病根。
总的来看，20 世纪 80 年代印度的改革步伐较小，基本上没有改变原来的
发展模式和政策框架。

（三） 拉奥政府的减贫政策

拉奥政府出台的经济改革计划，核心是结构调整。在拉奥执政期间，先
后颁布了一系列新的工业、贸易、投资、外汇和金融政策，主要如下。第
一，大幅度减少为公营部门保留的领域，使公营部门在更多的领域与私营部
门竞争。保留给公营企业经营的部门由过去的 17 种减少到 6 种。即使在这
些领域，私营部门也可有选择地参与。拉奥政府还宣布，除军工、原子能、
飞机制造等少数关系到国家安全的核心部门外，政府今后不再兴建新的公营
企业。第二，扩大公营企业的经营自主权，以减少政府对公营企业经营业务
的干预。从 1986 年开始，政府与公营企业签订"谅解备忘录"，规定了企
业的权、责、利，并由政府的公营企业局每年对其进行评估。第三，放松对
私营经济发展的限制，提出了"四化"，即自由化、市场化、全球化、私有
化。第四，鼓励外国投资，放松外资进入的限制，消除了对外国股权超过
40% 的企业的歧视政策。政府拓宽外国投资渠道，不仅向外国商人开放股
市，允许其在印度股票市场投资，还放松外国金融机构及集团在印度设立机
构的限制，允许其在印度金融部门投资。第五，放松进口限制，降低进口关
税，实行自由进口政策。拉奥政府从放松进口许可证发放入手，简化进出口
手续，取消出口补贴，使印度外贸管理逐渐与国际接轨，1993 年几乎完全
取消进口许可证，大幅度降低进口关税税率，使印度最高税率从 1991 年的
150% 降到 1992 年的 110%，1993 年再降至 85%，1994 年又降到 65%。第
六，逐步推行货币自由化。1994 年印度宣布其货币在经常项目下实行自由
兑换，从而使印度货币自由化向前迈出了一大步。

（四）瓦杰帕伊联合政府的减贫政策

在1998 年大选中上台的瓦杰帕伊联合政府推行的经济改革，重点是扶持以 IT 为龙头的高新技术产业，加快国有企业的全面改造，大力推行经济私有化、自由化与市场化进程等，其发展的重点放在资本与技术密集型产业。首先是签署国际信息技术协议，承诺信息技术及其产品自由输出输入，到 2000 年，95 种商品的关税降至零。根据贸易技术障碍及植物卫生措施协议，确定国家标准和技术规则。1998 年 12 月 23 日由议会通过专利法修正案，加强对知识产权的保护。其次是加大服务部门对外开放力度。在有利于吸引外资、引进技术和增加就业的前提下，向外商开放 33个服务领域。这比发展中国家平均开放 22 个服务领域还多。最后是放宽对印度公司海外融资的限制。为增加印度公司海外融资的灵活性，废除自批准之日起 90 天内有效的规定；海外融资所获资金除禁止投入股市及房地产外，无其他限制；允许信息技术公司向其雇员发行全球债券；允许为公司重组、合并、兼并而发行海外债券等。若印度公司在海外从事信息技术、娱乐软件、医药及政府规定的其他业务等，则自动批准其通过全球债券融资。在瓦杰帕伊任内，印度的经济发展战略一直以富人和城市为主，严重忽视了农村。

（五）辛格政府的减贫政策

以曼莫汉·辛格为总理的国大党重新执政后，开始考虑占印度人口大多数的农民等中下层人民的利益。为此，国大党联合政府推行了统筹兼顾、稳中求快、快中求全的经济发展模式，既强调市场经济的竞争性与公平性，又突出经济发展的平民化、人性化；既设法加快经济发展速度，又照顾到贫弱阶层利益。

1. 大力发展农业生产，积极推动农村就业

曼莫汉·辛格就任印度总理后，大力发展农业生产，并采取了一系列促进就业的措施，努力消除贫困，取得了一定的成效。由于印度人口众多，经济发展水平相对较低，就业问题已经成为影响其经济社会发展的主要社会问题。因此，印度把促进就业作为政府的一项重要职责，高度重视解决这一问题。政府机构中，有4个部门参与就业问题的研究和处理。一是国家计划委员会，主要负责拟定就业发展规划，把就业发展纳入国民经济计划。二是联邦劳工部，主要负责制定就业政策和提供就业服务，工作重点是促进劳动者在正规组织中就业。三是城市事务与就业部，重点关注城市贫困人口，特别是非正规组织的扶贫和就业问题。四是农村发展部，主要负责解决农村就业问题。各部门在职能分工和侧重有所不同的背景下，互相协作，共同采取措施促进就业。在印度农村，失业和就业不充分是导致民众贫困的一个重要原因，因此，政府把实现充分就业列为经济发展计划的重要目标。印度的经济发展计划始终把实现充分就业列为重要目标之一，在每个五年计划文件中都把实现充分就业列为基本目标，并通过大力推行各种就业计划，努力创造更多就业机会。

2. 对低收入者免税，大规模减轻居民负担

印度的个人所得税采用累进式的综合课税制，课税的基础是纳税人（以个人为单位）在一个纳税年度内的所有收入。印度是一个人口大国，但大部分人是穷人，首先这种税收体制可以缩小贫富差距，缓解社会矛盾，有利于经济和社会的和谐发展，至于增加财政收入则在其次。这种征税方式不仅受到不缴个税的低收入者的欢迎，还得到了大多数纳税人的认可。印度的个人所得税虽然实行自愿申报和催缴申报两种方式，但由于绝大多数纳税人都能主动前来申报，一般很少采用催缴申报的方法。尽管绝大部分人的纳税意识都很强，但还是有人在干偷税漏税的勾当。对于高收入者，印度一个也不放过，密切监视着这些人的"一举一动"。印度全国500多家税务机关已全部联网，该网络还和银行、重要消费场所、证券交易所等机构联网，税务人员有权调阅这些机构的账目，从而掌握纳税人的信息。

3. 加大扶贫开发力度，提升农村贫困者自主能力

印度财政部部长帕拉尼亚潘·奇丹巴拉姆2005年2月28日向议会人民院递交的总额为1150亿美元的2005年至2006年财政年度预算案中用于农村地区发展的财政支出比2004年至2005年财政年度增加了33%，显示出政府加大扶贫力度的决心。2004年至2005年财政年度，印度政府拨款1388亿卢比（1美元约合43卢比），用于农村地区的发展，并额外投入800亿卢比加强农村基础设施建设。在新的财政预算案中，政府承诺将再增加 33% 的财政支出用于农村脱贫，并投入一大部分资金用于提高农村的教育水平。新财政预算案的另一项重要举措是发展农村的基础设施。其中包括为 600 万个贫困户提供住房，让贫困人口喝上卫生的饮用水。此外，新财政预算案拨款 1028 亿卢比用于发展农村地区的公共健康事业，并拨款 1100 亿卢比继续推进国家农村就业保障计划，以在乡村地区创造更多的就业机会。

（六）莫迪政府的减贫政策

2014 年 5 月，由纳伦德拉·莫迪领导的印度人民党赢得大选并当选印度总理。针对国内越发严重的贫困问题，莫迪政府出台了振兴经济的五年施政计划。根据这项计划，政府将致力于吸引海外投资，加快大型商业项目的审批流程；鼓励民营资本投资煤炭行业和防务行业；建立工业区并出台激励措施促进劳动密集型制造业的发展，将印度打造成"具有国际竞争力的制造业中心"；利用先进技术提高农业产出；大力发展旅游业。在基础设施方面，印度政府承诺通过加强公共部门和私人领域的合作，大幅整改印度的基础设施，建立民用核电项目，创建 100 个有现代化通信设施的智慧城市，建造高速铁路网络。在民生方面，政府承诺建立一个全民可负担的医疗保健体系；改善公共卫生状况，让厕所普及每一个家庭；改善教育设施，让每所学校都能使用互联网。此外，政府还将全力解决通胀水平居高不下的问题；简化税法，引入酝酿已久的全国统一的普通销售税。9 月 26 日，莫迪政府向世界宣布"印度制造"系列新政策。新政致力于增强在印度投资兴业的吸引力，给有意投资的国内外企业提供一站式服务，并改革劳动法律和税收政策，简化审批程序，吸引各界在印度投资设厂，扩大当地就业。莫迪政府也知道推进"印度制造"是一项系统工程，因此在开启了"印度制造"运动之后，又启动了"清洁印度""数字印度""技能印度""新创印度"等多个辅助性的计划，以打造友好的投资环境，培育富有创新精神的企业和大量能适应 21 世纪高新技术发展的有技能的劳动力。2015 年 8 月 15 日，莫迪总理在新德里红堡发表独立日演讲时，强调政府将向贫穷开刀，称消除贫困将是他任内的重要职责。2016 年 1 月 16 日，莫迪在新德里启动了"印度创业"计划。根据该项计划，印度政府将在未来 4 年内设立一项总额达 1000

亿卢比（1 美元约合 68 卢比）的基金，用于支持制造业、农业、卫生和教育等领域的创业项目，同时还将设立一个信贷保障机制，协助创业公司从金融机构获得信贷。

四　印度减贫中存在的主要问题

经济发展未必能消除贫困。尽管印度经济改革取得了巨大的成就，但在消除贫困方面效果并不明显。印度官方的报告认为，在截至 2004～2005 年度的 11 年的经济改革期间，印度的贫困发生率仅下降了 0.74 个百分点。尽管在 1999～2000 年度到 2004～2005 年度的贫困发生率的下降幅度略有增长，但也仅为 0.79 个百分点，而生活在贫困线以下的人数并没有减少。国家抽样调查组织的数据显示，2014～2015 年度印度生活在贫困线以下的人数的比例为 22.15%，而 1999～2000 年度为 26.09%。同期，印度的 GDP 增长率约为 6%[①]。经济增长与分配之间的不平衡已经引发了社会不稳定并造成政治问题。在媒体宣传印度经济"好感觉"和"阳光灿烂"佳景的同时，已有不少人对此持怀疑态度，并提出经济中还存在"坏感觉"和"阳光灿烂能维持多久"的问题。

（一）失业和贫困问题仍然严重

失业和贫困是印度经济难以治愈的顽症，历届政府都把增加就业和消除贫困作为执政的重要目标，但一直收效不大。印度全国现有 900 多个失业登记所，政府根据这些登记所提供的资料，按月公布全国登记失业人数。实际上，由于每年新增劳动力为 800 万人左右，而每年创造的就业机会远远不足，失业的情况难以缓解。由于失业者基数庞大，要解决失业问题确实不易。庞大的失业队伍和贫困人口的存在，不仅是印度经济崛起的严重障碍，而且是社会动荡的根源。[②] 印度目前仍有大约 3.6 亿人口生活在贫困线以

---

① 马享德拉·库马尔·辛格：《经济发展未必能消除贫困》，《印度时报》2006 年 10 月 19 日。

② N. K. Singh, "There are No Shortcuts to Growth, Poverty Reduction," *Hindustan Times*, http://www.hindustantimes.com/ht - view/there - are - no - shortcuts - to - growth - poverty - reduction/story - C2EyDeab4rah7G0MyzwFLI.html, Aug. 4, 2014.

下，仅在首都新德里地区就有大约 30 万人在垃圾里求生存。截至 2015 年底，印度约 15％ 的人口仍然营养不良，尽管与 2009 年的 17％ 相比已有所下降。超过 15％ 的印度 5 岁以下儿童处于消瘦状态中，即急性营养不良。①

（二）　农业生产仍不稳定

印度是一个农业大国，自 20 世纪 60 年代中期实行绿色革命和白色革命以来，粮食自给问题基本解决，牛奶产量跃居世界第一，果蔬产量世界第二。但是，进入 20 世纪 90 年代以后，由于农业投资下降、农村基础设施落后、农产品市场改革进展缓慢等原因，主要农作物增长率下降。从 1990 ～ 1991 年度到 2000 ～ 2001 年度，各种主要农作物单位面积产量的升幅远低于前一个 10 年。此外，由于印度还有 52％ 的耕地属于靠天田，一旦碰到干旱就产量锐减，因此农业产量难以稳定上升。近年来，由于自然灾害以及工业占地等原因，印度的农业生产很不稳定，农民收入减少，农村自杀现象严重。有印度舆论认为，由于农业丰收主要的原因是雨季的恩赐，因此实行第二次"绿色革命"已成为印度的当务之急。

（三）　财政赤字和国内债务成为沉重的包袱

印度自实行经济改革以来，财政困难仍然是一个亟待解决的问题。20 多年来，中央政府财政赤字占国内生产总值的比例一直超过 5％，各邦财政总赤字也为国内生产总值的 5％ ～6％，两者相加占国内生产总值的 10％ ～11％。印度现已成为世界上财政赤字率最高的国家之一，多次受到国际货币基金组织和世界银行的警告。由于财政赤字主要靠发行公债弥补，几十年来内债如滚雪球似的不断扩大。中央政府债务总额 1950 ～1951 年度（期末，下同）为 286.5 亿卢比，到 1999 ～2000 年度上升为 102102.9 亿卢比，2013 ～2014 年度估计为 178006.3 亿卢比。2013 ～2014 年度比 1950 ～1951 年度增加了 620 倍。中央政府债务总额占国内生产总值的比例在 20 世纪 90 年代初为 55.3％，目前已超过 60％。中央政府债

---

① "India Second Most Unequal Country in the World: Wealth Report," *Hindustan Times*, *November* 24, 2016.

务的主要部分用于经常开支，如公务员的薪俸和1日债的还本付息，而很少用于投资。一方面，由于旧债十分沉重，仅还本付息一项往往要占到当年国库收入的一半左右；另一方面，作为财政收入主要来源的税收占国内生产总值的比例却在下降。目前，财政困难已成为印度各项开发投资的主要障碍。虽然近年来印度制定了《财政责任和预算管理法》，削减某些财政补贴，但财政状况尚未根本好转。

（四）减贫工作中的短期行为仍是无法克服的顽症

竞选时承诺为穷人服务，实现共同富裕，当选后却无法兑现竞选承诺，这是选举政治在减贫工作中无法克服的现实问题。印度独立以来历届政府都不同程度地存在这个问题。特别是2014年印度大选中莫迪提出"人人支持、人人发展"的口号，但当选印度总理后，莫迪被指责对贫困阶层关注不足。消除贫困和反腐败，这两个口号在印度易得人心，相反GDP等宏观数据对印度国民的诱惑力不大。此前，国大党执政时期也是如法炮制。就未来而言，无论反对贪腐，还是削减贫困，对莫迪政府来说都是艰巨的挑战。而如何深化经济改革措施，更是莫迪政府面对的难解之题。有分析指出，莫迪政府需要推进的工作有税收改革、私有化进程、削减补贴、电力重组，此外还应限制政府开支、放宽用工规定、简化签证手续、推动外来投资等。① 若只是零敲碎打，而不能摧毁妨碍印度经济增长的顽固壁垒，"莫迪经济学"就将宣告失败，要实现减贫目标也就无从谈起。

五　对印度减贫的政策建议

中印两国同属发展中国家，两国在经济发展和减贫方面有许多相似之处，因此，中国在减贫方面的经验和教训应该对印度具有借鉴之处。

（一）联邦政府应当高度重视减贫问题

印度是一个联邦制国家，而且实行选举政治制度，竞选时承诺为穷人服

---

① "India's Urban Poverty Agenda: Understanding the Poor in Cities and Formulating Appropriate Anti-Poverty Actions," Goa, India, January 9 - 21, 2000, Retrieved May 22, 2014.

务，实现共同富裕，当选后却无法兑现竞选承诺，这是选举政治在减贫工作中无法克服的现实问题，这也是印度至今贫困人口众多的关键原因。如果要真正实现减贫目标，印度联邦政府就必须高度重视减贫问题，并把减贫工作写入宪法，成立专门部门，制定专门政策。

（二）发展经济应当照顾到弱势群体

在印度经济的发展过程中，政府制定的经济政策更多注意 GDP 的增长速度，更主要的目的是赢得选民的选票，以确保政府的执政地位，弱势群体和穷人的利益并未得到保障，减贫使穷困人口越减越贫，导致印度贫困人口逐年增加。此外，政府制定的减贫政策更多的是为了迎合选民而进行的政治作秀，并未起到真实的效果。

（三）减贫工作应有长远规划

印度是联邦制国家，由赢得选举的政党上台执政，每届政府任期为 5 年。由于面临下次大选的不确定性，执政的政党或执政联盟在制定经济发展和减贫政策时，往往不可能做长远政策规划，更多的是制定一些急功近利的政策以赢得选民的支持，因而对减贫工作的持续开展造成不利影响。如果要确定减贫工作可持续发展，印度政府就必须着眼长远，制定长远工作规划。

（四）授人以鱼不如授人以渔

由于印度政治制度的特殊性，执政党为了维持执政地位，往往采取花钱少、见效快的减贫政策，如通过经济救济、发放食物和修建厕所等短期扶持政策，这并不能提高贫困人口的自身发展能力和造血功能。要解决自身发展能力问题，必须对贫困人口开展功能、技能等方面的培训，授之以渔，以实现可持续发展。

（五）关键是要调动穷人的发展意识

印度人口中大多数为印度教信众，由于受宗教宿命观念的影响，贫困人口中绝大多数无发展意识，自认为受苦为命中注定，不愿意改变现状，只通过修苦行和崇拜神灵等方式求得来生幸福。要改变贫困人口的命运，必须加强教育，调动穷人求发展的意识。

六　印度关于中印开展减贫合作交流的主要需求

纵观近年来中印两国在减贫方面的经验和成效，两国既有共同之处，也因国情不同而可以相互借鉴和学习。在开展减贫合作交流方面，双方各有需求，鉴于中国减贫工作的卓越成效，印方对中方的需求多于中方对印方的需求。结合印度近年来开展的减贫工作及存在的问题，印方对中方的主要需求包括以下方面。

（一）政策需求

印度需要了解和学习中国在脱贫致富工作中的成功经验和相关政策，以帮助印度制定相应政策，并根据印度的实际情况实施相应的减贫措施和执行计划，以提高印度减贫工作的效率。

（二）资金需求

印度在进行减贫的过程中，存在严重的资金不足问题。为了尽快落实联邦政府制定的减贫措施，印度有可能会向中方提出投资要求，以改善贫困人口的居住条件，甚至会要求中国为其贫困地区投入资金，以提高其贫困人口的造血功能。

（三）技术需求

长期以来，印度的制造业相对落后，主要原因是缺乏生产技术。因此，在中印开展减贫合作交流的过程中，印方可能会要求中方为其提供技术，并通过开展技术和职业技能培训，使其贫困人口拥有一技之长，实现可持续脱贫。

（四）人才需求

由于教育制度的原因，印度的职业技能培训与现实脱节，对于减贫工作中的人才严重不足问题，解决的办法就是加强人才培养，壮大减贫工作人才队伍，同时提高人才队伍的相应待遇，改善工作环境，实现减贫工作的可持续发展。

第4章 缅甸减贫研究

广西大学课题组[*]

一 缅甸的贫困标准与贫困状况和原因

（一）缅甸的贫困标准与贫困状况

缅甸位于东亚、东南亚与南亚的交会之地，北部与中国接壤，东部与东南部与泰国为邻，西部与印度和孟加拉国接壤。优越的地缘位置为缅甸经济的发展奠定了坚实的基础，提供了巨大的潜力。但是，独立后的70年以来，缅甸依旧饱受贫困，被列为东南亚乃至世界上最贫困的国家之一。

缅甸对贫困的界定包括食物贫困线和非食物贫困线，前者指用以满足人生存基本食物需求的支出，后者指的是非食物性花费。食物贫困影响着缅甸人口总数的5%，农村地区的食物贫困率是城市的两倍。食物贫困率最高的几个邦包括克钦邦（25%）、若开邦（10%）、德林达依省（10%）和掸邦（9%）。缅

* 广西大学课题组组长：李好，博士，广西大学海上丝绸之路研究中心常务副主任，广西大学商学院副教授、硕士生导师，中国－东盟区域发展协同创新中心研究员。课题组成员：戴永红，博士，四川大学缅甸研究中心主任，四川大学南亚研究所教授、博士生导师，中国西部边疆安全与发展协同创新中心研究员；宋志辉，博士，四川大学孟加拉国研究中心主任，四川大学南亚研究所书记、副教授、硕士生导师；刘志超，硕士，中共广西区委党校科研处教师、中国－东盟区域发展协同创新中心兼职研究员；肖坚，广西大学商学院国际贸易硕士研究生；王耀华，广西大学商学院国际商务硕士研究生；王杰，广西大学商学院国际贸易硕士研究生；周德尚，广西大学商学院国际商务硕士研究生；苏立坡（老挝），广西大学商学院国际贸易硕士研究生；黄潇玉，广西大学中国－东盟研究院应用经济学硕士研究生、越南研究所研究生助理。

甸有关贫困的数字是比较惊人的，2005 年农村地区的贫困发生率高达 85%，前述几个省邦的贫困发生率分别为克钦邦（73%）、若开邦（44%）、德林达依省和掸邦（均为 33%）。截至 2014～2015 年度，缅甸总人口为 5140 万人，GDP 为 568 亿美元，人均 GDP 为 1105 美元。按照世界银行的统计，缅甸贫困人口占总人口的近 37.5%。[1]各省邦居民均存在一定程度的贫困发生率，少数民族邦的贫困发生率更是居高不下，并且均存在慢性贫困（见图 1）。

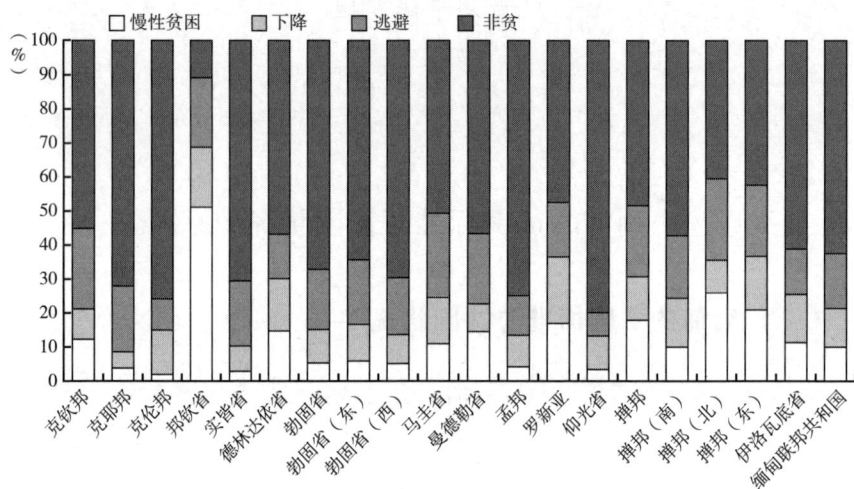

图 4-1 缅甸各省邦贫困动态

资料来源：2009～2010 年一体化家庭生活条件评估调查（IHLCA）。

缅甸人口绝大多数生活在农村，少数民族也绝大多数生活在农村，70% 的贫困人口也生活在农村。绝大多数贫困人口依赖农业生产和打零工获得收入。农、林、渔、牧业收入和小商品销售额占缅甸 GDP 的绝大部分。但是，缅甸农业生产效率不高，其主要农作物水稻的平均产量在亚洲国家中排名是最靠后的。缅甸三角洲地带的季节水稻每公顷的平均利润为 140 美元（即减去包括劳动力在内的生产成本之后的总收入），而柬埔寨和越南分别为 340 美元和 430 美元。[2]

---

[1] Christina Cho, "Poverty in Myanmar," *The Borgen Project*, http：//borgenproject. org/poverty - myanmar/，Jan. 6，2015.

[2] Nikolas Myint, Reena Badiani, Growing Together：Reducing Rural Poverty in Myanmar, Jan. 2, 2016.

一体化家庭生活条件评估调查（IHLCA）衡量贫困的两个指标包括相对不公（最贫困的 20% 人口的消费份额）和绝对不公（最富裕人口和最贫困人口的消费差距）。调查数据显示，2005 年至 2010 年，缅甸最贫困人口的消费份额在所有省邦之间仅有 1% 的增加。另一个表现为个人或家庭在面对自然灾害时的脆弱性，低收入家庭在应对自然灾害时面临的选择非常有限，而那种刚刚处于贫困线以上的人口则很容易因为自然灾害的发生陷入贫困。

IHLCA 将贫困状况按照时间变化分为：

（1）慢性贫困；

（2）脱贫或入贫（暂时贫困）；

（3）非贫困。[①]

根据该调查的数据分析，缅甸贫困人口存在以下几个特征。

（1）与非贫困家庭相比，贫困家庭在参与经济活动时更活跃，即贫困并不是由于缺少工作而是缺少工作所得收益。

（2）大部分的贫困家庭以农业为生，与非贫困家庭相比，贫困家庭的土地面积更小；无地贫困人口的比例（34%）更高。

（3）与非贫困人口相比，贫困人口在拥有房屋、饮用水、卫生和电力等基础设施时更少。

（4）与非贫困家庭相比，贫困家庭的儿童免疫和妇女保健比例更低。

（5）与非贫困家庭相比，贫困家庭的识字率更低，贫困家庭的入学率更低，这种情况在农村地区更严重。[②]

缅甸的绝大多数社会指标偏低，如全国 5 岁以下儿童中有 32% 营养不良，落后的基础设施使民众不仅难以获得基本的医疗和教育服务，而且难以促进缅甸经济发展。雨季期间有近一半的道路无法通行，电信和互联网设施数量极为有限。[③]

[①] Poverty Analysis, Interim Country Partnership Strategy：Myanmar 2011 – 2014, Asian Development Bank, October, 2012.

[②] Poverty Analysis, Interim Country Partnership Strategy：Myanmar 2011 – 2014, Asian Development Bank, October, 2012.

[③] Myanmar Overview（2013）, The World Bank, http：//www.worldbank.org/en/country/myanmar/overview, November 14, 2016.

（二）缅甸的贫困原因

缅甸贫困问题的原因是复杂的，既有宏观层面的原因，如国家治理缺失、腐败问题严重、经济发展滞后和社会保障不足等，同时也有微观层面的原因，如劳动分工不合理和生产要素受到制约等。

1. 国家治理缺失

缅甸被公认是自然资源极为丰富的国家。独立之前的英国殖民期间，缅甸曾经是东南亚最富有的国家，也是世界上最大的大米出口国。[①] 但独立以来，政府对自然资源的管理失控，经济发展政策不完善，农村贫困严重。缅甸人则更多将贫困归因于独立以来历届政府糟糕的治理。

2. 腐败问题严重

腐败是许多发展中国家治理过程中的顽疾。在缅甸，由于前几届政府缺乏透明度和问责制，腐败问题滋生蔓延。在发展中国家，腐败问题严重阻碍了农村和城市地区大项目的实施。如果腐败在社会猖獗，国家的发展就将被延缓和扭曲，因为发展资金将落入与政治精英关系密切的私人手中。长期以来，许多人都把腐败归结为导致缅甸贫困的主要因素之一。可以说，现实是，没有国家（甚至包括发达国家）未受到腐败的"玷污"。就缅甸的情况而言，在经历了40多年的军政府统治、政治暴力、对民主运动的镇压和与少数民族武装的冲突以后，缅甸的腐败问题尤为严重。由于缅甸缺乏透明度，因此准确的腐败信息难以获得。根据透明国际发布的"腐败指数"（CPI），缅甸长期排名垫底。[②]在缅甸，在本应改善民众生存状况的项目中存在普遍腐败和欺骗，显然这就是贫困的主要原因。因此，在经历了几十年的经济停滞和政治暴力以后，将经济发展项目规划和政策付诸实施予以透明是缅甸未来经济发展的关键。

3. 经济发展滞后

经济发展需要持续的人力资源保障。但是，没有相应的经济增长和社会

---

① Economy of Burma, http：//en. wikipedia. org/wiki/Economy - of - Burma, November 14, 2016.

② Corruption Perceptions Index 2012, U4 Anti-Corruption Resource Center, http：//www. transparency. org/cpi2012/results, June 24, 2013.

发展，农村地区不控制人口增长必然导致贫困。因此，在国家经济尚未发展
到一定阶段时，失控的人口增长将带来经济发展不稳定，造成严重的失业问
题，继而导致贫困和社会动荡。因此，有些学者认为，人口增长导致了贫
困。Panopio 和 Raymundo 认为"人口增长延缓了经济发展"①。但是就缅甸
而言，土地与持续增加的人口之间不存在问题，人口增长并不是贫困的原
因，贫困的真正原因是经济发展滞后。

4. 社会保障不足

2009 年以来，缅甸政府推行经济改革和民主化进程，大力吸引外资。
但是，外资的进入给缅甸带来双重影响。就积极影响而言，更多发展资金的
涌入有力促进了国家的经济发展，其表现在为工业区、建筑工程和其他经济
活动创造了更多的就业机会；就消极影响而言，工业区建设使农民失去土
地，农民的工资较少，难以养家糊口。缅甸媒体大量充斥着有关失地农民和
较少工资工人上街游行、劳资双方发生冲突和电力短缺的新闻。目前，大约
75% 的缅甸人口缺电，电力消费量很低，仅为世界平均用电量的 1/20。现
有电力设施只能满足现有需求量的一半，导致经常性停电。饮用水设施在很
多地区也十分缺乏。② 缅甸经济发展未能顾及民众的根本利益，如农民因城
市建设项目而丧失土地。

5. 劳动分工不合理

缅甸贫困人口主要从事农业、采矿、建筑和贸易。一旦市场消失，就会
影响就业，导致他们深陷慢性贫困。有部分人就业不充分，即每周工作时间
少于 44 个小时，而充分就业的群体工作时间过长。在缅甸全国充分就业的
人群中，每周的总工作时间为 6000 万小时，而如果这一工时重新再分配，
则将为目前失业的人群创造 130 万份全职工作。而且，不充分就业也表明劳动
者虽工时长但收入太低。如果劳动者劳动生产率提高了，工资也就会相应增加。

6. 生产要素受到制约

大部分缅甸人以农业为生，但认为自己深受生产要素制约。这些因

---

① Pampio, Raymundo, *General Sociology: Focus on the Philippines* (4th *Edition*) (Quezon City: KEN Inc., 2004), p. 398.

② Myanmar Overview (2013), The World Bank, http://www.worldbank.org/en/country/myanmar/ overview, November 14, 2016.

素与气候相关，包括干旱、洪灾和病虫害。这些不利因素每年影响 8% 的农业产出，好在先进技术的广泛应用可以避免或者降低损失。因此，加大先进农业技术和知识的推广、应用是缅甸未来提高农业产值的最重要的工作。

二　缅甸的减贫战略与减贫政策

正是由于上述贫困状况和趋势，缅甸的减贫战略提出了不同层面的要求。在宏观经济战略上，不仅要增加贫困人口的经济收入，还应强调边缘群体和弱势群体的需求。可持续经济发展要能够增加就业机会，以减少绝对贫困人口，缩小贫富差距。就农业和农村发展问题而言，以农业为生的贫困人口返贫现象和贫困原因的多维度要求缅甸各方面通力合作。由于缺少相关资料，缅甸减贫战略仅能从政府制定的国家发展和改革计划中窥见一斑。在联合国千年发展目标框架下，缅甸政府提出要消除贫困和饥饿，但随后并没有披露详细的减贫计划或策略。

（一）一体化农村发展计划

为了改善农村地区的贫困状况，缅甸政府于 2001 年提出一体化农村发展计划，其目的在于提高农村人口的社会经济地位和福利。政府部门制订了五年短期计划（1997～2001 年）和 30 年的长期计划（2002～2031 年），具体目标包括：①保证农村地区具有良好的交通状况；②保证农村地区水源获得；③提高农村人口的教育标准；④完善医疗保健系统；⑤发展农村经济。

1. 主干道和支路建设

在缅甸，大约 84% 的农村人口缺乏电力，37% 的人口缺乏干净的饮用水，只有 12% 的道路铺设了路面，① 其他道路雨季无法通行，导致农村与外界隔绝，农民获得市场、工作机会和服务的渠道非常有限。作为城镇、

---

① Policy Note "Energizing Myanmar: Enhancing Access to Sustainable Energy for All," UNCDF (2015); Myanmar: Agricultural Finance Making Access Possible, Study prepared by FinScope Myanmar for the United National Capital Development Fund.

乡村相互之间的联通手段，保证道路通畅是消除农村贫困和发展农村经济的首要步骤。在缅甸，快速建设公路是农村发展的基本需要，也是消除贫困的重要措施。因此，村村通、村镇通、村路通的乡村道路也在建设之中，以形成镇区、城区的环路和邦或省的环路。为此，政府制订并实施了下列计划：

（1）1996～1997 财年到 2000～2001 财年的 5 年计划；

（2）2001～2002 财年到 2030～2031 财年的 30 年长期计划。

农村路桥建设 5 年短期计划从 1996～1997 年持续到 2000～2001 年，已制订并成功实施。成功实施这一短期计划后，在 30 年长期计划的推动下，农村公路建设和提升的步伐又进一步加快。该计划于 2001～2002 财年实施，计划于 2030～2031 财年结束。据估计，实现长期计划之后，全国整个农村公路都将铺上碎石，而且 50% 的公路还会被铺上沥青。为完成这个 30 年长期计划，政府已经修建了 1835 英里 4 弗隆（相当于 2953.95 千米）的沥青路、6112 英里 3 弗隆（相当于 9836.91 千米）的碎石路、2880 英里 4 弗隆（相当于 4635.72 千米）的红土路。

2. 提供安全饮用水

为了实现到 2015 年将喝安全饮用水难、喝安全饮用水贵的人口减少一半的目标，缅甸地区和少数民族发展事务部发展事务署一直在实施相关项目，让水资源匮乏的农村地区喝上安全的饮用水。事实上，缅甸的水资源十分丰富，可是出于某些原因，缅甸只能开发利用其中的 20%。但根据地形，缅甸中部有一个干旱带，那里大部分的村庄都面临安全饮用水匮乏的问题，政府重点关注水资源稀缺的干旱带的 3 个省，即实皆省、曼德勒省和马圭省，发展事务署已经制订以下计划并于 2000～2001 年实施：

（1）干旱带 3 个省的 10 年供水计划；

（2）其余各邦或各省的 10 年供水计划。

在启动供水计划之前，23225 个村缺乏安全饮用水。其中，879 个村完全没有水供应，9166 个村的水供应不足，13180 个村没有安全饮用水供应。从 2001 年到 2010 年 12 月，共有 23820 个村通过 10 年供水计划获得了安全饮用水。大多数水源供应计划都是靠政府资金落实的，但有 2044

个村供水计划实施的资金是由个人（好心人）、社会组织和地方非政府组织捐助的。

3. 提高人的发展能力

教育能够为减贫战略和国家社会经济发展提供储备人才，发展农村经济能扩大市场渠道和提供非农生计的机遇。

（二）边境地区发展计划

1988 年 9 月，缅甸军队接管政权，为了满足少数民族发展的基本需求、改善少数民族地区的社会经济状况，缅甸从 1993 年开始实施边区和少数民族发展总体规划，在该规划框架下的边境地区发展计划由专门的政府部门和国际组织合作实施，以优先考虑边境地区①的医疗、教育、农业、交通、通信、畜牧业和电力设施的发展。居住在这些地方的少数民族群众享受到了发展的果实，社会经济地位大大提升。

边境地区发展计划的另一个重要措施是停止罂粟和其他麻醉毒品作物的种植，并种植其他替代经济作物。从 20 世纪 90 年代开始，中国云南省与邻国政府和地方组织在境外罂粟种植地区开展了替代种植。至 2011 年底，中国企业总共投入十多亿元人民币和大量人力、物力，将缅北传统种植的罂粟替代为水稻、玉米、香蕉、橡胶、甘蔗等经济作物，累计种植各类农林作物面积 200 多万亩，缅北受益人群超过 13 万人，当地人均年收入从过去的500 元人民币增加到目前的 2000 元人民币左右。② 开展境外毒品作物替代种植，进而和周边国家合作发展替代经济，是从源头上根除毒品危害、削减农业贫困的重要措施。

（三）国家发展计划

为了弥合全国各地区的社会经济差距，平衡经济发展，缅甸政府设立了

---

① 政府在边境开发区开展了有效行动，包括克钦邦第一特区和第二特区、果敢邦、佤邦（缅甸第二特区）、克钦邦东北部、布朗邦、景栋东部、霍蒙、猛陀猛塔（音译）、梅特曼、巴欧、克耶邦、若开邦、钦邦、实皆省（那加）、家包谷（音译）、克伦邦、德林达依省和孟邦。

② 资料来源：《中缅商讨替代发展合作遏制缅北罂粟种植》，《潇湘晨报》，http：//epaper. xxcb. cn/xxcba/html/2011 - 11/02/content_ 2546324. htm，2011 年 11 月 2 日。

一定数量的经济开发特区,① 重点强调教育、医疗和基础设施的发展, 在每个特区建设 3 所大学/学院, 配备 1 个拥有 200 张床位的医院和一个工业区。截至 2010 年, 共建立学校/学院 134 所, 基础教育学校 7434 所, 专科医院 18 个, 综合医院 32 个。②

(四) 经济社会改革框架下的减贫战略

为了弥补政府扶贫工作的不足, 在经历几十年的投资不足后, 政府的扶贫工作重点发生了变化。《经济社会改革框架》(目的在缅甸实现可持续性的包容式发展) 和《农村发展战略框架》(重点是对农村社区和边远地区的扶持) 两个政策的目的在于以更积极、透明和可靠的方式提供公共服务。

2011 年, 缅甸新政府掌权之后, 在就职典礼一个月后组织了全国范围内的第一次农村发展和减贫研讨会, 在这次研讨会上提出了八个减贫优先目标, 得到研讨会参加成员的认可, 并成立了中央委员会和地区委员会实施减贫措施。这八个目标包括: ①农业生产率的提高; ②渔业、畜牧业的发展; ③小农生产的发展; ④小额存贷款业务的发展; ⑤合作社的发展; ⑥农村社会经济的发展; ⑦农村的能源发展; ⑧环境保护。③

(五) 穷人和妇女赋权

缅甸政府认识到社区赋权会对消除贫困、解决农村发展问题、可持续环境保护和减少城乡发展差距做出重要贡献。因此, 与联合国开发计划署合作实施了一体化社区发展工程 (ICDP) 和偏远镇区社区发展工程 (CDRT)。目前, 2817 个村都开展了一体化社区发展工程建设, 26 万个家庭、130 万人口获益。

一体化社区发展工程关心解决贫困社区的需求, 尤其是妇女和弱势人群

---

① 为了实现全国各地区的和谐和发展, 以及各地区经济、医疗、教育和交通的全面发展, 政府建立了一定数量的经济开发特区, 分别是克钦邦的密支那和八莫、克耶邦的垒固、克伦邦的帕安、实皆省的望濑和卡莱、德林达依省的土瓦和丹老、勃固省的东吁和卑谬、马圭省的马圭镇和木各具镇、曼德勒省的曼德勒市和梅铁拉、孟邦的毛淡棉镇、若开邦的实兑镇、仰光省的仰光市, 以及伊洛瓦底省的勃生镇、兴实塔镇和马乌彬镇。

② 左常升:《缅甸减贫概要》, 载《世界各国减贫概要》(第一辑), 社会科学文献出版社, 2013。

③ Daw Win Myint, Policies for Growth and Development of Myanmar, May, 2013.

的需求，为社区发展活动提供财力和物力支持。通过参与方式、需求驱动型模式和能力建设活动，该工程增强了贫困社区在工程支持下自力更生地解决发展问题的信心。缅甸政府首先确定贫困社区，成立社区发展论坛，根据需求驱动型模式，村民讨论工程活动，这些活动使村民们学会如何表达自己，并且借助社区力量共同决策解决贫困问题。妇女赋权是妇女们通过建立自立团体、管理共同基金的方式进行的，一系列的自立团体活动让成员更加自信和独立，并学会了如何管理自己的活动。工程的能力建设活动可以为社区赋权，通过增加教育和医疗方面的社会资产做出贡献。通过这些活动，工程帮助村民摆脱了对别人的依赖，村民的活动变得更加独立。

偏远镇区社区发展工程的目标和运作方式与一体化社区发展工程类似，但偏远镇区社区发展工程在全国边区的 26 个镇区展开，同样为解决缅甸偏远镇区的贫困问题提供了有力支持。

（六）完善教育体系

1. 超龄儿童特殊计划

为了保障所有的适龄儿童都能上学，缅甸专门为超龄儿童打造特殊计划，使 7 岁或 8 岁的儿童能用 3 年完成小学学业，学龄在 9 岁以上的儿童用 2 年完成小学学业。此外，政府还鼓励在正式体制下提供包容性教育，在仰光设立了包容性教育中心。

2. 促进边区和少数民族教育发展

为了实现教育的公平性，促进边区少数民族的发展，自 1989 年起，不同层次的基础教育学校逐渐建立起来。办学计划也被纳入了开发特区计划之中，办学计划涵盖了提高偏远地区和农村地区人民生活质量的一体化发展。2009～2010 年，有 211717 名儿童在 1074 所学校接受了基础教育。

3. 提高基础教育质量

为了提高基础教育质量，教学方法完成了以学科为中心到以学生为中心，以讲演法为主到以主动参与为主的转变。此外，评估体系也从过去的年终考核转变为持续评估，同时，提高初等学校教师的质量是发展初等教育的主要活动之一。从 1998 年起，所有师范培训学校的教育都升级为两年制学院教育，以为教授小学生和初中生的教师提供岗前教师培训课程。

4. 提高成年人识字率水平

除了提高初等学校的入学率外，缅甸政府还对 15～24 岁的年轻人实行全国成人识字率计划，缅甸教育研究署（MERD）就是推动者，旨在提供基础教育服务。截至 2010 年，15～24 岁的年轻人识字率达 98%。

5. 增加教育平等机会

目前缅甸教育有明显的性别不平等的问题，尤其在高等教育方面差距更加明显。减少教育中的男女不平等现象，无疑对缅甸减贫是很有帮助的。目前，缅甸政府也比较重视教育性别平等，让质量好的基础教育对女童完全开放，保证机会均等。缅甸的贫困常常发生在无土地的农民身上，被称为"缅甸粮仓"的三个重要农业省勃固省、仰光和伊洛瓦底省，恰是缅甸失地现象最严重的区域，[①] 加之不完善的土地所有权制度制约了土地租赁市场的发展。鉴于此，缅甸政府颁布了土地法保护小农和贫农的合法权益，并采取措施完善土地租赁制度，按照市场原则对土地进行集约化经营并解决土地流转问题，这将有助于促进农业技术的推广运用和私人投资，从而对农业生产率产生积极的影响。[②]

（七）其他减贫措施

农村地区脆弱的金融服务也严重制约农民采用新技术并对其进行推广。只有 37% 的农民和 10% 的农业工人享有正规的银行信贷。近年来，银行部门针对农业部门的信贷有所增加。缅甸农业发展银行的借贷从 2009～2010 年的 940 亿缅币激增到 2014～2015 年的 11650 亿缅币，贷款条件优惠，重点支持湿季水稻的生产。私营部门在向农户提供金融扶持、贸易商品和加工产品投入上发挥越来越重要的作用。这些积极的改革从政策上极大提高了农业增长率，其从 2012～2013 年度的 1.7% 提高到了 2013～2014 年度的 3.6%，2014～2015 年度为 5.6%。

---

① Framework for Economic and Social Reforms, Policy Priorities for 2012 – 2015 towards the Long – term Goals of the National Comprehensive Development Plan, October 14, 2012.

② The Recent Land Laws Do Not, However, Address the Lack of Security over Customary Lands in the Upland Areas, the Significant Reasons for Conflicts, The Security of Event Individual Plots with Land User Right Certificates Is Also Weak Due to the Lack of Information Data Bases and Infrastructure to Properly Reflect Actual Land Use Situation.

为实施这些政策以促进农村投资，缅甸政府还进行了省级政府"简政放权"。省地两级政府开支占公共部门开支的比例很低，只有10%。但是政府开支涵盖的领域包括重要的经济服务领域（如农业、地方交通与通信、住宅产业和小型能源项目），这些领域对农村发展极为关键。在某些贫困严重的省地，政府用于上述领域的人均投资比例更高，这充分反映了政府针对缺口较大的地区所做的艰苦工作。

为此，缅甸政府在2013年颁布实施了《国家农村社区发展项目》（NCDDP），并且在农村地区减贫方面收到了积极的成效。《国家农村社区发展项目》支持社区制订发展计划和进行财政转移，以将社区级的基础设施建设项目直接划转给村委会，该计划的首批项目正在缅甸的27个村镇滚动实施，迄今为止，缅甸全国已有约70万名村民通过该计划的实施获得了完善的社区基础设施服务。2/3社区家庭参与到了项目的计划、决策和实施，75%的社区成员对项目的实施效果感到满意（或非常满意）。

三　缅甸减贫存在的主要问题

联合国开发计划署署长克拉克说，缅甸要消除极端贫困，在2015年之前达到联合国定下的8个发展目标，会面临非常艰巨的挑战。克拉克说，缅甸获得的人均援助是发展中国家当中最少的，而"政治因素"限制了联合国开发计划署在缅甸推行计划，因此，"目前要取得进展不是那么容易"。联合国各成员在2000年通过了《千年宣言》，制定了要在2015年之前达到的8个发展目标。克拉克认为，面对欧盟和美国制裁的缅甸贫困问题严重，这将使它难以实现任何一个千年发展目标。具体来说，缅甸削减贫困存在以下问题。

（一）政治不稳

对于一个拥有丰富自然资源禀赋，但国内战争持续了几十年的国家来说，缅甸减贫需要面对的第一个问题是战争和政治不稳定的威胁。从出发点来看，减贫主要是为了解决贫困国家和地区人口的生存与发展问题，安全、稳定对于人类的生存和经济的繁荣的重要性是不言而喻的。没有这些作为基础的话，自然资源就无法被有效地开发和利用，也就谈不上经济的发展、科技的进步，再多的教育和科学技术也无法教会人民使用和收获他们的劳动果实，[①] 以及对更高一层的建筑——政治上层建筑的建设。接收的外国直接投资需要完善的法律体系来保障，人民的财产和人身安全需要相关法律法规来保护和规范，经济的安全运行也离不开一个稳健的司法系统。而缅甸多年来的贫困既和其历史相关，也和中央政府与少数民族地方武装之间连年的战争脱不开干系。缅甸政府需要加强其权威和对整个国家政治、经济的掌控与治理能力，一个弱的中央政府在实施既定的减贫战略时，是无法做到稳定社会秩序，确保减贫任务有序进行，保护人民免受损害的。

（二）经济发展和基础设施建设滞后

缅甸是世界电力消费水平最低的国家之一，约 75% 的人口无法获得用电，有许多人口无法获得干净的饮用水。疾病、饥饿、失业、识字率低下、经济剥削问题在缅甸非常严重。由于多年的内战和错误的孤立政策，加之国际社会对缅甸的经济封锁，缅甸无法为不断增加的人口提供工作机会，使新增加的人口被动地成为贫困人口。目前缅甸在全球的经济排名为第 158 位，在亚太地区则排第 36 位。[②] 但从 GDP 角度来看，2008 年缅甸经济增长率创历史新低，仅达到 3.6%，之后再逐渐回升，到 2013 年超过 8%，但是国内金融系统仍然处于一个比较初级的阶段，银行和金融机制缺失成为限制缅甸经济发展最大的障碍，[③] 从削减贫困需要的配套机制来看，这种缺失也将拖减贫的后腿。

（三）减贫战略不平衡

缅甸人口贫困的原因主要分为三种，第一种是由于贫困人口本身从事的是"没有出路的职业"，这涉及从事农业、采矿、建筑和批发零售等行业的人，他们常常会因为市场的缺失陷入贫困状态；第二种则是因为劳动力分配

[①] Délice Williams, "What are Causes of Global Poverty?" *The Borgen Project*, http://borgenproject.org/what-causes-global-poverty/, June 25, 2013.

[②] 资料来源：2016 Index of Economic Freedom, http://www.heritage.org/index/country/burma。

[③] William Boot, Prospects and Problems for Burma's Economic Growth, http://www.irrawaddy.com/business/prospects-problems-burmas-economic-growth.html, KBZ Bank, January 5, 2015.

不均，许多人未充分就业，而许多在职的就业者的工作时长却太长；第三种则是缅甸依赖农业为生的人口将自己置于一种靠天吃饭的无作为状态中。[①] 缅甸是东南亚地区面积最大的国家，拥有丰富的自然资源禀赋，如土地、水、适宜农业种植的气候，但是缅甸的农业发展面临研究投入不足、技术转让水平低、基础设施发展落后、价值链更新缓慢和市场不足的问题。除此之外，缅甸尽管出产大量的水稻，但是其农村地区的粮食不足问题十分严重。目前的减贫战略侧重点主要针对农业人口，忽视了其他行业贫困人口的需求。

2011 年 8 月 12 日，在仰光召开了缅甸人道主义合作伙伴会议。这次会议讨论了缅甸政府提出的《农村发展和减贫战略》，其目标是到 2015 年，要在联合国千年发展目标下将缅甸的贫困发生率从 26% 减少到 16%，缅甸政府此后还相继召开了一系列国家和地区级别的减贫研讨会，缅甸甚至成立了以总统吴登盛为主席的农村发展和减贫中央委员会。缅甸政府的农村地区发展和减贫战略涉及以下几个领域：农业生产、渔业和畜牧业、农村生产和家庭手工业、小额存款和信贷企业、农村合作社、农村社会经济、农村能源和环境保护八个方面。[②] 由于缅甸 70% 的人口居住在农村，内比都生计与粮食安全信托基金会〔the Livelihoods and Food Security Trust Fund（LIFT）〕捐赠财团认为对于农业发展和减贫项目来说，价值链和市场发展对于充满了生机的农村经济来说至关重要，价值链的发展、新的基础设施建设必须伴随信贷（业务）、治理、财政投入和政策支持。该信托基金会主席和欧盟驻缅甸大使强调农村地区的人口"需要更多的支持来满足农业发展的需求，以及帮助他们走出贫困的替代性选择"。[③]

（四）减贫资金的投入数量和质量存在问题

缅甸 2016～2017 财年下半年财政赤字已经达到 4 万亿缅元，其通货膨

① Christina Cho, "Poverty in Myanmar," *The Borgen Project*, http://borgenproject. org/poverty-myanmar/, Jan. 6, 2015.

② Myanmar's Focus on Poverty Reduction Welcomed by Humanitarian Partners, UN Country Team in Myanmar, Aug. 17, 2011.

③ Driving forward the Rural Development Agenda in Myanmar, Report from UNOPS, UN Country Team in Myanmar, Nov. 19, 2013.

胀率预计将达到 11.68%，政府的公共服务支出将受到通货膨胀和财政赤字
的影响。减贫战略是个耗资巨大的工程，其实施的中期和后期若没有足够的
资金流入的话，前期所做的准备工作也就将打水漂。所以在缅甸减贫战略实
施过程中，能否保证足够的财政投入，也是一个比较现实的问题。除此之
外，缅甸减贫还存在减贫资金投入和产出不平衡的矛盾。虽然缅甸在军政府
上台之后遭到美国和欧盟的严厉制裁，但是国际社会对缅甸的援助从来没有
停止过。《缅甸新光报》报道，缅甸国家计划与经济发展部部长坎佐 2015
年 12 月 3 日在外国援助中央管理委员会会议上表示，2011 年 4 月至 2015 年
11 月，共有 176 个国家、国际组织、联合国机构、国际非政府组织及其他
机构向缅提供技术及设备援助，项目共计 948 个，协议项目折合 36.14855
亿美元。截至 2015 年 11 月，已完成项目 520 个（折合 13.41242 亿美元），
正在实施的项目 428 个（折合 9.93615 亿美元），尚未兑现的援助折合
12.79998 亿美元。无论是世界银行、国际组织、援助国还是缅甸政府，在
减贫项目中投入了相当多的资金，但是由于没有建立一个合理的资金使用机
制，巨额的投入给缅甸的贫困状况带来的改变是有限的。

（五）腐败严重

透明国际组织指数（Transparency International Corruption Perceptions
Index）的数据显示，在 2011 年对 183 个国家透明度进行评估的结果中，缅
甸排 180 位，满分为 10 分，缅甸仅获得 1.5 分。世界银行的全球治理指标
（Worldwide Governance Indicators）指出，缅甸对于腐败的管控能力相当低
下。[①] 其腐败形式包括官僚腐败和政治腐败等，由于缺少监管和透明度，缅
甸减贫资金的具体流向不明，政治精英和与政治精英关系密切的商人、投
机者往往利用制度的漏洞非法获利。这一点在土地的流转权上体现得较为
明显。在缅甸，土地为国家所有，农民有权使用和耕种土地，军队单位和
政府部门有权直接没收土地。但近年来，土地的流转发生了变化，其他和
军方有关系的公司、合资企业和强权政治经济行为体都有权征用农民的土
地。一些大型项目如油气管道的建设，使许多农民在没有获得合理补偿的

---

① Marie Chene, "Overview of Corruption in Burma," *Transparency International*, March 23, 2009.

情况下放弃其赖以为生的土地。政府诚信度和透明度不足，给缅甸减贫战略的实施带来了许多的麻烦，减贫项目和政策的实施、国家福利措施的执行无法真正惠及社会民众。

四　对缅甸减贫的政策建议

（一）大力提高农业劳动生产率

缅甸农业生产率低下的原因在于几十年来对农业投资支持的严重不足，季节性降雨、蓄水能力的控制导致了农业生产具有不稳定性，这种不稳定性又带来农产品价格的波动，政策变化、高昂的运输费用、农村地区恶劣的交通状况、单一的出口市场是阻碍缅甸农业创收的重要因素。[①] 减贫措施在短期内能够产生积极的效果，包括促进私人部门的投资，大力推广应用现代农业技术。具体来说，加大在主要公共服务部门特别是种子推广部门的投资，废除外商投资大米加工厂的单独审批规定；2013～2014 年度，缅甸农业与灌溉部各部门用于农业产业化（包括种子推广）的总投资仅占农业 GDP 的 0.22%（占全国 GDP 的 0.07%）。按照减贫的实际需要，这一比例至少应该提高 3 倍，也低于发展中国家占农业 GDP 1% 的世界通行标准。就农业灌溉投入方面而言，重要的是新建灌溉设施与改建已有灌溉设施齐头并进。同时，扩大资金支持的范围，培育有地方特色的优势产业，如可考虑将对水稻项目的资金支持扩大到对其他经济作物、牲畜和鱼类养殖业等的资金支持。在实施的过程中，对这些资金支持的农业项目必须进行充分翔实的评估和分析。

（二）完善相关领域的法律、法规制度

腐败滋生常常由于法律法规制度不健全。农业减贫是缅甸整个减贫工程的基石，军政府时期对于土地的强制没收制度是很多农民"入贫"的原

[①] Steven Haggblade, A Strategic Agricultural Sector and Food Security Diagnostic for Myanmar, Michigan State University and the Myanmar Development Resource Institute's Center for Economic and Social Development, July, 2013.

因。与政府、军方有联系的公司稍加利用制度的漏洞就可以剥夺农民土地，这其实是很不合理的。其他发展中国家的经验表明，土地改革也可以极大提高劳动生产率，促进减贫工作。可以考虑尽快制定并颁发土地改革政策。尽管土地改革政策的见效期因目前缅甸的土地租赁制度（包括在冲突地区）缺乏安全性、土地权属尚存争议等因素而需要较长的时间，但应当积极推进。减贫工作若能做到将法律法规和土地改革相结合，土地经营权合理流转，则对保障农民权益和提高农民积极性有重要作用。新的土地法若能赋予外资公司、合资公司在政府监督下拥有土地经营权，则也能为农业的发展吸引大批的投资。制度还有另一个十分重要的功能是监督减贫资金的分配和具体流向，完善私营部门投资农业生产和关键公共服务部门（质量检测、实验部门）的法律，能最大限度地保证减贫资金的使用效率和质量。健全的法律还能吸引更多的外国投资，让缅甸减贫资金的构成更加多元化。

（三）平衡经济增长与实现社会目标之间的需求，创造就业、提供社会公共服务

缅甸近期逐步实施的财政分权、《国家农村社区发展项目》和其他转移支付政策极大完善了省级地方和社区政府的发展计划。通过自上而下的政府协调和自下而上的具体落实，这计划为农民提供了有效的减贫服务。自上而下的政府协调需要积极推进财政分权工作，以提高地方政府公共服务水平，政府可以制定一项财政分权战略或者发布一份白皮书，这由财政部牵头并协调，以确定具体详尽的资金分配方案（如执行能力和财政能力）、自有财政收入、收入分配安排和财政支付转移等。① 自下而上的具体落实则需要扩大公民参与，积极的公民参与可以带来公共服务部门质量的提升，使发展成果实现，这也是对公共服务进行监督的一个重要途径。2004 年的《世界发展报告》中的"为穷人服务"一章指出，定义成功和失败最大的区别就是贫困人口所接收到的公共服务的数量和质量。提高公共服务的三个方

---

① Soren Davidsen, Mohib, Saiyed Shabih Ali, Zin, May Thet, Boothe, Robert, Participating in Change: Public Sector Accountability to All, Feb. 1, 2016.

法分别是加大贫困人口在服务提供过程中的选择和参与力度，以发挥他们的监督作用；让贫困人口参与投票，发出自己的声音；建立有效的公共服务奖惩机制。[①]

增加获得公共服务产品尤其是农业融资的渠道，以缅甸地方银行、中央银行和世界银行以及非政府组织的合作为支撑，改善农村贫困地区基本生产生活条件，修建完善的公路、桥梁、通信网络，支持修建小型公益性生产设施、小型农村饮水安全配套设施、水利灌溉设施。从缅甸政府出台的减贫具体项目和相关机构对项目的希冀与评价来看，其减贫需要面对的一个问题就是如何在农村生产和销售过程中建立一个完整的价值链，从而提供与之相配套的金融服务，否则缅甸的经济产值构成会一直囿于小农经济的粗放生产模式，减贫也只是原地踏步。所以重建一套功能性的农村银行系统势在必行，且其应当和促进资金流转的改革一道成为优先考虑的内容。这包括取消对私人银行借款给农民的限制；取消利率最高和最低限制；允许拥有强大供应链的国际银行进入缅甸市场；改革现有的缅甸农业发展银行；等等。[②]

（四）鼓励知识创新，推动技术变革

目前许多减贫战略文件制定存在一个普遍弱点，即将重点放在了财政上，对知识和技术的关注不足。作为一个典型农业国，当前缅甸减贫需要特别注重的一点就是增加在农业研发领域的资金投入。农业研发是生产率提高的"发动机"，然而缅甸的农业研发投入仅占域内其他国家的20%，当其邻国都在投资农业研发，促进农作物增产，建立现代物流体系和通信网络的时候，缅甸依然止步不前。[③] 缅甸的邻国中国在水稻亩产量上取得了令世界瞩目的进展，缅甸可从中国引进优良的作物品种，以提高农作物产出量，同时

[①] Soren Davidsen, Mohib, Saiyed Shabih Ali, Zin, May Thet, Boothe, Robert, Participating in Change: Public Sector Accountability to All, Feb. 1, 2016.

[②] Sean Turnell, "Wylie Bradford, Prioritising Agricultural Reform in Myanmar," *Kyoto Review of Southeast Asia*, September 14, 2013.

[③] Steven Haggblade, A Strategic Agricultural Sector and Food Security Diagnostic for Myanmar, Michigan State University and the Myanmar Development Resource Institute's Center for Economic and Social Development, July, 2013.

从其他脱贫国家、农业先进国家学习农作物种植技术。

　　鼓励知识创新和技术变革要求减贫工作将一部分注意力放在教育和人才培养上，青年人才的教育是减贫的根本和希望。根据联合国贸易和发展会议的数据，最不发达国家的女性（尤其是农村妇女）识字率更低，接受教育的时间也比男性短，这造成了女性在持续竞争力方面的弱势，如在获得和使用市场信息、服务，申请信用卡，医疗卫生方面。缅甸的教育水平十分低下。15～24 岁识字人口情况如图 4－2 所示，15 岁以上识字人口情况如图 4－3 所示，2015 年缅甸文盲人数和各年龄段人口识字率情况如表 4－1 所示。

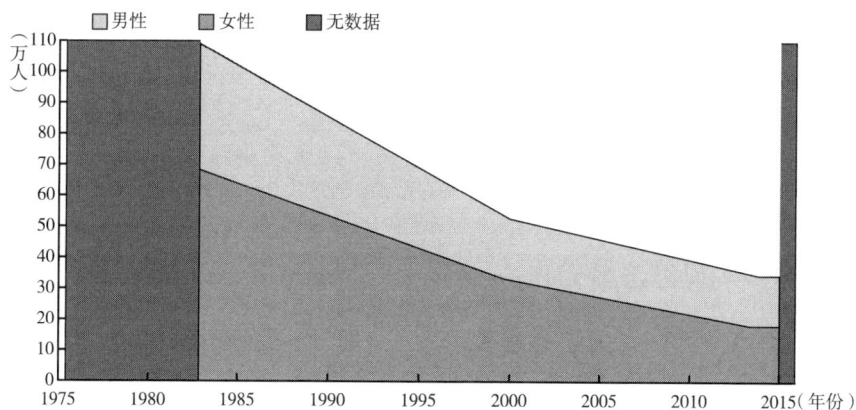

图 4－2　15～24 岁识字人口情况

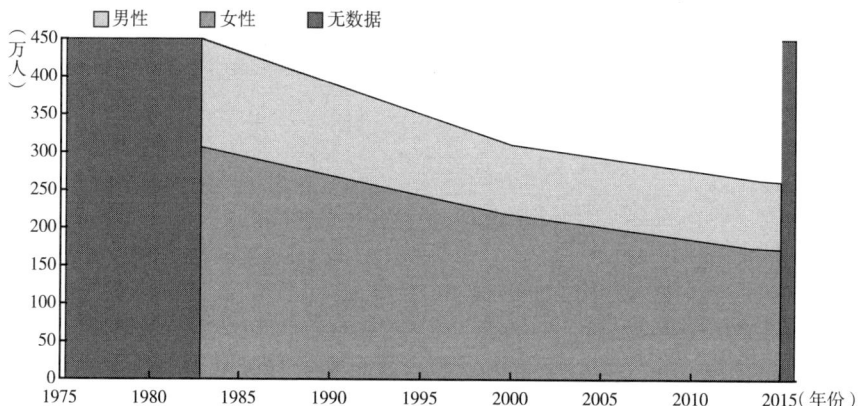

图 4－3　15 岁以上识字人口情况

表 4 - 1　2015 年缅甸文盲人数和各年龄段人口识字率情况

单位：人，%

指标		总共	男性	女性
文盲人数	15 ~ 24 岁	352250	175491	176759
	15 岁以上	2698209	911730	1786479
识字率	15 ~ 24 岁	96.33	96.34	96.32
	15 岁以上	93.09	95.17	91.15
	65 岁以上	82.54	90.97	76.14

资料来源：联合国教科文组织。

对教育的重视能在一定程度上减轻性别歧视和就业机会不平等，根据缅甸的《国家农村社区发展项目》计划，教育部将每年投向学校的奖学金从 40 万缅元提高到 1000 万缅元，这意味着更多的资源将流向学校，并且学校将在资源配置上获得更多的自主权。

（五）实现经济多元化

农业是减贫工作的重点和难点，但是农业不是一个国家发展经济的唯一选择。小农经济决定了农民缺少必要的资源来"犁出一条走出贫困的路"，减贫需要在农业领域之外创造大量的就业机会，如农商业、工业和服务业。[1] 缅甸拥有的自然资源十分丰富，如石油、天然气和玉石资源，除了最基本的资源开采作业之外，减贫项目完全可以和国家宏观发展目标相结合，如联合发展油气下游产业、玉石深加工和高级首饰定制等行业。缅甸的旅游资源也能够为其创造很多的工作岗位。

五　缅甸减贫交流合作的需求

（一）社会服务和基础设施建设合作

1997 年 12 月 15 日在马来西亚首都吉隆坡召开的东盟会议达成的合作

---

[1]　The Least Development Countries Report 2015, United Nations Conference on Trade and Development, 2015.

谅解备忘录中，东盟成员国一致同意建立东盟基金会，该基金会致力于支持提高教育、培训、健康和文化生活的水平，并为提高成员国人民的生活条件提供帮助，促进学术和科技合作，削减贫困等。东盟基金会实施的 121 个项目中的 43 个项目是关于削减贫困的，其中 34 个项目已经实施，总额达到430 万美元。① 在东盟区域内，由于成员国之间经济发展水平不同，缅甸需要和其他农业成员国柬埔寨、老挝进行减贫合作，主要是在农业种植领域。和其他转轨国家马来西亚、印尼和泰国则可以进行其他减贫交流，比如在工业和服务业方面进行合作。作为东盟内仅有的两个发展水平较高的国家，新加坡和文莱可以为缅甸在减贫资金、技术和相关法律上提供指导。

（二）进行减贫战略人才培养合作，借鉴他国经验

为了增强青年人才和农业合作在东盟区域一体化进程中的作用，东盟基金会和欧盟举行的圆桌对话为双方的农民组织和公民组织之间的潜在性合作提供了一个渠道。欧盟农业和农村发展委员会委员 Hogan 认为，家庭农场成员和小农通常都无法有效参与到现代商业和市场中去，他们接触到新型农耕方式的渠道也是有限的。所以在欧盟或东盟区域内，这种以家庭为单位的农业合作非常必要。② 而这只是缅甸减贫交流合作需求的冰山一角。

在战略制定方面，缅甸也需要和其他成功减贫的国家进行合作。这方面做得比较成功的一个国家是中国，在改革开放之后的 40 年时间里，中国一共有 6 亿多人口成功摆脱贫困，成为全球最早实现联合国千年发展目标中减贫目标的发展中国家。③ 而在 2016 年 6 月 22 日举行的第十届中国—东盟社会发展与减贫论坛上，东道国中国提出要在 "一带一路" 框架下加强减贫合作。据此缅甸可以引进减贫经验、技术和专家，将本国的减贫需求与域内大国的经济合作进行对接，引进援助资金和项目，推动国内减贫项目、事业的发展。除了资金和技术之外，缅甸还需要和国际社会在人才培养、改善医

---

① 　Dr. Filemon A, Uriarte, Jr., Poverty Alleviation Initiatives of the ASEAN Foundation, October 10, 2008.
② 　The European Union and Farmers Organizations in ASEAN Discussing the Opportunities and Challenges of Family Farming, ASEAN Foundation, November 7, 2016.
③ 　《习近平：凝聚共识同舟共济　不断深化减贫合作》，新华网，2015 年 10 月 16 日。

疗卫生状况方面进行合作。

从国际角度来说，贫困并不仅限于一个区域、一个国家，而是整个国际社会共同面临的问题。所以缅甸必须有减贫交流合作的宏观计划，与国际社会一起，携手对抗贫困。世界各国在削减贫困的进程中，积累了许多有用经验和教训；许多农业国的农业种植技术、水利设施技术和农村金融系统的成功建立，都是深受贫困烦扰的缅甸所需要的。从国内角度来说，减贫需要和其他国家展开交流与合作，制定切实的减贫合作发展规划，研究减贫机制的制定、资金的分配和人才的培养，这些都需要统筹各方的力量，整合各界资源。

（三）加强区域经济合作

拥有丰富的自然资源禀赋，但没有与之相匹配的开采和深加工技术，也是缅甸减贫取得突破性进展的拦路虎。缅甸如今的三个经济特区迪洛瓦、皎漂和土瓦经济特区的建设其实是很好的例子，通过与具有雄厚资金的外国企业、政府合作，开发缅甸的自然资源，既能吸引大量外国投资，改善国内基础设施条件，也能创造大量的工作岗位。经济特区和周边地区的发展有助于扩大就业和农产品市场，为农民工提供就业机会。在缅甸马奎省有 1/4 的家庭、在伊洛瓦底地区有 1/5 的家庭中至少一人进城务工，他们在建筑工地和餐馆等非正规部门打工。缅甸农民工进城务工绝大多数是为了改善生活，而不是由于家庭和教育原因：伊洛瓦底地区 74% 的家庭和马奎省 71% 的家庭都报告称进城务工的原因是为找到工作，而另外有 20% 的家庭称是迫于家庭面临的经济困境。[1]

经济的发展、就业岗位的增加，能为减贫工作提供最大的能量和活力。缅甸作为东盟和南盟十字路口，同时是中国西南方向的重要邻国，它的减贫战略可以和东盟、印度、中国的经济合作倡议进行对接，将地缘优势作为资本优势。

（四）为减贫计划获取资金、技术支持

缅甸虽一直遭受以美国为首的西方国家的经济制裁，但国际社会以人道

---

[1] Nikolas Myint, Growing Together: Reducing Rural Poverty in Myanmar, Policies for Shared Prosperity, World Bank, February 27, 2016.

主义援助为名目的对缅援助从来没有停止过。数据显示，缅甸 2011 ~ 2012 财年至 2015 ~ 2016 财年接受外国、国际组织等援助情况是：澳大利亚 2.1 亿美元、中国 5.2 亿元人民币及 100 万美元、丹麦 7200 万美元、英国 1.86 亿英镑、欧盟 3.7 亿欧元、日本 510 亿日元、瑞典 8200 万美元、瑞士 5000 万美元、美国 2.75 亿美元、亚行 9000 万美元、世界银行 8100 万美元、联合国儿童基金会 6800 万美元等。[①] 还有其他国家和国际组织提供的援助未列入其中。

2011 年 11 月 1 日，中缅在缅甸掸邦木姐县召开了替代发展合作部长级会议，该会议主要内容是探讨缅北地区罂粟替代种植的现状、存在的困难，两国就深入展开合作达成一致意见，中国政府采用多种方式鼓励本国企业到缅北开展替代种植工作，减少烟农对罂粟种植的依赖，带动当地经济和社会发展。据统计，中方在缅替代种植企业 100 多家，投资 10 亿多元，替代作物涵盖橡胶、玉米、甘蔗和热带水果等 40 个品种，累计替代种植面积 200 多万亩，缅北受益人群超过 13 万人，项目还带动改善了当地的道路、桥梁、房屋、饮水、学校、卫生所等基础设施建设状况，取得了明显成效。[②]

减贫工作不是一个孤立的存在，它需要缅甸政府在统筹中央和地方力量的同时，将国际社会的援助、其他国家的经验教训结合起来，制定一个层次分明、条理清晰的减贫战略，并整合各方资源保证减贫项目顺利实施。对于国际社会来说，保证对缅减贫援助的连续性和有效性，在对缅甸的减贫工作给予技术支持的同时，要和适当的公共服务监督联系起来，保证减贫工作落实到位。

参考文献

［1］宋志辉：《印度农村反贫困研究》，巴蜀书社，2011。
［2］杨文武：《印度政府反贫困的政策》，《南亚研究季刊》1997 年第 4 期。

---

① 数据来源：中华人民共和国驻缅甸联邦共和国大使馆经济商务参赞处，2014 年 3 月 19 日。
② 资料来源：《中缅替代发展合作部长级会议在缅甸掸邦木姐召开》，中华人民共和国中央人民政府官网，http://www.gov.cn/gzdt/2011-11/01/content_ 1983652.htm，2011 年 11 月 1 日。

[3] 廖卫平：《独立以来印度政府农村反贫困政策研究》，云南大学硕士学位论文，2006。

[4] 吴臣辉：《论印度农村反贫困过程中的农业保险》，《江西农业学报》2007 年第11 期。

[5] 贺俊程：《印度的扶贫政策实践》，《经济生活文摘月刊》2012 年第 4 期。

[6] 老挝国家农村发展与消除贫困委员会：《2011—2015 年农村发展和消除贫困计划执行情况概述》，2015。

[7] 苏力丰（Soulifoun Bounmyxay）：《老挝国家的贫困问题与减贫对策研究》，广西大学硕士学位论文，2015。

[8] 徐延春：《谈老挝经济及其发展战略》，《东南亚纵横》2006 年第 12 期。

[9] 陈定辉：《老挝 2015 年回顾与 2016 年展望》，《东南亚纵横》2016 年第 1 期。

[10] 李仙娥、王春艳：《国外农村剩余劳动力转移模式的比较》，《中国农村经济》2004 年第 5 期。

[11] 王海：《财政支出减贫：机理分析与政策启示》，《河南师范大学学报》（哲学社会科学版）2013 年第 3 期。

[12] 靳友雯：《老挝经济特区与专业经济区浅析》，广西大学中国东盟研究院，2014 年 4 月 17 日。

[13] 王红彦、高春雨等：《易地扶贫移民搬迁的国际经验借鉴》，《世界农业》2014 年第 8 期。

[14] 曹丽娜、黄荣清：《东盟各国的人口转变与人口政策——兼论对中国计划生育的启示》，《人口与发展》2015 年第 2 期。

[15] 李和中、黄进杰：《老挝公务员制度建设与政府能力提升研究》，《社会主义研究》2016 年第 3 期。

[16] 康未来：《老挝农村金融研究》，吉林大学博士学位论文，2012。

[17] 冯蕾：《老挝农村地区小学教育政策研究》，广西民族大学硕士学位论文，2014。

[18] 伍昕、吴萍：《老挝北部 9 省农副产品加工业发展探析》，《东南亚纵横》2008 年第 6 期。

[19] 朱延浙、吴军、崔子良、严城民：《老挝北部地区矿产资源与成矿预测》，《矿产与地质》2007 年第 6 期。

[20] 龚秀萍、张思竹、张焱：《老挝北部九省主要农作物优势分析与区域布局》，《西南农业学报》2011 年第 3 期。

[21] 张念：《老挝矿产资源概况及中老矿业合作开发前景》，《铜业工程》2015 年第 4 期。

[22] 沈娅莉：《少数民族地区贫困循环的成因及对策研究》，《云南财经大学学报》2012 年第 4 期。

[23] 吴全全：《老挝、泰国、越南职业教育发展的研究》，《职教论坛》2004 年第 22 期。

[24] 许红艳：《老挝的民族问题和民族政策》，《曲靖师范学院学报》2010 年第 2 期。

［25］孙文桂：《老挝国家教育概况及存在的问题研究》，《广西青年干部学院学报》2015 年第 6 期。

［26］袁同凯：《老挝基础教育改革评述》，《云南民族大学学报》（哲学社会科学版）2012 年第 6 期。

［27］孟凡华、陈衍：《中国 – 东盟布局职业教育合作与发展》，《职业技术教育》2012 年第 30 期。

［28］左常升：《缅甸减贫概要》，载《世界各国减贫概要》（第一辑），社会科学文献出版社，2013。

［29］Bhagwati, Panagariya, "Why Growth Matters: How Economic Growth in India Reduced Poverty and the Lessons for Other Developing Countries," *Public Affairs*, 2013.

［30］Why India's Poverty Rate Has Fallen to 12. 4%, Rediff October 6, 2015, Retrieved July 14, 2016.

［31］Asian Development Bank, Poverty in India, Retrieved November 21, 2016, https: //www. adb. org/countries/india/poverty.

［32］2014 Poverty Guidelines US Department of Health and HumanServices, 2014.

［33］"New Poverty Formula Proves Test for India," *The Wall Street Journal*, July 27, 2014.

［34］"Poverty in India," *Economic and Political Weekly*, Epw. in January 2, 1971, Retrieved May 22, 2014.

［35］Agarwal, Vibhuti, "India Hits Its U. N. Poverty-Cutting Target, But Misses Others," *The Wall Street Journal*, February 5, 2015.

［36］Chakravarty, Manas, The World Bank on India's Poverty, October 13, 2014.

［37］Pimhidzai Obert, Fenton, Nina Clare, Souksavath, Phonesaly, Sisoulath, Vilaysouk, *Poverty Profile in Lao PDR: Poverty Report for the Lao Consumption and Expenditure Survey* 2012 – 2013 (Washington D. C. : World Bank, 2014).

［38］Warr P. G. , Rasphone S. , Menon J. , "Two Decades of Rising Inequality and Declining Poverty in the Lao People's Democratic Republic," *Social Science Electronic Publishing*, 2015.

［39］Ravallion Martin, *Pro-Poor Growth: A Primer* (Washington D. C. : World Bank, 2004).

［40］Luang Namtha, *Implementation of the Plan for Developing Education in Year* 2005 – 2006 [Luang Namtha (Lao PDR): Provincial Education Department, 2000].

［41］Christina Cho, Poverty in Myanmar, The Borgen Project, http: //borgenproject. org/poverty-myanmar/, Jan. 6, 2015.

［42］Nikolas Myint, Reena Badiani, Growing Together: Reducing Rural Poverty in Myanmar, Jan. 2, 2016.

［43］Poverty Analysis, Interim Country Partnership Stratege: Myanmar 2011 – 2014, Asian Development Bank, October, 2012.

［44］Myanmar Overview (2013), The World Bank, http: //www. worldbank. org/

en/country/myanmar/overview, November 14, 2016.

[45] Policy Note, Energizing Myanmar: Enhancing Access to Sustainable Energy for All, UNCDF (2015), Myanmar: Agricultural Finance: Making Access Possible, Study Prepared by FinScope Myanmar for the United National Capital Development Fund.

[46] Pampio, Raymundo, *General Sociology: Focus on the Philippines* (4th Edition), (Quezon City: KEN Inc., 2004), p. 398.

[47] Daw Win Myint, Policies for Growth and Development ofMyanmar, May, 2013.

[48] Lorraine Corner, Rural Development and Poverty Alleviation in ASEAN, A Gender Perspective, Bangkok, October 20, 1997.

[49] Framework for Economic and Social Reforms, Policy Priorities for 2012 – 2015 towards the Long-term Goals of the National Comprehensive Development Plan, October 14, 2012.

[50] Délice Williams, "What are Causes of Global Poverty?" *The Borgen Project*, Jun. 25, 2013.

[51] William Boot, Prospects and Problems for Burma's Economic Growth, KBZ Bank, January 5, 2015.

[52] Marie Chene, "Overview of Corruption in Burma," *Transparency International*, March 23, 2009.

[53] Steven Haggblade, A Strategic Agricultural Sector and Food Security Diagnostic for Myanmar, Michigan State University and the Myanmar Development Resource Institute's Center for Economic and Social Development, July, 2013.

[54] Soren Davidsen, Mohib, Saiyed Shabih Ali, Zin, May Thet, Boothe, Robert, Participating in Change: Public Sector Accountability to All, Feb. 1, 2016.

[55] Dr. Filemon A. Uriarte, Jr., Poverty Alleviation Initiatives of the ASEAN Foundation, October 10, 2008.

第 5 章 中国 – 柬埔寨旅游减贫研究

广西大学中国—东盟研究院柬埔寨研究所[*]

一 柬埔寨旅游业现状

柬埔寨地处中南半岛，具有热带和亚热带气候，旅游资源十分丰富。首都金边有塔仔山、王宫等名胜古迹；北部暹粒省吴哥王朝遗址群的吴哥窟是世界七大奇观之一；位于磅逊湾东南岸的西哈努克市依山傍海、绿树白沙、蓝天碧水，令人心旷神怡；位于贡布省南部的白马市有美丽宽阔的海滨浴场，素有柬埔寨"南海明珠"的美称；山城卜哥市以松涛、瀑布、名花、怪石和凉爽气候成为柬埔寨著名的风景区和避暑胜地；位于磅士卑省西部的基里隆市浓荫蔽日、飞瀑流泉，景色迷人，也是著名的避暑胜地。此外，吸引外国游客的还有柬埔寨的原始森林、鸟类天堂、海豚湾和东南亚最大的淡水湖——洞里萨湖。连年战乱的结束和国内政局的逐渐稳定，使柬埔寨旅游业得到了恢复和较快的发展。

《世界旅游观》认为，柬埔寨生态旅游业的增长率代表着贫困地区就业潜力，在未来几十年其将增长20%，远远高于5%的世界平均水平。柬埔寨全国的主要旅游景点有1300余处，旅游设施欠完善，发展相对滞后，还有许多有潜力的生态旅游区未得到开发。目前，柬埔寨旅游业已大致分为文化历史旅游和生态旅游两部分，柬埔寨政府将旅游业作为政府优先发展领域和吸引外资的重点鼓励领域，给予相关的优惠政策。

广西大学中国—东盟研究院柬埔寨研究所。

2014 年柬埔寨共接待外国游客 450 万人次，同比增长 7%。前三大入境客源国分别为：越南（90.6 万人次）、中国（56 万人次）、老挝（46 万人次）。2014 年柬埔寨旅游收入超过 25 亿美元，约占 GDP 的 15.4%。自 2011 年 7 月柬埔寨沿海四省被纳入世界最美海滩俱乐部以来，柬埔寨政府高度重视沿海各省旅游业的发展，努力推动国内旅游链条延伸，开展了以"清洁、绿色"为主题的清洁旅游城市竞赛和"一名游客一棵树"等活动，制定了2015 年实现"无废弃塑料袋海滩"的目标，积极宣传、推介旅游项目，加强沿海区域管理法等相关法律法规的执行力度，禁止污染项目进入，改善旅游设施，成立旅游监督队伍，提高旅游质量。2016 年柬埔寨凭借丰富的文化遗产、自然风光和社会安全性，获得由欧洲旅游和贸易理事会评选并颁发的 2016 年度世界最佳旅游目的地奖。柬埔寨还提出"柬埔寨：神奇王国"的旅游口号，借助吴哥窟和柏威夏寺等世界文化遗产的影响力，积极开发原始海岸线及其他生态旅游资源，不断丰富到访游客的选择。与此同时，政府正在推出多项举措，不断完善旅游基础设施，提高旅游服务水平，以吸引更多国际游客，特别是中国游客。

总体而言，柬埔寨旅游业无论是旅游景点的布局和规划、基础设施的建设，还是旅游市场管理的规范化，旅游人才的培养等诸多方面都已经取得了显著成效，访柬游客日益增多，旅游收入逐年增加，旅游业已经成为柬埔寨国民经济的重要支柱产业。

（一）到柬埔寨旅游的国际游客现状

在入境游客人数中，越南排第一，中国排第二。2014 年柬埔寨对中国实行落地签证，极大地推动了中国公民赴柬旅游，中国游客增加了 20%，直接带动了柬埔寨航空市场的发展。柬埔寨机场 2014 年载客量增加 13%，成为东南亚成长最快速的机场。12 月中国与柬埔寨签署《旅游产业战略合作协议》，标志着双方资源共享、优势互补和合作共赢的旅游局面正在形成。据统计，2015 年到访柬埔寨的游客达到 480 万人次，同比（2014 年 450 万人次）增长 6.7%，其中 75% 来自亚太地区，其余的来自欧洲、美国、非洲和其他国家。

西哈努克省、暹粒省是游客的主要目的地。1993～2015 年访问柬埔寨的国际游客人数呈逐年上升趋势（除 1997 年东南亚金融危机，2003 年受非典影响国际游客人数下降外），年均增长率保持在 19.4%，人均停留天数为 6.33 天，但值得我们注意的是，2014 年和 2015 年访问柬埔寨的国际游客人数增长幅度下降较大，年增长率分别为 7.0% 和 6.1%（见表 5 - 1）。

表 5 - 1　1993 ~ 2015 年访问柬埔寨的国际游客状况

年份	国际游客人数（人次）	变化率（%）	平均停留时间（天）	酒店入住率（%）	旅游收入（百万美元）
1993	118183	—	—	—	—
1994	176617	49.4	—	—	—
1995	219680	24.4	8.00	37.0	100
1996	260489	18.6	7.50	40.0	118
1997	218843	- 16.0	6.40	30.0	103
1998	286524	30.9	5.20	40.0	166
1999	367743	28.3	5.50	44.0	190
2000	466365	26.8	5.50	45.0	228
2001	604919	29.7	5.50	48.0	304
2002	786524	30.0	5.80	50.0	379
2003	701014	- 10.9	5.50	50.0	347
2004	1055202	50.5	6.30	52.0	578
2005	1421615	34.7	6.30	52.0	832
2006	1700041	19.6	6.50	54.8	1049
2007	2015128	18.5	6.50	54.8	1400
2008	2125465	5.5	6.65	62.7	1595
2009	2161577	1.7	6.45	63.6	1561
2010	2508289	16.0	6.45	65.7	1786
2011	2881862	14.9	6.50	66.2	1912
2012	3584307	24.4	6.30	68.5	2210
2013	4210165	17.5	6.75	69.5	2547
2014	4502775	7.0	6.50	67.6	2736
2015	4775231	6.1	6.80	70.2	3012

资料来源：笔者根据《〈为中国而准备〉柬埔寨王国旅游业白皮书》，柬埔寨王国驻华大使馆商务处，2016；《"四角发展战略"与"一带一路"倡议》，柬埔寨王国驻华大使馆商务处，2016 整理而成。

通过分析 2011 ~ 2016 年访问柬埔寨国际游客季度情况（见表 5 - 2），我们不难发现，首先第四季度入境游客基本上最多，其次是第一季度，再次是第三季度，最后是第二季度，呈现这种现象的主要原因是：柬埔寨 10 月到次年 2 月这段时间内温度在十几摄氏度，就如同中国秋天的气候，比较适宜出游。而 3 月到 5 月这段时间属于柬埔寨的旱季，天气炎热降雨量极少，6 月到 8 月这段时间虽然降雨量多，但温度较高，基本维持在 30 摄氏度以上，不适合游客到景区参观游览。从季度增长率来看，呈现逐年降低的态势，以 2015 年为例，第一季度和第四季度下降幅度较大，虽然第二季度和第三季度呈现增长态势，但增长幅度较小。

表 5 - 2   2011～2016 年访问柬埔寨国际游客季度情况

单位：人次，%

指标	2011 年	2012 年	2013 年	2014 年	2015 年	2016 年	变化率				
							2012 年/2011 年	2013 年/2012 年	2014 年/2013 年	2015 年/2014 年	2016 年/2015 年
第一季度	778467	995210	1172072	1267922	1307836	1342477	27.8	17.8	8.2	3.1	2.6
1 月	274471	350257	404106	442045	460577	466086	27.6	15.4	9.4	4.2	1.2
2 月	255499	321870	385760	425801	430207	448468	26.0	19.8	10.4	1.0	4.2
3 月	248497	323083	382206	400076	417062	427923	30.0	18.3	4.7	4.2	2.6
第二季度	606562	761442	920527	933446	994154	1018455	25.5	20.9	1.4	6.5	2.4
4 月	223032	277304	327000	332690	361139	367684	24.3	17.9	1.7	8.6	1.8
5 月	190258	233220	292115	300302	314748	320601	22.6	25.3	2.8	4.8	1.9
6 月	193272	250918	301412	300454	318267	330170	29.8	20.1	- 0.3	5.9	3.7
第三季度	699760	820888	964612	998690	1044880	—	17.3	17.5	3.5	4.6	—
7 月	239527	284282	338761	340091	364325	—	18.7	19.2	0.4	7.1	—
8 月	250429	293859	342064	347211	366096	—	17.3	16.4	1.5	5.4	—
9 月	209804	242747	283787	311388	314459	—	15.7	16.9	9.7	1.0	—
第四季度	797073	1006767	1152954	1302717	1428361	—	26.3	14.5	13.0	9.6	—
10 月	233190	290959	334410	390637	408922	—	24.8	14.9	16.8	4.7	—
11 月	265539	333482	386737	411501	444640	—	25.6	16.0	6.4	8.1	—
12 月	298344	382326	431807	500579	574799	—	28.1	12.9	15.9	14.8	—
总计	2881862	3584307	4210165	4502775	4775231	—	24.4	17.5	7.0	6.1	—

资料来源：笔者根据《〈为中国而准备〉柬埔寨王国旅游业白皮书》，柬埔寨王国驻华大使馆商务处，2016；《"四角发展战略"与"一带一路"倡议》，柬埔寨王国驻华大使馆商务处，2016 整理而成。

（二）到柬埔寨旅游的中国游客现状

柬埔寨作为东南亚历史悠久的文明古国，旅游资源极为丰富，不仅拥有沙滩、海岸美景、热带雨林等迷人的自然风光，而且还拥有古老独特的历史文化遗产，神秘浓郁的民族风情吸引着大量中国游客前来观光游览。除此之外，由于两国政府的全面战略合作，到柬埔寨旅游和赴柬埔寨投资的中国人逐年递增。

1. 访问柬埔寨的中国游客现状

2013 年，访问柬埔寨的中国游客人数为 568691 人次，较 2012 年增长 30.74%，2014 年高达 667710 人次，较 2013 年增长 17.41%，2015 年高达 809319 人次，较 2014 年增长 21.21%（见表 5 - 3）。

表 5 - 3　2000~2015 年访问柬埔寨的中国游客情况

年份	中国游客人数（人次）	中国游客增长率（%）	中国游客占国际游客比重（%）	排名（位）
2000	52212	14.11	11.20	2
2001	55100	5.53	9.11	2
2002	61376	11.39	7.80	4
2003	66750	8.76	9.52	6
2004	66687	- 0.09	6.32	8
2005	67678	1.49	4.76	7
2006	168599	149.12	9.92	5
2007	239328	41.95	11.88	5
2008	215946	- 9.77	10.16	5
2009	204217	- 5.43	9.45	5
2010	273243	33.80	10.89	3
2011	350826	28.39	12.17	3
2012	434987	23.99	12.14	3
2013	568691	30.74	13.51	2
2014	667710	17.41	14.83	2
2015	809319	21.21	16.95	2

资料来源：笔者根据《〈为中国而准备〉柬埔寨王国旅游业白皮书》，柬埔寨王国驻华大使馆商务处，2016；《"四角发展战略"与"一带一路"倡议》，柬埔寨王国驻华大使馆商务处，2016 整理而成。

由表 5 - 3 可以看出，赴柬埔寨旅游的中国游客人数，除 2003 年"非典"原因外，其他年份均呈现增长态势，这对促进柬埔寨经济增长做出了极大贡献，比如提高就业率、增加柬埔寨旅游部门和旅游从业人员的收入等。另外，随着中国游客的迅速增长，中国与柬埔寨两国之间的航班也快速增加，从而促进了柬埔寨航空运输业的发展。目前，到柬埔寨旅游的中国游客搭乘航空交通工具的占90%，乘坐陆路和水路交通工具的占10%。

2. 柬埔寨旅游交通现状

（1）公路

公路运输机动灵活性强，时间随意性大，交通设施限制少，不容易受环境因素的制约，是一种基本上"无处不到"的交通方式，承载了柬埔寨65%的客运量和70%的货运量，是柬埔寨最重要的交通方式。长年内战和斗争等历史问题是柬埔寨公路基础设施建设发展缓慢的一个重要原因，资金和技术严重不足、气候和环境对公路的破坏是影响柬埔寨新路建设的重要因素。

柬埔寨有7条国道，最主要的公路有4条，是双向车道的水泥/沥青路。截至2014年底，柬埔寨路网总长度约52239公里，包括国道5622公里，省级公路6617公里，农村公路40000公里，无高速公路。公路网以首都金边为中心，柬埔寨近年已修复建成16条对外联系的公路：通往柬越边界的1号、2号、3号、8号、21号、72号、74号和78号8条公路，通往泰国的5号、48号、57号、62号、67号和68号6条公路，通往老挝的7号公路，通往西哈努克港的4号公路。公路密度为0.25千米/平方公里；沥青路面公路密度极低，仅为0.011千米/平方公里，国道主要是以首都金边为中心，基本达到中国三级公路标准，沥青路面铺设。许多国家向柬埔寨的公路建设伸出援助之手，主要有投资、援建、提供贷款和无偿贷款等方式。其中中国是主要的援助国家，较大的项目有6号公路（72公里）的扩建项目、7号公路（198公里）修复项目、合计712.26公里的57号公路项目、3762号公路项目、57B号公路改建扩建工程、水净化新桥项目、41号公路项目和44号公路项目。越南、日本、泰国也参与过援建或提供过贷款。

（2）铁路

铁路运输是现代化运输的重要方式，具有运输量大、速度较快、货运成本低的特点。柬埔寨的公路运输压力巨大，矿产业的发展和大型建设设备的运输对铁路建设有迫切要求。

在柬埔寨，铁路运输的主要产品有：石油、水泥、化肥、容器、建材、农产品、大米、糖及其他。由于铁路年久失修，火车运行的最大速度为 20～30 公里每小时。由于信号信息系统不健全，每条线路每天只有 1 个车次，所有交叉线路算起来有 3 个车次。

柬埔寨仅有南北两条铁路交通线，总长 655 公里，均为单线铁轨。北线从金边至西北部城市诗梳风，全长 385 公里，建于 1931 年；南线从金边至西哈努克港，全长 270 公里，建于 1960 年。由于多年战乱及年久失修，上述两条铁路基本处于瘫痪状态。柬埔寨无客运列车，仅有的一条货运列车平均时速仅 20 公里，主要是向金边运输发电机用油、水泥和大米，向西哈努克市运输出口木材和石料。为改善柬埔寨铁路运输状况，提高运输能力，部分修复工作已经在原轨道的基础上展开。2010 年起柬埔寨政府利用亚洲开发银行的低息贷款和澳大利亚政府提供的无偿援助，开始修复现有两条铁路，并新建一条 48 公里的铁路，总耗资 1.4 亿美元。2012 年 12 月 28 日，南线铁路——金边西港 256 公里铁路运输线正式启用，时速 30 公里，北部337 公里连接金边和班迭棉吉省波比市和泰国的铁路分阶段启用。但由于条件限制，在北线铁路运行中，火车通过桥梁被限制在 10～15 公里每小时的低速，而南线铁路在实际运行中的最大承载值规定为 15 吨。目前，柬埔寨积极寻求外国和国际组织的援助，计划修建 Batt Doeun 至 Loc Ninh 铁路，并与中国签订了以柏威夏省为起点，向南经磅通、磅清扬、实居，终点为戈公省沙密港的铁路。

（3）空运

柬埔寨是东南亚航空事业最落后的国家之一，其现状是机场小、飞机少、运力低下。柬埔寨空运主要为客运，货运不发达，柬埔寨共有 11 个机场，包括金边和暹粒两个国际机场，主要航空公司有暹粒航空公司、吴哥航空公司。此外，西哈努克市、马德望省、拉达那基里省、蒙多基里省、上丁省和戈公省也建有简易机场。由于柬埔寨政府实行航空开放政策，近年来，开通柬埔寨航线的航空公司数量稳步增长。金边机场现运营至中国大陆、中国香港、中国台湾、马来西亚、新加坡、泰国、越南、韩国八个国家/地区的航线。中国至柬埔寨的主要航线包括：北京—广州—金边、昆明—南宁—金边、香港—金边、上海—金边、台北—金边、济南

—重庆—金边/暹粒、上海—昆明—暹粒。从航空出港量和游客集散量来看，航空出港量年度变化不稳定，呈现"W"形曲线，国内出发和国内到达的乘客处于较低水平，乘客以游客为主。目前，为满足国内外游客需求，柬埔寨政府和法国、马来西亚合作对暹粒国际机场和金边国际机场进行了扩建。

（4）水运

柬埔寨水运分为海运和河运，海港主要有西哈努克港、云壤港和戈公港，其中西哈努克港是柬埔寨唯一的深水海港，为国际港口，目前有 2 个泊位，码头长度分别为 240 米和 160 米，该港海运线路可抵达美国、欧盟、中国内地、中国香港、印度尼西亚、日本、马来西亚、菲律宾、新加坡、泰国、越南等国家和地区（多通过新加坡中转）。柬埔寨内河航运以湄公河、洞里萨湖为主，主要河港有金边、磅湛和磅清扬。雨季 4000 吨轮船可沿湄公河上溯至金边，旱季可通航 2000 吨货轮。目前湄公河不同河段可通航的船只、货轮水平不一，上下游航运还不能直通，中上游昌盛以下段只能通过小汽艇和小轮船，金边以下段可以通行 3000 吨海轮，作为东南亚最大的淡水湖，洞里萨湖的交通能力受雨季、旱季影响较大，游客中转功能未得到有效发挥。

较海洋运输而言，柬埔寨的内河运输处于主要地位。水上运输是柬埔寨的甘榜公社（乡村社区）的生命线。在既有水路上运输所需的投入比修建公路和铁路要少，运用水路运输对周围生态环境的破坏较小，许多水上交通工具比陆地交通工具更能节省能源、减少废气的排放，因此，充分利用现有水路进行货运活动（特别是集装箱货运）具有很大的发展潜力。对水路进行维护和投资不仅能达到发展水路运输的目的，还能促进其他方面的发展，包括供应农业灌溉用水、工业用水、发电用水，以及防洪和旅游。

目前，柬埔寨正积极借助国际援助，建设港口。2011 年 3 月，柬埔寨新建金边港集装箱码头项目开工，新码头将新增 2 个 5000 吨级集装箱泊位，设计年集装箱吞吐量为 30 万标箱。新金边港码头在湄公河沿岸，距离金边市区仅 21 千米，建成后将补强金边港口物流的短板，大大提升综合物流能力。

（5）通信

在电话方面，柬埔寨邮电通信部是柬埔寨电信行业决策和管理部门。全国共有非移动电话公司 8 家，国际通信服务运营商 3 家，移动服务运营商 7 家。柬埔寨共有 2 条国际电话端口，国际电话服务费用占邮电通信部收入的 85% 左右，是政府主要收入来源之一。国际电话成本虽已降低 1/4 ~ 1/3，但价格仍然偏高。在"大湄公河流域次区域电信发展计划"框架下及外来投资的推动下，柬埔寨正在加快落实和实施光缆发展计划，该项目完成后，光缆及相应配套设施将覆盖全国，届时将大幅改善通信条件和质量，降低通信成本。

在互联网方面，经加拿大国际发展研究中心协助，互联网服务于 1997 年引入柬埔寨，由邮电通信部下设的 CamNet 公司负责提供互联网接入服务。柬埔寨现有 30 余家网络服务公司，15 家网络电话公司。2012 年互联网用户达到 270 万人，同比增长 68%，约占全国人口的 20%。

（6）电力

工业矿产能源部数据显示，2014 年，柬埔寨全国电力供应为 48.73 亿度，同比增长 70.3%。其中，国内发电 29.2 亿度，同比增长 13.4%（其中水电 18.41 亿度，全为中国 BOT 投资水电站项目所发，同比增长 70.3%），从泰国、越南、老挝引进 19.2 亿度。在柬埔寨大部分城市和农村地区，电力供应质量仍不稳定，无法保证 24 小时供电。供电价格远高于国际标准，电价为 0.25 ~ 0.88 美元/千瓦时。柬埔寨政府正在制定电力中期规划，通过建设大型火电及天然气厂实现能源供应多元化，减少对石油的依赖，降低发电成本，计划开发所有具备潜力的水电站。柬埔寨拥有巨大的水电潜能，高达 1 万兆瓦，目前建成及正在建设中的水电站发电能力只占 1 万兆瓦总蕴藏量的 13%。柬埔寨计划到 2020 年将电网覆盖全国，总长度从 2010 年的 554 公里增加至 2020 年的 2106 公里，到 2020 年，实现村村通电；到 2030 年，实现 70% 的乡村家庭能用上电。

除此以外，在基础设施发展规划上，2013 年 9 月新成立的柬埔寨第五届王国政府发布了《四角发展战略第三阶段政策》，确定了今后五年四大优先发展领域。一是发展人力资源，加大对专业技术工人的培养，制定适应劳工市场的法律规章，设立职业培训中心等。二是继续投资基础设施和建设商业协调机制，加大对交通设施的投入，建设具有灵活性的商业协调机制，加大能源开发力度，推动互联互通。三是继续发展农业和提高农业附加值，推动大米出口、大米增值，推动畜牧业和水产养殖业发展，鼓励企业投资农产品加工业，提高农业的现代化和商业化水平。四是加大国家机构的良政实施力度，提高公共服务效率，改善投资环境，继续推进司法体系改革，保障社会公平和国民权利；继续推进公共行政改革，强化监督机构职能；继续深入实施公共财政改革计划，确保国家预算的分配和使用；加大吸引投资力度，鼓励经济特区的实施和运作。公路是柬埔寨运输的主要方式，近年来，柬埔寨政府一直把交通基础设施作为优先发展领域，其中公路、桥梁建设是重中之重。由于财力有限，柬埔寨政府在修路标准方面希望"少花钱，多通路"，首先考虑把公路修通。在资金方面，各发展伙伴援助和贷款是主要来源。尽管目前柬埔寨还没有高速公路，但各界对此期望强烈，首选目标是金边至西哈努克港的高速公路。在铁路方面，在修复现有铁路的同时，柬埔寨政府更为关注的是新建泛亚铁路东线柬埔寨境内缺失段（柬埔寨巴登至越南禄宁铁路全长为257公里）。根据东盟互联互通总体规划，该缺失路段应在2015年东盟共同体建成时竣工。由于资金量较大，目前尚无一方表态参与建设。柬埔寨政府为此十分焦急，担心国内无法落实导致泛亚铁路改线绕开柬埔寨。电网是目前中资企业对柬埔寨投资的主要领域。由于柬埔寨没有全国电网，国内供电系统是由若干独立的供电子系统组成的，各子系统之间没有一个高压主输变电线路连接，很可能出现水电站产生的电力输送不出去的情况。根据柬埔寨电力规划，全国范围内计划建设三大主电网，以降低供电成本，完成"2020年将电力覆盖到全国，2030年使全国70%的家庭有电用"的目标。柬埔寨对外方参与当地基础设施投资没有限制。负责基础设施建设的主要政府部门有公共工程与运输部、工业矿产能源部和邮电通信部。

3. 柬埔寨旅游景区现状

（1）金边古迹群

首都金边始建于1372年，是柬埔寨的历史文化名城，1434年开始作为国都，1867年以后成为柬埔寨固定的首都。金边建在湄公河冲积平原上，地势十分平坦，位于柬埔寨中部，大部分建筑都是法国殖民者在 19 世纪建造的，也有为数不多的柬埔寨风格的大型建筑。主要名胜有王宫和塔仔山。

塔仔山位于金边市中心诺罗敦大街北端，是金边的发祥地。山高近百米，山顶有一座高 30 米的圆锥形塔尖，旁边拱立着 4 座小塔，塔旁是奔寺，内供有"奔夫人"之像，是金边的象征之一。传说是一名叫"奔"的女子拾到一尊因发洪水顺湄公河漂流至此的佛像，于小山上修庙供奉，并逐渐使金边发展成繁华的城镇。塔仔山是市内的最高点，登上山顶，可俯瞰整个金边市。山下绿草如茵，树木郁郁葱葱的地方为塔仔山公园。

王宫坐落在金边塔著名的四壁湾，占地 16 万平方米，始建于 1434 年。王宫是一组色彩鲜明、具有东方特色的斗拱飞檐式建筑，由 20 余座大小宫殿组成。建筑极具高棉传统风格和宗教色彩，多为黄、白两色，黄色代表佛教，白色代表婆罗门教。金殿为国王御座所在的正殿，陈列着超过 1000 公斤的黄金御用饰品，极显富丽堂皇。银殿又称玉佛寺，是国王家族拜佛之地，地面由 4700 多块镂花银砖砌成，殿内供奉的玉佛高约 60 厘米，由整块晶莹剔透的翡翠雕刻而成，被视为柬埔寨的国宝。回廊上是仿吴哥窟浮雕，其以历代王朝功绩和宗教故事为题。

（2）吴哥古迹

吴哥古迹坐落在柬埔寨西北暹粒省，暹粒位于古吴哥王国的中心，是柬埔寨的第二大城市。暹粒的主要街道均是林荫大道，两侧的建筑具有法式殖民地的风格。城中其他地方可以看到坑坑洼洼的街道，和柬埔寨绝大多数城镇一样。暹粒城周围绿树成荫，郁郁葱葱。几百座吴哥庙宇坐落在热带阔叶林中，为该地区的风景锦上添花。

吴哥古迹是由大小 600 多座精美石刻浮雕和雄伟石塔构成的石砌建筑群，它经柬埔寨吴哥王朝各代国王陆续兴建，散布在吴哥地区方圆 45 平方公里密林之中。吴哥建筑群主要包括吴哥通、吴哥窟、巴戎寺、空中宫殿、巴肯寺、女王宫、圣牛殿、东池以及西池等数百座建筑物。

吴哥通，又称大吴哥，占地大约 10 平方公里，由吴哥王朝最伟大的国王阇耶跋摩七世所建。王城以巴戎寺为中心，周围是 8 米高、12 公里长的城墙，外层环绕着一条 100 米宽的护城河，据说河里有鳄鱼。王城有五扇大门，北、西、南三方各有一扇，东面则有两扇。大门高 20 米，以象鼻作为装饰，顶端有四个巨大的观世音菩萨头像面对主要的方向。每扇门前都排列着 54 个天神像和 54 个恶魔雕塑。城内庙宇、宝塔、皇宫等建筑鳞次栉比，尽显雄伟庄严之气。

巴戎寺是王城中央的主体建筑，由蜿蜒的走廊、陡峭的台阶以及 54 座哥特式石塔构成，建于三层方形台阶上，主塔高 43 米，周围由 16 座高 10 多米的配塔环绕，每座塔的四面都刻有神态各异、面带微笑的佛像，塔的壁面雕满了各种佛教图案，十分华丽神秘。

女王宫位于吴哥城东北 25 公里，修建于阇耶跋摩五世时期，长 200 米，宽约 100 米，是吴哥最古老且最具有印度风格的建筑之一，内有许多堪称东方维纳斯的女性雕像，风格独特，相传为妇女所建，故名"女王宫"。

吴哥窟，又称小吴哥，修建于公园 12 世纪的苏利耶跋摩二世时期。主体建筑为 4 层基塔，中央有 5 座莲花宝塔，正中一座宝塔高约 70 米，象征印度教和佛教神话的宇宙中心和诸神之家，被作为柬埔寨国家象征绘于国旗上。

（3）其他旅游胜地

位于磅逊湾东南岸的西哈努克市依山傍海、绿树白沙，令人心旷神怡，西哈努克市建在半岛上，两边都是海滩，四周有一些凸起的路岬。大自然造就了这个美丽的热带海滩乐园，还没有哪座人工建筑能与之媲美。幸运的是，自然的美景在某种程度上得以远离尘嚣——西哈努克市中心离海滩还有一段距离，使该地区大部分的自然美景未受破坏。除港口周围地区外，其他地区的沙子都是洁白的，很精细，也很纯净。海边的椰子树投下片片阴凉。柔和的海水暖暖的，没有一丝污染。海平面上还点缀着一些小岛。除此之外，位于贡布省南部的白马市有美丽、宽阔的海滨浴场，素有柬埔寨"南海明珠"的美称；山城卜哥市以松涛、瀑布、名花、怪石、气候凉爽和奇妙景色成为柬埔寨著名的风景区和避暑胜地；位于磅士卑省西部的基里隆市浓荫蔽日、飞瀑流泉，景色迷人，也是著名的避暑胜地。

4. 为中国旅客服务的相关行业的现状

在访问柬埔寨的中国游客迅速增加的同时，与旅游业相关的产业也在快速发展，而且各相关领域正在积极准备接待更多的中国游客。柬埔寨全国旅游产业现状如下。

由中国赴柬埔寨的游客不断增加，对促进柬埔寨经济增长做出很大的贡献，例如提高就业率、增加旅游部门和旅游工作人员的收入，并促进其他相关领域的发展。另外，随着中国游客的迅速增加，中国与柬埔寨两国之间的航班也快速增加，从而促进了柬埔寨航空运输业的发展。

2015 年柬埔寨旅游领域的相关行业情况见表 5 - 4。

表 5 - 4　2015 年柬埔寨旅游领域的相关行业情况

序号	行业名称	总数
1	酒店	615 家
2	公寓	82 家
3	宾馆	1553 家
4	餐厅	1303 家
5	旅行社	646 家
6	KTV	449 家
7	酒吧	102 家
8	啤酒花园	12 家
9	导游	4856 位
10	旅游运动	59 项

资料来源：笔者根据《〈为中国而准备〉柬埔寨王国旅游业白皮书》，柬埔寨王国驻华大使馆商务处，2016；《"四角发展战略"与"一带一路"倡议》，柬埔寨王国驻华大使馆商务处，2016 整理而成。

（1）酒店行业

从表 5 - 5 可见，柬埔寨的酒店行业发展势头良好，入境来访的中国游客人数日益增多，对酒店需求量较大。2015 年访问柬埔寨的中国游客为809319 人次，住房需求量为 10116 间/天，中国投资的酒店数量相对较少，截至 2015 年只有 6 家，房间总数为 215 间，酒店行业的投资空间还很大，不能满足中国游客的旅游需求。因此，就柬埔寨而言，应该出台更多的优惠政策，吸引中国企业家到柬埔寨投资酒店行业，促进酒店行业的发展，以为柬埔寨旅游业提供保障。

表5-5 2015年柬埔寨酒店行业基本情况 (中国游客的需求量)

酒店行业		酒店行业(中国投资)		中国游客	
酒店总量 (家)	房间总数 (间)	酒店总量 (6家)	房间总数 (215间)	游客人数 (人次)	住房需求量 (间/天)
615	33755	金边(1家) 暹粒省(2家) 西哈努克港(3家)	金边(24间) 暹粒省(81间) 西哈努克港(110间)	809319	10116

资料来源:笔者根据《〈为中国而准备〉柬埔寨王国旅游业白皮书》,柬埔寨王国驻华大使馆商务处,2016;《"四角发展战略"与"一带一路"倡议》,柬埔寨王国驻华大使馆商务处,2016整理而成。

(2) 餐厅

从表5-6可见,2015年只有7家中国人投资的餐馆向中国游客提供标准的中国菜,所以为了满足中国游客的需求,柬埔寨需要建立更多可以提供标准中国菜的餐馆。

表5-6 2015年柬埔寨餐厅发展状况 (中国游客的需求量)

餐厅		餐厅(中国投资)		中国游客	
餐厅总量 (家)	椅子总数 (张)	餐厅总量 (家)	椅子总数 (张)	游客总数 (人次)	椅子需求量 (把/天)
1303	81380	7	460	630640	2628

资料来源:笔者根据《〈为中国而准备〉柬埔寨王国旅游业白皮书》,柬埔寨王国驻华大使馆商务处,2016;《"四角发展战略"与"一带一路"倡议》,柬埔寨王国驻华大使馆商务处,2016整理而成。

(3) 旅行社

根据2000年柬埔寨旅游部和中国国家旅游局之间签署的《中国人出行柬埔寨执行计划》的备忘录,中国国家旅游局确定66家中国旅行社与柬埔寨旅游部许可的柬埔寨旅行社合作。2015年有40家旅行社提供陪同中国游客到柬埔寨旅游的服务 (见表5-7)。按照 "为中国而准备——China Ready" 的规则,柬埔寨政府为了鼓励旅行社陪同中国游客到柬埔寨旅游会提供更有效和便捷的注册手续。

表 5 - 7　2015 年柬埔寨旅行社发展状况

单位：家

旅行社总数	为中国游客提供服务的旅行社	投资者是中国人的旅行社	
646	40	33	金边（20）
			暹粒省（12）
			西哈努克省（1）

资料来源：笔者根据《〈为中国而准备〉柬埔寨王国旅游业白皮书》，柬埔寨王国驻华大使馆商务处，2016；《"四角发展战略"与"一带一路"倡议》，柬埔寨王国驻华大使馆商务处，2016 整理而成。

（4）导游

从表 5 - 8 可见，2015 年中文导游在暹粒省有 775 名，在金边有 561 名，海滩区域和东北区域分别有 88 名和 18 名，中文导游出现供不应求的情况，为了能够满足中国游客日益增长的需求，柬埔寨旅游部门应培养和引进更多的中文导游。据有关专家预测，到 2020 年，中国游客对中文导游的需求在暹粒省达到 2094 名，在金边达到 1517 名，在海滩区域达到 238 名，在东北区域达到 47 名，可见柬埔寨中文导游需求空缺较大。

表 5 - 8　2015～2020 年中国游客对柬埔寨中文导游的需求情况

单位：名

年份	暹粒省	金边	海滩区域	东北区域
2015	775	561	88	18
2016	945	685	108	22
2017	1154	835	131	26
2018	1407	1019	160	32
2019	1717	1243	195	39
2020	2094	1517	238	47

资料来源：笔者根据《〈为中国而准备〉柬埔寨王国旅游业白皮书》，柬埔寨王国驻华大使馆商务处，2016；《"四角发展战略"与"一带一路"倡议》，柬埔寨王国驻华大使馆商务处，2016 整理而成。

（三）制约柬埔寨旅游业发展的两大因素

虽然当前柬埔寨旅游业取得了可喜的成绩，拥有丰富旅游资源和较好的发展前景，但是柬埔寨旅游业的发展存在两大障碍，严重制约了其持续快速发展。

1. 柬埔寨旅游基础设施不够完善

虽然柬埔寨的旅游资源丰富，但是大多以原始面貌展现在游客面前，虽不乏纯朴及返璞归真的感觉，但无法使游客充分享受旅游所带来的愉悦。基础设施不完善主要表现在道路、环境、住宿、卫生等方面。由于道路状况太差，游客往返世界知名古迹吴哥窟仅能以飞机、快艇代步，路况太差无法行车。虽然飞机旅游缩短了时间，但是加大了旅行成本，没有时间领略沿途的民族风情，更没有时间欣赏旅途的热带风景。快艇旅行也是以点带面，缺少陆地旅行的乐趣。此外，几乎所有的景点周边环境，住宿餐饮设施的卫生条件和清洁度与入境游客的期望还有一定距离。

2. 柬埔寨旅游产品价格缺乏竞争力

旅游产品价格关系到旅游者的切身利益，也是游客们关心的主要问题之一。当前旅游呈现平民化、大众化、全民化的趋势，旅游已经不再是富人的专利，旅游产品价格也日益透明，高价包装的旅游项目已不能适应当前旅游市场需要。而柬埔寨景区大多由私人公司承包，一味地追求经济利益，没有给予旅行社一定优惠政策，很大程度上制约了旅行社发掘市场潜力的积极性。此外，柬埔寨政府在2000年实行"开放天空"政策，允许航空公司直飞吴哥古迹所在地暹粒省，经过首都金边的游客相对减少，这就使委托金边旅行社的业务减少了，造成恶性循环，机票价格居高不下，增加了旅行成本，游客则因此放弃赴柬旅游，改游其他周边国家，政府的旅游收入也因此相对减少。

二 柬埔寨旅游减贫的影响分析

（一）旅游减贫提高柬埔寨当地居民生活水平

1. 旅游减贫带动当地就业

就世界任何国家而言，发展经济、保证社会稳定是政府需要解决的重要问题，其中解决失业问题是关键所在。柬埔寨是世界最不发达国家之一，

28% 的民众生活在贫困线以下。由于柬埔寨工业基础薄弱，农业是主要产业，民众无法充分就业，大量劳工被输出到马来西亚、韩国等国家。根据世界旅游组织测算，在旅游资源丰富的发展中国家，旅游收入每增加 3 万美元，将为社会增加 2 个直接就业和 5 个间接就业机会。柬埔寨政府已经提出优先发展旅游业的战略，旅游业的经济功能受到了充分重视。目前，全国大多数地区把发展旅游业作为首要工作之一，将旅游业定位为 "优先发展行业" "支柱产业" "特色产业" 来加快发展①。减贫地区一般相对落后，人力资源丰富，而旅游业是劳动密集型产业，既需要拥有一定学历的管理人才，也需要简单的普通劳动力。而且旅游业涉及的相关产业广泛，包括酒店住宿、餐饮、交通运输、零售批发、土特产品、娱乐事业等，人才需求多样化，不同层次的劳动力都可以找到相应的岗位，这可以充分照顾到减贫地区农村人口和弱势群体的就业问题。此外，旅游业受到经济衰退的影响小，就业人群一般不会再次受到失业影响，这也为减贫地区社会稳定提供了保障。

2. 旅游减贫改善基础设施建设情况

柬埔寨基础设施落后，其主要运输方式是公路，占客运总量的 65%，截至 2014 年底，柬埔寨公路密度仅为 0.25 千米/平方公里。铁路只有南北两条铁路交通线，但由于年久失修，基本处于瘫痪状态，不能完全满足运输需求。虽然柬埔寨有 11 个机场，包括金边和暹粒两个国际机场，坚持实行 "开放天空" 政策，航空公司运力提升，但其覆盖的范围仍然有限，偏远地区的交通运输状况堪忧。除交通运输基础设施外，柬埔寨在通信、电力等领域基础设施同样不足。在通信领域，相关配套设施不足，成本和价格偏高。在电力供应上，该国电力无法自给，需要从泰国、越南、老挝等国进口。同时，在柬埔寨大部分城市和农村地区，电力供应质量不稳定，严重影响了生产生活。就以旅游的方式来实现减贫而言，基础设施配套和完善必须先行，其中包括通信、铁路、公路、航空等基础性设施以及停车场、酒店、医院、娱乐等一系列功能性设施。减贫地区基础设施落后和不完善问题普遍存在，

---

① 《"一带一路"沿线国家基本情况风险分析——柬埔寨》，中国国际贸易促进委员会湖州委员会，2016。

制约了当地经济发展，也影响了民众生活。旅游基础设施的构建将提升减贫地区的整体形象，改善基础设施不完善的现状，为进一步城镇化提供基础设施支撑。

3. 旅游减贫促进旅游职业教育快速发展

柬埔寨有丰富的年轻劳动力，但因内战的影响，国民识字率仅为73.9%（2009年），比越南和缅甸（90%以上）低，管理人员、专业技术人员严重匮乏。中国国家旅游局已经确定了66家中国旅行社与柬埔寨旅行社合作，但中文导游的数量不足。2014年，中文导游在金边已有188名，在暹粒省已有626名，海滩区域和东北区域仍没有中文导游①。中国是柬埔寨重要的游客来源国，相关人才的需求量大。柬埔寨需要增加基础教育投入，提高贫困人口的素质，着力发展"旅游减贫"职业教育，为旅游企业培养本土旅游领域人才，注重旅游相关服务业的职业技能培训。在政府、旅游企业的多方合作下，促进"旅游教育减贫"模式发展，不断扩大职业教育涵盖的范围，进一步促进该地区相关职业教育的发展。

4. 旅游减贫改变农民单一收入结构

柬埔寨是传统农业国，农业在国民经济中占主要地位，从事农业的人约占总人口的71%，占劳动人口的78%。在贫困地区，由于企业、工厂较少，农民以耕种为主，其收入结构过于单一。在着力开发贫困地区的旅游业后，农民就业渠道大大拓宽，拥有更多的工作选择。农民从事的行业门类较多，从种类上说，包括休闲农业、农村节庆观光、田园餐饮、乡土文化活动等；就参与方式而言，农民可以选择售卖旅游纪念品，提供农家住宿场所、农家餐饮、拍照，提供体力劳动等。② 贫困地区部分农民转变为旅游经营管理者，农民不离乡即进入非农产业就业，其收入结构和收入水平也会随之发生变化。

5. 旅游减贫改变落后地区的生活方式

在柬埔寨贫困地区，民众仍然保留着传统的生活习惯和方式。比如，众多民众在子女长到六七岁时，就为他们准备好了烟斗，开始教他们吸烟，其

① 《〈为中国而准备〉柬埔寨王国旅游业白皮书》，柬埔寨王国驻华大使馆商务处，2016。

② 王龙、武邦涛：《乡村旅游业对增加农民收入的效应分析》，《安徽农业科学》2006年第19期，第5106~5107页。

目的只是让子女懂得生产生活中的酸甜苦辣。此外，柬埔寨不少地区有不穿鞋的习惯。这些生活习惯和方式损害身体健康，不为现代文明所提倡。旅游业在贫困地区的兴起和发展，游客人数的增加，人员交往的逐渐密切，外界信息和商品的进入，为加强柬埔寨与外界交流提供了机会，有利于打破贫困地区的封闭状态，提高贫困地区民众与外界的沟通能力。此外，在与人沟通和销售旅游商品的过程中，逐步培养了人们的商品经济意识和文明意识，人们开始具有经营理念和营销理念。旅游业对减贫地区的贡献，不仅体现在经济领域，还体现在文化领域。旅游资源的开发及外界对该地区旅游资源的向往，将有助于增强旅游地居民的凝聚力，强化本地区居民对本土文化的认同感，推动文化的保护和发展。

6. 旅游减贫促进柬埔寨城乡发展一体化

柬埔寨贫富悬殊、两极分化现象严重。政府普通公务员、军警平均月工资 70～100 美元，外资工厂工人月工资 100～120 美元。2010 年，柬埔寨国内储蓄率 30.16%，日均生活费 2 美元以下的人口占全国总人口的 40%。此外，发达的平原地区，特别是金边及其周围地区人口最为集中，人口密度也最大；而北部、东部和西部的山地，高原和沿海地区人烟稀少。该国 10 万以上人口的城市只有首都金边、马德望、西哈努克市和暹粒，上万人口的城镇也很少，城镇化发展程度低。[①] 在城乡一体化建设中，不能将农村和城镇分开建设，也不能盲目复制城市建设模式，要把农业与旅游业、农村与城市作为一个整体统筹规划，促进城乡在规划布局、要素配置、产业发展、公共服务、生态保护等方面相互融合、协调发展[②]，努力做到以旅游促工业、城乡统筹发展。在减贫地区，由于城乡差别不大，空间分割不明显，改善景区周边村庄的卫生、供水、供电等设施，逐步将旅游业发展成为该区域的"增长极"，能够促进旅游业与城乡一体化体系的协同共生。在旅游业快速发展过程中，相关服务设施日趋完善，让减贫地区居民享受到与城镇居民同样的文明和实惠，使整个城乡经济社会全面、协调、可持续发展。

① 《柬埔寨人口问题的几个特点及对其经济发展的影响》，世界人口网，http://www.renkou.org.cn/countries/jianpuzhai/2014/887.html，2014 年 11 月 8 日。
② 《以乡村发展规律为遵循》，《四川日报》2015 年 6 月 4 日第 1 版。

（二）旅游减贫促进柬埔寨国民经济快速发展

1. 柬埔寨旅游减贫能吸引大量外商投资

旅游业是外向型经济行业，在吸引中外游客的过程中，也为促进地方经济繁荣提供了机遇。"旅游搭台，经济唱戏"，旅游业只是实现减贫地区经济发展的一个途径，核心在于以旅游业为依托，构建一套相对完善的产业体系，旅游促进农业发展，工业支撑旅游强化，文化助力旅游延伸，通过不同产业间的联动融合发展，实现多种收益。经柬埔寨发展理事会批准，1994～2008 年，有 127 家企业把资金投入旅游业。2004 年，中国企业在柬埔寨投资开发项目金额达到 3920 万美元①。截至 2014 年末，中国对柬埔寨直接投资流量为 4.38 亿美元，直接投资存量为 32.22 亿美元②。就目前而言，减贫地区的旅游业未得到有效开发，属于"价值洼地"，未来发展潜力巨大。通过旅游业发展，招徕企业洽谈项目，投资办厂可以服务旅游，扩大旅游发展规模。

2. 柬埔寨旅游减贫能带动相关产业发展

柬埔寨以农业为主，工业、服务业相对薄弱，发展水平落后。作为一个关联性很强的综合产业，旅游业包括吃、住、行、游、购、娱六大要素，既可以直接带动餐饮业、旅馆行业、交通业、娱乐业、商品零售等第三产业的发展，又可以间接带动建筑业、环保业、农业、林业及加工业的发展。通过以旅游业为切入点，把旅游业作为激活相关产业发展的原动力，实现各产业的良性循环和可持续发展，完善减贫地区经济生态产业链，增强本地区造血功能，逐步实现相关产业聚合发展。

3. 柬埔寨旅游减贫能提高当地经济发展水平

柬埔寨国内各地区之间的经济发展差距大，首都金边、旅游城市暹粒和西哈努克港等少数地区经济较为发达。该国东北地区和西北地区，如桔井省、上丁省、蒙多基里省、拉达那基里省、奥多棉省、马德望省等的旅游资源丰富，但经济实力较差，发展水平不高。经济发展不平衡的现象普遍存

---

① 刘亚萍：《柬埔寨投资分析研究报告》，广西师范大学出版社，2014。
② 《柬埔寨王国投资合作指南》，柬埔寨王国驻华大使馆商务处，2016。

在，严重制约了柬埔寨其他地区的经济发展。在贫困地区发展旅游业，能够为该地区构建新的经济发展方式，为该地区经济发展注入活力。通过充分开发减贫地区的旅游资源，吸引海内外游客前来观光，将带来一定的消费和旅游收入，这不仅将提高民众的收入，还会增加减贫地区政府的税收，提高当地的经济水平，缩小地区之间的发展差距。

（三）旅游减贫有利于柬埔寨旅游资源保护开发

1. 理清旅游资源优势，做好旅游规划

柬埔寨历史文化悠久、遍布古刹庙宇，吴哥窟、金边王宫等历史古迹为世人所知晓，但作为旅游资源丰富的国度，除了著名的暹粒吴哥窟、金边、西哈努克港外，柬埔寨还有众多的旅游资源正在开发或等待开发，特别是贫困地区的旅游景点。柬埔寨应在减贫地区加大旅游开发力度，理清当地旅游资源现状，帮助当地政府有针对性地开展旅游资源开发和保护，建立起有效的旅游质量等级划分与评定机制，对不同的景区进行有针对性的开发和保护。

2. 促进传统手工艺品进一步开发

柬埔寨是一个多民族的国家，各民族都拥有自己的特色，这对于旅游人群具有足够的吸引力。随着减贫地区游客人数的增加，各民族传统的手工艺品、食品和农副土特产品都将变成值钱的旅游纪念品和消费品。在旅游资源开发中，深度挖掘贫困地区的饮食文化，将文化背景、历史渊源、民间传说、神话故事、风土人情等融入饮食中，在吃中延续文化，在旅游中弘扬文化。此外，旅游业的发展会进一步促进手工艺品的开发，如木雕、石雕、绢画、银器、布偶、编织品等，这既保障了就业的多样性，也有利于传承本地区传统手工艺术，更可以逐步打造有代表性的手工艺品品牌。

3. 使地方传统文化得到保护和复兴

柬埔寨受到多种文化的影响，在建筑、服饰、礼仪等方面都有自身的特色，但随着现代文明观念的冲击，原有的地方传统文化存在没落的趋势。地区传统文化是构筑旅游可持续发展的动力，也是旅游可持续发展的重要基础。在旅游减贫的具体实施中，坚持以"文化的原真性开发"为核心的内

涵式旅游发展模式，保持地区文化的原真性，即以保护乡村原生态景观环境、本色的生产方式、真实的民俗文化为基础，通过旅游减贫的实施，切实保护柬埔寨音乐、舞蹈、建筑、节日等，创造减贫地区旅游发展的高级形式，最大限度地激发当地农民对乡村文化的认同感和自豪感，提高整个文化空间的高度，实现文化复兴。

4. 有利于柬埔寨生态环境保护

旅游减贫的宗旨是通过发展旅游实现贫困地区社会、生态和经济的可持续发展，实现综合经济利益的最大化。柬埔寨旅游业稳步发展，但部分地区生态环境已经遭到破坏。作为文化和旅游业发展最为成熟和发达的城市，暹粒几乎没有工业，但在距离暹粒旅游景区 20 余公里的区域，垃圾成堆，严重污染了当地的生态环境。旅游业为暹粒带来了巨大的经济利益，但也加剧了该地区的环境污染。旅游业的发展需要注重经济利益，逐步改善贫困地区居民的生活状态，实现脱贫致富，但生态环境的保护也是旅游业持续发展的前提。在减贫地区，着力以生态旅游为主体进行发展，把生态旅游作为促进可持续发展的手段，实现减贫地区资源合理、有效、多级利用，充分发挥旅游资源的独特性，坚持适度性开发的原则，以满足旅游者的需求。旅游减贫的实施可以把减贫与生态保护目标有效结合，以良好的生态环境、旅游资源吸引游客，以旅游资源优势造福群众。

然而，众多的旅游开发项目并不能很好地保护生态环境，带来了一系列的水体污染、生活垃圾污染和地质灾害等，如何在二者中谋求平衡以获得最大效益是我们在实施旅游减贫战略中必须考虑的问题。

（四）拓展和丰富减贫思路和经验

1. 丰富柬埔寨政府减贫帮困措施

1966 年以来，在柬埔寨加入亚行后 50 年间，亚行共向柬埔寨提供了 26.5 亿美元优惠贷款、无偿援助、技术援助等，其他国家的援助也具有相当大的规模，但柬埔寨在减贫领域仍未取得可喜的成就。柬埔寨经济不发达，利用了大量的国际援助，但在减贫领域的投入也不充足，减贫措施也局限于利用外国援助兴办学校，解决贫困人口的生活困难。减贫是长期性、渐进性的，该国有限的资金投入和减贫措施仍属于"输血式"减贫模式，只是暂时缓解了贫困处境，并未从根本上消除贫困。从全球减贫经验来看，"输血式"的减贫方式是不可持续的，转变减贫模式，以"造血式"开发减贫才是行之有效的途径。旅游资源丰富是柬埔寨自身的优势，而贫困人口众多是其发展的"短板"。在柬埔寨减贫措施上，政府应化被动为主动，将二者有机结合，充分发挥自身优势以减少贫困。旅游减贫的有效实施将有助于当地政府转变思维方式，丰富减贫帮困措施，利用"造血式"的开发减贫方式来处理贫困问题和经济发展问题。

2. 拓展国际减贫事业思路

目前，国际上较为成熟的减贫模式有三种，即以巴西、墨西哥扶贫模式为代表的"发展极"模式；以印度、斯里兰卡扶贫模式为代表的"满足基本需求"模式；以欧美国家为代表的"社会保障方案"模式。"满足基本需求"模式和"社会保障方案"模式实质仍属于"输血式"的援助减贫，没有从根本上改变贫困人口生活困难的问题。而"发展极"模式能够逐步缓解贫困，但这种方式的思路是以某些地区或大城市聚集发展以形成经济活动中心，在政府、企业的主导和参与下，对周围产生吸引和辐射作用，以经济增长方式促使贫困人口自下而上分享经济增长的成果。三种方式有所不同，但它们都未能让贫困地区民众掌握摆脱贫困的"工具"。"造血式"的开发减贫是真正让减贫地区人民立足于当地，结合自身条件和优势来发展经济，实现良性经济循环以摆脱贫困。旅游减贫是"造血式"开发减贫的方式之一，这是充分结合所在国家国情所采取的行之有效的方式。旅游减贫在柬埔寨成功实施无疑是国际减贫模式的创新发展，也将为国际减贫事业提供新的思路和经验。

三　中柬旅游减贫合作需求分析

（一）旅游减贫合作——中国方面主要需求

1. 增进中柬政治互信的需求

中柬两国有着悠久的传统友谊，当前两国既无历史遗留问题，也不存在现实争端，中柬党际和两国关系处于上升、发展的新时期。近年来双方高层往来频繁，政治关系日益密切，特别是柬埔寨在南海争端中始终保持中立，在国际问题和地区问题上与中国持有相同或相似的看法，在多边外交中配合良好。中国支持柬埔寨的政治、经济改革和社会发展，愿意在和平共处五项原则基础上发展同柬埔寨的关系，特别是 2014 年洪森首相出席"加强互联互通伙伴关系对话会"，习近平主席将两国的关系定位为"知心朋友"、可靠伙伴和命运共同体。我国大力帮助柬埔寨实现经济快速发展，长期以来，在基础设施建设、工业、铁路、电力、矿产、能源开发等方面给予柬埔寨大量援助和投资。在当前全球经济疲软，通货膨胀严重，经济发展后劲不足等新形势下，在传统经济援助的基础上，以旅游合作为切入点，大力开展旅游减贫合作是对以往经济合作的重要补充，是促进两国人民深入交往的重要措施，开创了两国政府间交流合作的又一新领域。中柬旅游减贫合作必将成为进一步深化中柬战略伙伴关系，推进全方位深度合作，增进两国政治互信的重要措施。

此外，作为东盟成员国，柬埔寨与中国互为全面战略合作伙伴，在经济、文化、政治等领域合作密切。中国是负责任的大国，在促进自身经济发展的同时，也积极帮助友好国家减少贫困、发展经济。旅游减贫是结合柬埔寨现状的减贫新途径，两国在旅游方面取得的合作成果，不仅将惠及当地民众，促进双边关系进一步深化，还将对周边国家形成示范效应。

2. 夯实中柬利益基石的需求

自 1958 年 7 月建交以来，我国与柬埔寨经贸关系持续发展，尤其在柬埔寨民族政府 1993 年成立后，两国经贸关系得到全面恢复和发展。自 1996 年以来，两国在公共建筑、道路桥梁、水力资源开发利用、信息技术、能源利用、互联互通规划以及医疗等多个领域签订了合作协定，中国是柬埔寨最大外资来源国和第一大贸易伙伴。纵观数十年来中柬经济合作发展历程不难发现，两国在诸多领域已经取得了显著成绩，是中国—东盟经济合作的重要典范之一。但是当前全球经济发展仍然面临许多不确定因素，经济发展的结构性问题还很突出，各国失业率仍然居高不下，外贸困难重重。面对新的经济形势，传统的经济合作领域和合作方式已经不能满足当前国际经济合作的需要，特别是第三产业，即服务业的快速发展，成为各国走出经济萧条的重要途径。为此，我们应该转移合作项目的重心，将柬埔寨独特宗教文化、独具特色的传统文化、传统工艺品、舞蹈、建筑、民族节庆等旅游资源和我国相对充裕的资本、相对成熟的旅游减贫经验相结合，在要素资源禀赋、地理区位、产业发展等方面形成有效互补。中柬两国有着广阔的旅游减贫合作空间，双方发展战略调整出现趋同情况，合作契合点日益增多，两国旅游减贫合作的成功经验与模式，既为东盟地区其他各国资源开发和经济腾飞提供了范例，也必将进一步夯实中柬利益基石，为两国经济发展带来持久红利。

3. 超越传统合作领域的需求

当前中柬两国全面战略合作伙伴关系不断深化，中国企业与柬矿产能源部、国家电力公司等有关部门合作密切，特别是在电力领域，建电站、建电网等方面取得了可喜成绩，这提高了柬埔寨人民的生活质量，促进了柬埔寨经济社会发展。但是中柬合作存在一些结构性问题，柬埔寨经济发展水平低，产业结构单一，我国援助多是设施建设、资金帮扶、物质援助等，不仅投入周期长、投资金额大，而且具有不可持续性，不能从根本上改变柬埔寨贫困现状。柬埔寨借鉴中国旅游减贫经验，大力发展旅游业，实现双方共享资源、优势互补、强强联合，加大对旅游业的综合投资力度，协助旅游部做好旅游综合规划和产品升级，充分利用中国在旅游产品开发、景区规划、线路设计、分销网络等方面的优势，努力打造出一批具有高附加值的旅游精品，同时利用中国国旅的人才优势，深入开展培训交流，为柬埔寨培养更多专业化、国际化的旅游人才。借鉴中国旅游减贫经验，大力发展柬埔寨旅游业，必将为促进社会快速发展，提高当地经济水平，摆脱地区贫困发挥重要作用。此外，旅游业作为一项重要的新兴劳动密集型产业，对解决劳动力的就业问题可以起到重要的作用，为社会带来巨大的帮助。旅游业所需要的人才类型是多样的，对大多数从业人员的技术要求较低，技术掌握难度较小。因此，为一部分文化水平较低的失业人员提供更多的就业岗位，就能为社会的稳定做出应有的贡献。由此可见，中柬旅游减贫合作推进两国进一步交往合作，巩固了经济合作成果，扩大了合作领域，提升了合作层次，能够实现双方长期合作、互利共赢。

4. 继续深化中柬合作的需求

近十年来，中国与柬埔寨的合作力度越来越大，深入研究我们不难发现，中国对柬埔寨的援助呈现两大特点。其一，合作项目主要集中在公共建筑和道路桥梁方面。这类项目在合作项目中占的比重较大，但关乎普通民众生活的重大民生工程所占比例一直不高，合作的数量和金额也较少。其二，以政府间合作为主，中国援助在普通民众中的影响较小。中国对柬埔寨的援助以生产建设性项目为主，这些项目需要资金多、技术高、工期长，需要实施援助项目的主体具有较强的实力，因此中国与柬埔寨合作的主要是大型国企，具有较强的官方色彩。如上特点最终造成了中国与柬埔寨的合作不仅项目大，而且实施主体也为大型机构，但对民众的影响较小，且与之关系程度不大。针对这种情况，中国不能将合作重点全部放在大型公共建筑和基建项目上，应该加强对与提高民众生活水平直接相关项目的援助，使柬埔寨人民直接受益，并提高他们的生活质量。中柬旅游减贫合作正是对以往合作的进一步深化，旅游减贫合作项目更贴近百姓生活，更深入人心，比如旅游资源、旅游交通设施、旅游住宿设施、旅游手工艺品等方面的合作，让当地村民切实体会到中柬旅游减贫合作带来的福利，且可让弱势群体、贫困人口、少数民族、妇女、儿童在旅游发展中得到更多实惠，提升他们的生活质量，开阔他们的眼界。此外，旅游人才培养、环境保护、民众互访、资源开发等可以拉近两国民众心理距离，增进人民相互理解与信任，扩大中柬旅游减贫合作在普通民众中的影响。

5. 整体战略布局的需求

我国同柬埔寨地理位置相近、文化相通，两国友好交往历史可以追溯到1000多年前。中柬友谊历久弥新、不断传承和发扬光大。两国政治上高度互信，经济上互利双赢，各领域务实合作成果丰硕，在国际和地区事务中保持密切沟通和协调，堪称国与国平等相待、真诚合作的典范。两国在国家发展理念上高度契合，一致同意加快"一带一路"倡议和"四角发展战略"对接。从"一带一路"倡议近期、中期、远期的三阶段目标来看，中柬旅游减贫合作，最容易打开局面，最适宜实质推进，最可能全面收获，同时对周边其他东盟国家产生引领效应和示范作用。一是对可能与我国进行战略合作的周边国家带来示范效应，如越南、泰国、印度尼西亚等东盟国家。二是对中亚、南亚经济发达地区融入"一带一路"产生示范效应。中柬旅游减贫合作共商共建共享共赢的局面可以做出示范，必将受到中亚、南亚地区国家广泛关注与欢迎。三是对经济欠发达与国内政治不稳定的伊斯兰国家产生示范效应。实践证明，以美国为主的西方国家近年来通过战争（阿富汗战争、伊拉克战争）和制裁（对伊朗、叙利亚的制裁）无法解决这些国家的经济发展与政治稳定难题。总而言之，中柬旅游减贫合作是全面落实"一带一路"倡议和"四角发展战略"的具体体现，符合我国经济发展整体战略布局需求。

（二）旅游减贫合作——柬埔寨方面主要需求

1. 国民经济发展的需求

旅游业是拉动柬埔寨经济增长、提高其国际知名度的重要领域。柬埔寨是传统的农业国家，经济发展水平较低，2017 年，GDP 在东盟各国中排名倒数第三；人均 GDP 也较低，人均 GDP 在东盟各国中排名倒数第二，发展经济、消除贫困是当前柬埔寨政府的首要任务。由于柬埔寨矿产资源较贫乏、工业基础薄弱，且农业在国民经济中占主要地位，农民主要种植橡胶、胡椒、棉花、烟草、甘蔗、咖啡、椰子等，国民经济总收入远低于东盟其他国家。而在全球旅游业飞速发展，出国旅游人数也越来越多的新形势下，柬埔寨旅游业得到了较快发展，并直接带动金融、交通运输、商品零售批发及酒店餐饮等行业的发展，旅游业已经在国民经济中占据了重要地位。因此，中柬旅游减贫合作符合柬埔寨国民经济发展的需求，有助于提高国民经济收入。

2015 年柬埔寨旅游收入为 30.1 亿美元（见表 5 - 9），占 GDP 的16.3%，服务业增长 9%，占 GDP 的比重达到 39.4%，酒店及餐饮业占比从 2014 年的 5.14% 提升至 2015 年的 5.36%。

表 5 - 9　2005～2015 年柬埔寨旅游收入

单位：亿美元

指标	2005 年	2006 年	2007 年	2008 年	2009 年	2010 年	2011 年	2012 年	2013 年	2014 年	2015 年
旅游收入	8.32	10.4	14.0	16.0	15.6	17.9	19.1	22.1	25.5	27.4	30.1

资料来源：Wind 数据库。

2. 旅游经济发展的需求

2015 年柬埔寨共接待外国游客 477.52 万人次（见表 5 - 10），同比增长 6.1%，其中中国游客 694712 人次（见表 5 - 11），占外国游客数量的 14.5%，同比增长 24%，仅次于越南游客数量 98.8 万人次，后者的增速是 9.1%；老挝、韩国游客数量分别下降 11.9%、6.9%，泰国游客数量增长 25.2%，越南、中国、老挝、韩国和泰国分别为柬埔寨前五大游客来源国。

表 5 - 10   2005~2015 年柬埔寨外国游客数量

单位：万人次

指标	2005 年	2006 年	2007 年	2008 年	2009 年	2010 年	2011 年	2012 年	2013 年	2014 年	2015 年
外国游客数量	142	170	201	212	216	250	288	358	421	450	477.52

资料来源：Wind 数据库。

表 5 - 11   2013~2016 年入柬中国游客数量

单位：人次

指标	2013 年	2014 年	2015 年	2016 年（1~7 月）
中国游客数量	465829	560335	694712	444957

注：因与表 5 - 3 数据来源不一致，入柬中国游客数量有偏差。

资料来源：Wind 数据库。

当前我国是全球第一大出境旅游消费国，我国公民出境旅游消费始终保持两位数增长，持续引领全球出境旅游发展。柬埔寨与我国进行减贫旅游合作，可以充分利用两国间的地理位置邻近优势，从我国出境旅游市场中获得源源不断的经济红利。此外，中国还是全球旅游区域合作的重要推动者。近年来，中国积极推动了一系列国际区域旅游合作。无论是大湄公河次区域旅游合作到东盟自贸区建设，还是从涉及 29 个"一带一路"沿线国家旅游合作的推进到中日韩东北亚旅游合作的发展，抑或中国境内开展的已经取得可喜成绩的"旅游减贫""精准扶贫"等，都为中柬旅游减贫合作奠定了坚实的理论和实践基础，中柬旅游减贫合作必将推动柬埔寨旅游经济快速发展。

3. 旅游基础设施建设的需求

吃、住、行、游、娱、购是旅游的六大要素，均涉及旅游基础设施建设，因此，柬埔寨必须因地制宜，妥善配置，充分利用中柬旅游减贫合作契机，以项目建设为重点，协调推进旅游基础设施建设，促进旅游业的跨越式发展。柬埔寨基础设施现状如下。①公路是柬埔寨主要运输方式，占客运运输总量的 65%，国道 5622 公里，省级公路 6617 公里，农村公路 40000 公里，无高速公路且沥青路面公路密度极低。柬埔寨仅有南北两条铁路线，总长 655 公里，均为单线铁轨，无客运列车，仅有的一条货运列车平均时速仅 20 公里。中国至柬埔寨的主要航线包括：北京—广州—金边、昆明—南宁—金边、香港—金边、上海—金边、台北—金边、济南—重庆—金边/暹粒、上海—昆明—暹粒。②旅游饭店：目前柬埔寨拥有酒店 615 家、公寓 82 家、宾馆 1553 家、餐厅 1303 家，酒店等住宿设施较为简陋，仅相当于国内三星级酒店，此外食宿卫生安全方面也存在较大隐患。③娱乐通信：柬埔寨全国共有非移动电话公司 8 家，国际通信服务运营商 3 家，移动服务运营商 7 家；电力供应无法满足本国基本电力需求，依赖从邻国泰国和越南等的进口。总而言之，当前柬埔寨旅游基础设施不完善，旅游服务设施不能满足旅游者需求，严重阻碍了柬埔寨旅游业的可持续发展。中国作为全球重要的新兴旅游投资国，正在成为全球旅游市场上重要的投资输出国，业务领域既包括酒店、景区，也包括在线旅游预订平台和旅游航线，投资区域既包括亚洲、欧洲，也包括北美、大洋洲和非洲。为此，柬埔寨可以通过中柬旅游减贫合作吸引中国旅游投资，重点建设星级酒店和宾馆、旅游道路、景区停车场、游客服务中心、旅游安全以及资源环境保护等基础设施，进而满足不断增长的游客需要。

4. 旅游资源开发的需求

柬埔寨地处中南半岛，具有热带亚热带气候。位于磅逊湾东南岸的西哈努克市依山傍海、绿树白沙、蓝天碧水，令人心旷神怡；位于贡布省南部的白马市有美丽宽阔的海滨浴场，素有柬埔寨"南海明珠"的美称；山城卜哥市以松涛、瀑布、名花、怪石，以及凉爽气候和奇妙景色成为柬埔寨著名的风景区和避暑胜地。虽然柬埔寨旅游资源较为丰富，但是游客主要集中在吴哥景区，其他景区游客数量较少，呈现"一头热"的极端现象。仅 2015 年吴哥景区接待国际游客量高达 250 万人次，占入境游客总数的 52% 左右，大量游客涌现于吴哥景区，机动车等交通工具增多，这些车辆排出的二氧化碳正使吴哥景区的环境受到污染，甚至面临"酸雨灾"的威胁。出现这种现象，究其原因主要是柬埔寨当前旅游资源开发力度还不够，游客短时间内聚集在柬埔寨后，其他景区资源还没开发规划，无法对游客形成吸引力，不能实现对吴哥景区的"分流"。鉴于此原因，柬埔寨应该积极与中国开展旅游减贫合作，充分借鉴中国在旅游资源开发过程中的先进经验，尽快将暹粒周边的地市，如柏威夏、磅通、磅清扬、菩萨、金边、实居、贡布等的旅游资源进行普查，根据旅游资源吸引力大小，分清先后进行开发规划，使柬埔寨形成独具特色的旅游景区群，让游客多视角、全方位地参观、体验柬埔寨这个神奇的国度，由此可见，中柬旅游减贫合作不仅有利于提高柬埔寨经济发展水平，增加当地居民人均收入，还有利于全方位认识柬埔寨旅游资源现状，深度开发旅游资源，形成立体化的旅游产品体系。

四　结语

旅游减贫作为一种"造血式"的减贫方式，在国内外的理论研究和实践中越来越受到人们的重视。在改革开放后，中国在旅游减贫领域的投入卓有成效，取得了丰硕成果，积累了丰富的减贫经验。针对贫困落后地区，政府结合该地区的实际，给予必要的减贫政策和资金支持，通过全方位、多层次、多元化的协作，以旅游项目开发为核心载体，注重不同要素之间的项目联动，构建了立体化旅游减贫的架构，真正做到了因地制宜、统筹安排，切实地解决了落后地区的贫困问题和发展问题。

中国在旅游减贫领域的经验具有可推广性，完全可以结合柬埔寨国情，落实两国旅游减贫领域合作，有序开展旅游减贫工作，从根本上改善该国贫困地区的面貌。作为蕴藏丰富旅游资源的国度，柬埔寨以旅游减贫模式来发展经济和改善民生具有明显的优势。在这种模式下，以旅游减贫为切入点，深度开发旅游资源，形成立体化的旅游产品体系，完善基础设施，建立相对完善的交通运输系统，改善贫困地区生活条件，提高民众生活质量，探索该国旅游发展的潜力，为该国经济发展提供长足的动力。此外，作为一种可持续的经济发展方式，其符合资源利用和保护环境的双重要求。

作为柬埔寨的好邻居、好伙伴，中国帮助柬埔寨减贫发展，也践行了

"亲、诚、惠、容"的外交理念，树立了大国形象，这对于巩固两国传统友谊，深化中柬战略伙伴关系，推进全方位深度合作，增进两国政治互信，稳定周边国家关系，助力中国战略布局都具有十分重要的意义。

参考文献

［1］ Goodwin H. , " Pro － Poor Tourism：A Critique," *Third Quaneily*, 2008, 29 (5).

［2］ Robert A. Poirier," Political Risk Analysis and Tourism," *Annals of Tourism Research*, 1997, 24 (3).

［3］ Krippendorf J. , *The Holidaymakers* (Oxford：Buttennorth Heinemann, 1987).

［4］ Scheyvens R. , *Tourism and Poverty* (Routledge, 2011).

［5］ Litchfield C. , *Responsible Tourism with Great Apes in Uganda*, Walling for：CAB International, 2001.

［6］ Mann M. , "The Good Alternative Travel Guide：Exciting Holidays for Responsible Travelers," *Tourism Management*, 2006, 27 (6).

［7］ Hudsona S, Millerb G. A. , "The Responsible Marketing of Tourism：The Case of Canadian Mountain Holidays," *Tourism Management*, 2005, 26 (2).

［8］ Hall C. M. , *Tourism Planning：Policies, Processes and Relationships* (Essex：Pearson Education, 2000).

［9］ Swarbrooke J. , *The Development and Management of Visitor Attractions* (Oxford：Reed Educational and Professional Publishing Ltd. , 2002).

［10］ Mitra A. , Chattopadhyay K. , *Environment and Nature—Based Tourism an Endeavour at Sustainability* (New Delhi：Kanishka Publishers & Dirtributors, 2003).

［11］ Budeanu A. , "Sustainable Tourist Behaviour：A Discussion of Opportunities for Change," *International Journal of Consumer Studies*, 2007, 31 (5).

［12］ Dolnicar S. , Long R. , "Beyond Ecotourism：The Environmentally Responsible Tourist in the General Travel Experience," *Tourism Analysis*, 2009, 14 (4).

［13］ Kim K. J. , Weiler B. , "Visitors' Attitudes towards Responsible Fossil Collecting Behaviour：An Environmental Attitude － Based Segmentationapproach," *Tourism Management*, 2013, 36 (6).

［14］ Cleverdon R. , Kalisch A. , "Fair Trade Intourism," *International Journal of Tourism Research*, 2000, 2 (3).

［15］ Cushnahan G. J. , "The Community Tourism Guide：Exciting Holidays for Responsible Travelers," *Annals of Tourism Research*, 2001, 28 (4).

［16］ Honey M. , *Ecotourism and Sustainable Development：Who Owns Paradise?*

（Washington D. C. : Island Press, 1999）.

[17] Buckley R. , "Testing Take-up of Academic Concepts in An Influential Commercial Tourism Publication," *Tourism Management*, 2008, 29 (4).

[18]《"一带一路"沿线国家基本情况风险分析——柬埔寨》，中国国际贸易促进委员会湖州委员会，2016。

[19]《〈为中国而准备〉柬埔寨王国旅游业白皮书》，柬埔寨王国驻华大使馆商务处，2016.

[20] 王龙、武邦涛：《乡村旅游业对增加农民收入的效应分析》，《安徽农业科学》2006 年第 19 期。

[21] 刘亚萍：《柬埔寨投资分析研究报告》，广西师范大学出版社，2014。

[22]《柬埔寨王国投资合作指南》，柬埔寨王国驻华大使馆商务处，2016。

[23] 鞠海龙、邵先成：《中国—东盟减贫合作：特点及深化路径》，《国际问题研究》2015 年第 4 期。

[24] 李佳等：《基于县域要素的三江源地区旅游扶贫模式探讨》，《资源科学》2009 年第 11 期。

[25] 王建民：《扶贫开发与少数民族文化——以少数民族主体性讨论为核心》，《民族研究》2012 年第 3 期。

[26] 程玲：《新阶段中国减贫与发展的机遇、挑战与路径研究》，《学习与实践》2012 年第 7 期。

[27] 丁焕峰：《国内旅游扶贫研究述评》，《旅游学刊》2004 年第 3 期。

[28] 齐子鹏、胡柳：《乡村旅游经济增长与我国农村减贫——基于亲贫困增长的视角》，《商业时代》2014 年第 2 期。

[29] 宋德义、李立华：《国外旅游减贫研究述评——基于经济学理论研究和旅游减贫实践的视角》，《地理与地理信息科学》2014 年第 3 期。

[30] 郭鲁芳、李如友：《旅游减贫效应的门槛特征分析及实证检验——基于中国省际面板数据的研究》，《商业经济与管理》2016 年第 6 期。

[31] 张琦、冯丹萌：《我国减贫实践探索及其理论创新：1978～2016 年》，《改革》2016 年第 6 期。

[32] 王英、单德朋、郑长德：《旅游需求波动、风险管理与非线性减贫效应研究》，《中国人口·资源与环境》2016 年第 6 期。

[33] 李瑞等：《山岳旅游景区旅游扶贫模式探析——基于对伏牛山重渡沟景区田野调查的思考》，《地域研究与开发》2012 年第 1 期。

第6章　拉美国家的减贫政策分析

中国社会科学院拉丁美洲研究所课题组[*]

一　20世纪80年代以来拉美国家的社会贫困形势变化

（一）社会贫困形势变化

20世纪80年代是拉美地区社会贫困形势发生变化的转折阶段。这个时期，拉美地区陷入债务危机，宏观经济和生产活动严重衰退。1980~1985年，拉美国家GDP的年平均增长率仅为0.6%，半数国家为负增长。[①] 债务危机期间，由于货币贬值和财政赤字等原因，拉美各国普遍经历了恶性通货膨胀。部分国家的通胀率达到3位数，甚至4位数的水平。削减公共开支和冻结工资等措施，以及高通货膨胀造成的购买力下降，对就业形势和收入水平产生了十分不利的影响，造成失业率的上升和贫困人口的增加。

经过"失去的十年"之后，拉美地区的贫困率由1980年的40.5%上升到1990年的48.4%，赤贫率也由1980年的18.6%上升到1990年的22.6%。[②] 也就是说，到20世纪90年代初期时，接近一半的拉美人收入水平低于贫困线。[③]

20世纪90年代，大部分拉美国家实施了经济改革，宏观经济形势有所

---

　　* 　中国社会科学院拉丁美洲研究所课题组。

① 　CEPAL, *Anuario estadístico de América Latina y el Caribe* 1999.

② 　CEPAL, *Panorama Social de América Latina* 2015.

③ 　注：在拉美地区，贫困线由每个国家按满足基本生活需要的食品和服务价值计算得出，拉美经委会进行汇总，按价格变化定期进行更新。

好转，但表现出明显的不稳定性，社会贫困形势也随之出现了新的变化。1990～1997 年是贫困问题有所缓解的时期。这一阶段拉美国家经济持续发展，年人均国内生产总值增长率达到 1.4%。[①] 贫困人口和赤贫人口比重分别下降了 4.8 个和 3.5 个百分点，赤贫人口的绝对数量减少了 400 万人。[②] 但是在接下来的两年中，受经济衰退的影响，拉美社会形势再度恶化，1999 年贫困人口和赤贫人口的数量都比 1997 年有所增加。

进入 21 世纪后，由于经济形势好转，拉美贫困状况有所改善的势头重新出现，贫困人口和赤贫人口比重都达到了 20 世纪 90 年代以来的最低值。但是这种利好趋势很快就因 2001～2002 年的经济危机而中止。经过这两年的倒退，拉美的贫困人口到 2003 年已经发展到 2.27 亿人，其中赤贫人口超过了 1 亿人。[③] 从绝对数量上看，拉美的贫困水平达到了历史最高水平。拉美国家贫困人口和赤贫人口比重如图 6-1 所示。

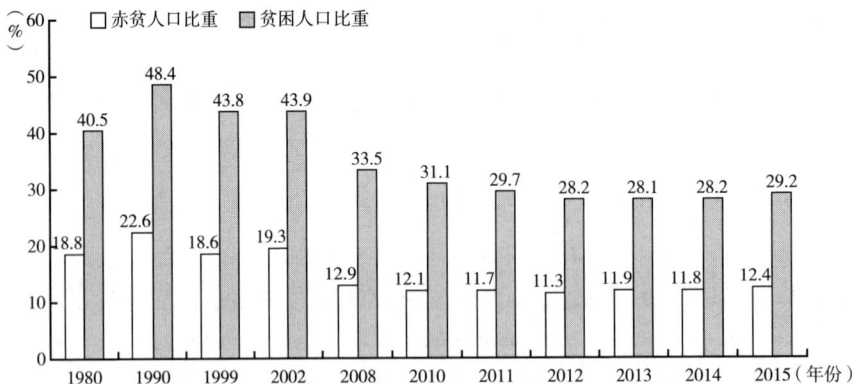

图 6-1　拉美国家贫困人口和赤贫人口比重

资料来源：CEPAL, *Panorama Social de América Latina 2015*。

2004 年以后，拉美经济受大宗商品价格上涨和世界经济形势趋好的影响，进入历史上罕见的连续 6 年的中高速增长周期。此外，这个时期拉美地区左派政党纷纷上台执政，这些政党吸取了 20 世纪 90 年代忽视社会发展的

①　CEPAL, *Panorama Social de América Latina 2000*.
②　CEPAL, *Panorama Social de América Latina 2003*.
③　CEPAL, *Panorama Social de América Latina 2014*.

教训，加大社会投入，在社会政策上更偏重于减少贫困问题和改善低收入群体的生活质量，使减贫工作取得了重大进展。在此背景下，拉美地区的社会贫困形势出现了自 20 世纪 80 年代以来从未有过的持续好转的局面。2008 ~ 2009 年的世界经济危机对拉美各国的减贫成效也没有产生太大影响。到 2012 年，拉美的贫困人口和赤贫人口比重已经分别下降到 28.2% 和 11.3%。[①] 从联合国千年发展目标的完成情况看，大部分国家在 2012 年前后都提前实现了赤贫人口相比于 1990 年减半的目标。[②]

但是，随着经济繁荣周期的结束，2012 年以后拉美地区的减贫步伐"陷入停滞"，贫困人口和赤贫人口的绝对数量还出现了小幅反弹。2015 年的贫困人口比 2012 年增加了 1100 万人（见图 6-2）。

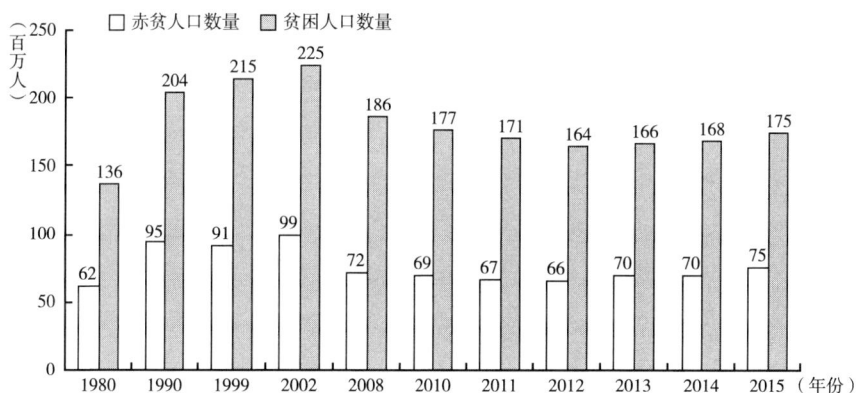

图 6-2　拉美国家贫困人口和赤贫人口数量

资料来源：CEPAL, *Panorama Social de América Latina 2015*。

拉美地区的社会贫困形势呈现明显的国别差异和城乡差异。

首先，尽管整个地区的社会贫困水平已经显著下降，但国家之间的差别仍然十分明显。在拉美 18 个国家中，贫困率低于 10% 的有 3 个，分别是阿根廷（2011 年）、智利（2013 年）和乌拉圭（2013 年）；贫困率为 10% ~ 30% 的有 4 个，包括巴西（2013 年）、哥斯达黎加（2013 年）、巴拿马

---

① CEPAL, *Panorama Social de América Latina 2015*.

② 这是按照世界银行划定的日均收入低于 1.25 美元的赤贫线进行的统计，本章节中其他有关赤贫的统计数字则是按照各国划定的、高于世界银行标准的赤贫线计算得出的。

（2013 年）和秘鲁（2013）；贫困率为 30%～50% 的国家有 8 个，分别是玻利维亚（2011 年）、哥伦比亚（2013 年）、厄瓜多尔（2013 年）、萨尔瓦多（2013 年）、墨西哥（2012 年）、巴拉圭（2013 年）、多米尼加（2013 年）和委内瑞拉（2013 年）；另外还有 3 个国家的贫困率超过了 50%，包括危地马拉（2006 年）、洪都拉斯（2010 年）和尼加拉瓜（2009 年），其中洪都拉斯的贫困率达到了 69.2%。[①]

从减贫成效看，各国也存在较大差别。玻利维亚、巴西、哥伦比亚、厄瓜多尔、巴拿马、巴拉圭、秘鲁等国的减贫效果非常明显。从 2000 年前后至 2013 年前后，这些国家贫困人口比重的下降幅度接近或超过了 20 个百分点。其中秘鲁的表现最为突出。2001～2013 年，该国的贫困率由 54.7% 降至 23.9%，赤贫率由 24.4% 降至 4.7%。减贫成效较低的国家主要集中在中美洲地区，例如哥斯达黎加的贫困率只下降了 2.6 个百分点。[②]

其次，从城乡差别上看，农村地区贫困人口和赤贫人口的比重都远高于城市地区。2013 年，拉美农村地区的贫困率高达 47.9%，而城市地区的贫困率为 23.2%；农村地区的赤贫率为 28.2%，城市地区的赤贫率仅为 7.7%。[③] 就国家而言，除智利和乌拉圭以外，其他国家农村地区的贫困水平都高于城市地区。在巴西、玻利维亚、巴拿马和秘鲁，两者的差距最为明显。

拉美地区社会贫困形势的变化主要受到两个因素的影响，其一是经济景气程度，其二是收入分配的改善程度。20 世纪 90 年代以来，拉美贫困状况的变化与经济增减的周期基本一致。经济增长对贫困减少的积极作用以及经济衰退对其产生的消极作用十分明显。最近十年，收入分配的改善对贫困的减少也发挥了一定作用。

（二）收入分配状况和社会不平等状况

拉美地区的收入分配不公是长期存在的问题。有数据表明，早在 20 世

① CEPAL, *Anuario estadístico de América Latina y el Caribe 2015.*
② CEPAL, *Anuario estadístico de América Latina y el Caribe 2015.*
③ CEPAL, *Anuario estadístico de América Latina y el Caribe 2014.*

纪 60 年代，拉美地区的基尼系数就是世界各地区中最高的。20 世纪 80 年代以后，两极分化和贫富差距进一步加剧，成为阻碍拉美国家社会进步的最大障碍。1990 年前后，拉美地区只有哥斯达黎加、乌拉圭（城市地区）和委内瑞拉等少数几个国家的基尼系数低于 0.5（见表 6 - 1）。

进入 20 世纪 90 年代后，拉美地区受到"先增长、后分配"发展战略的影响，政府将社会问题的解决寄希望于经济增长自身产生的力量，认为一旦实现增长，其效应必然扩散到各个社会阶层，即所谓"滴漏效应"。在这种思想的影响下，各国就经济改革明确提出了将保持宏观经济稳定、促进增长作为核心目标。但是，经济改革在取得一定成效的同时，也付出了高昂的社会代价。由于国家干预被市场化、私有化、自由化所取代，外资大量涌入，一大批中小企业纷纷倒闭破产，大量工人失业。私有化也导致了大范围的裁员。在此背景下，贫困人口急剧增加，收入分配状况迅速恶化。

从 20 世纪 90 年代初到 2002 年前后，18 个拉美国家中基尼系数有所上升的为 9 个，下降的为 6 个，另外 3 个变化幅度较小。巴西的基尼系数在 1999 年达到 0.640 的历史最高水平，玻利维亚的基尼系数在 2002 年也高达 0.614。乌拉圭（城市地区）和哥斯达黎加是基尼系数较低的国家，也分别达到了 0.455 和 0.488。[①] 也就是说，不仅所有拉美国家的基尼系数都高于世界平均水平，而且都超过了国际公认的 0.4 的警戒线。另一个反映收入分配状况的指标是收入最高者与收入最低者占据的社会财富比重。以基尼系数最高的巴西为例，1999 年巴西 10% 的最富有群体占据了 53% 的收入，而 10% 的最贫困群体只占有 0.6% 的收入。两者差距之大令人惊叹。

2003 年以后，随着宏观经济形势的好转以及政府对低收入群体社会保障力度的加强，拉美地区的收入分配状况逐渐改善，几乎所有国家的基尼系数均出现了不同程度的降低。财富过于集中于少数富裕群体的情况也有所改观。玻利维亚是收入分配状况改善程度最高的国家，到 2011 年，该国的基

---

① CEPAL, *Anexo Estadístico de Panorama Social de América Latina 2005.*

尼系数已经下降到 0.472 的水平。^① 此外，阿根廷、巴西、乌拉圭、秘鲁等国的收入分配状况也得到了明显改善，其中乌拉圭（城市地区）的基尼系数在 2013 年已经降至 0.383，成为唯一一个基尼系数低于 0.4 的拉美国家。但是，值得注意的是，也有少数国家的收入分配状况有所恶化，主要是中美洲国家，如哥斯达黎加、巴拿马等。

社会不平等现象不仅体现在财富的分配上，还体现在各种经济、政治、社会、文化资源和机会的占有上，这些因素共同造成了各种形式的社会不公。在拉美地区，就业和教育领域的不公是最为突出的。由于失业和非正规就业现象的大量存在，劳动力市场被明显分割成三个层次：第一个层次的劳动者有着稳定的工作和收入，享有社会保障，大部分正规部门的就业者属于这一层次；第二个层次的劳动者虽然有工作，但很不稳定，收入水平也比较低，只有一小部分人享有社会保障，绝大多数非正规部门的就业者属于这一层次；第三个层次是失业者。拉美国家的主要问题不是第二和第三层次劳动力的存在，而在于这两个层次劳动力所占的比重过高，而且与第一层次之间的差距非常大。10 余年来，尽管拉美地区的失业率和非正规就业率持续下降，但 2013 年非正规就业者仍占就业者总数的 46.4%^②，加上失业人群，拉美仍有超过一半的劳动力属于第二和第三层次的劳动群体。此外，劳动力市场的排斥现象十分突出。印第安人、妇女和青年是最受排斥和歧视的群体，其就业质量明显低于其他群体。

在教育领域，受教育机会不均等的问题也十分严重。这种不均等既体现在地域之间，也体现在不同的社会群体之间。教育资源主要集中在城市地区，而农村地区，特别是偏远山区，在师资力量、教学质量、设施配备、受教育机会等方面都无法和城市相比拟。这导致农村地区的教育发展水平明显落后于城市地区。教育的不均等还体现为种族差别。印第安人等的受教育水平远低于其他种族，而生活在农村地区的印第安人是享受教育资源最少的群体。不同收入阶层之间的教育机会也明显不同。在贫困阶层中，能够完成各

---

① CEPAL, *Panorama Social de América Latina 2014*.

② CEPAL, *América Latina y el Caribe: una mirada al futuro desde los Objetivos de Desarrollo del Milenio*, 2015.

级教育的人口比重都远远低于非贫困阶层，而赤贫阶层的情况更差。这种差距在拉美一些经济欠发达地区，尤其是中美洲国家显得尤为突出。

拉美地区的社会不平等是多种因素共同作用的结果。从历史上看，大地产制的盛行和土地的高度集中是造成社会不公和社会冲突的原因。从制度因素上看，拉美国家 20 世纪八九十年代受到"先增长、后分配"及"效率优先"分配模式的影响，形成了企业主收入或资本家利润占较大份额、雇员工资收入占较小份额的初次分配格局。同时，由于税收制度的缺陷以及社会开支分配的不合理，再分配格局对收入分配的调节和修正作用也很有限。从种族和文化上看，拉美国家在历史上都曾是欧洲宗主国的殖民地，白人统治者的地位至高无上，而印第安人等则受到残酷奴役。种族优劣论使不少拉美国家都存在以种族和肤色划分的等级观念。总的来看，拉美国家的社会不平等问题有着深厚的历史、文化和制度根源，非一朝一夕所能改变。但最近10 年的经验表明，通过保持稳定经济增长，同时对社会政策进行必要的调整，不平等问题还是可以得到一定程度缓解的。

表 6-1　拉美国家的基尼系数

国家	基尼系数 1	基尼系数 2	基尼系数 3
阿根廷（城市地区）	0.501（1990 年）	0.539（1999 年）	0.475（2012 年）
玻利维亚	0.595（1997 年）	0.643（2000 年）	0.472（2011 年）
巴西	0.627（1990 年）	0.640（1999 年）	0.553（2013 年）
智利	0.554（1990 年）	0.564（2000 年）	0.509（2013 年）
哥伦比亚	0.531（1991 年）	0.601（1994 年）	0.536（2013 年）
哥斯达黎加	0.438（1990 年）	0.489（2001 年）	0.512（2013 年）
厄瓜多尔	0.559（2000 年）	0.504（2007 年）	0.477（2013 年）
萨尔瓦多	0.507（1995 年）	0.531（2000 年）	0.453（2013 年）
危地马拉	0.582（1989 年）	0.560（1998 年）	0.585（2006 年）
洪都拉斯	0.615（1990 年）	0.588（2002 年）	0.573（2010 年）
墨西哥	0.536（1989 年）	0.542（2000 年）	0.492（2012 年）
尼加拉瓜	0.582（1993 年）	0.583（1998 年）	0.478（2009 年）
巴拿马	0.555（2001 年）	0.563（2003 年）	0.527（2013 年）
巴拉圭	0.558（1999 年）	0.563（2003 年）	0.522（2013 年）
秘鲁	0.532（1999 年）	0.545（1999 年）	0.444（2013 年）
多米尼加	0.537（2002 年）	0.586（2004 年）	0.544（2013 年）
乌拉圭（城市地区）	0.492（1990 年）	0.464（2004 年）	0.383（2013 年）
委内瑞拉	0.471（1990 年）	0.507（1997 年）	0.407（2013 年）
拉美地区（简单平均）	0.533（1997 年）	0.547（2002 年）	0.497（2013 年）

资料来源：CEPAL, *Anexo Estadístico de Panorama Social de América Latina* 2014。

（三） 社会阶层结构变化

进入 20 世纪 80 年代以后，由于经济、社会形势的剧烈变动，拉美国家的社会结构发生变化。20 世纪 90 年代，拉美的社会结构表现出高度分化、严重失衡的特征。具体表现在以下几个方面。

首先，从各阶层所占人口的比重来看，中等阶层规模过小，下等阶层规模过于庞大。大部分社会成员处于社会的底层，只占有少量的社会资源，而极少数的上等阶层占据了绝大部分的社会资源。这导致整个社会结构形态是明显的金字塔形，甚至是"倒丁字"形。

其次，各阶层之间的收入差距在进一步拉大。如表 6-2 所示，在上等、中等、下等 3 个阶层中，只有下等阶层的收入出现了下降，而前两个阶层的收入水平均有小幅上升。这种趋势与拉美国家收入分配状况的恶化完全吻合。各阶层之间在收入上的界限非常明显和清晰，尤其是上等阶层与其他两个阶层相比。

最后，各阶层的资源占有状况也显示出巨大的不平等。处于职业金字塔底层的劳动者不仅是收入分配不公的最大受害者，而且在其他资源的获取和占有上也往往受到排斥和限制。此外，由于下等阶层中相当一部分人属于非正规就业者，这个群体在社会保障、劳动保护、工会组织、信息技术、信贷支持、职业培训、住房等方面获得的资源也非常有限。

表 6-2　1990 年、1999 年 8 个拉美国家的职业分层状况

指标	各阶层占经济自立人口比重(%)		平均收入(贫困线的倍数)(倍)		平均受教育水平(年)	
	1990 年	1999 年	1990 年	1999 年	1990 年	1999 年
总计	100.0	100.0	4.0	3.9	6.2	6.9
1. 雇主	4.5	4.4	14.6	14.3	7.8	9.0
2. 经理	2.1	2.1	11.4	11.9	11.1	11.7
3. 专业人员	3.9	3.9	10.2	11.1	14.0	14.5
上等阶层(1+2+3)	10.5	10.4	12.3	12.6	10.8	11.6
4. 技术人员	7.2	8.1	5.4	5.8	11.0	11.5
5. 行政雇员	7.9	6.4	4.0	3.8	10.2	10.9
中等阶层(4+5)	15.1	14.5	4.7	4.9	10.6	11.2

续表

指标	各阶层占经济自立人口比重(%)		平均收入(贫困线的倍数)(倍)		平均受教育水平(年)	
6. 商业劳动者	11.2	12.6	3.4	2.8	6.4	7.2
7. 工人、手工业者、司机	27.2	27.1	3.2	3.1	5.3	6.2
下等阶层中的上层(6+7)	38.4	39.7	3.3	3.0	5.6	6.5
8. 私人服务者	13.6	15.4	1.9	2.1	4.5	5.9
9. 农业劳动者	20.2	19.4	2.0	1.6	2.6	3.1
下等阶层中的下层(8+9)	33.8	34.8	2.0	1.8	3.4	4.3
下等阶层(6+7+8+9)	72.2	74.5	2.7	2.5	4.6	5.5
10. 军人	1.1	0.6	5.5	7.2	9.5	10.6
11. 未分类者	1.3	0.0	3.2	5.5	6.3	10.7

资料来源：CEPAL, *La Estratificación Ocupacional*, *Una Década de Desarrollo Social en América Latina*, *1990 – 1999*。

进入 21 世纪后，拉美国家的减贫卓有成效，大批低收入阶层摆脱贫困，实现了上升的社会流动。同时，中产阶级队伍也逐渐扩大。拉美地区的社会阶层结构发生了重要变化。

美洲开发银行以货币收入为标准，将拉美人口划分为 5 个阶层。其中按照购买力平价计算的赤贫线和贫困线分别为日均收入 2.5 美元和 4 美元，这些人群分别属于赤贫阶层和贫困阶层；日均收入 4 ~ 10 美元的人群为脆弱阶层，其收入高于贫困线，但很有可能在未来某个时候因某种内部和外部冲击而成为入贫困群体；而日均收入超过 10 美元，但低于 50 美元的人群被划定为中产阶级；日均收入 50 美元以上者处于高收入阶层。按照上述标准划定的 5 个收入阶层的占比在 2000 ~ 2013 年发生了明显变化：贫困阶层占总人口的比重由 46% 左右下降到不足 30%，其中赤贫阶层占总人口的比重的减少尤为显著；脆弱阶层和中产阶级占总人口的比重均大幅增加；高收入阶层占总人口的比重变化较小。这说明上升的社会流动成为这段时期社会流动的主导趋势。从具体数据上看，脆弱阶层已经取代贫困阶层，成为拉美国家最庞大的收入阶层（见图 6 - 3）。

但是，国家之间存在较大差异。在乌拉圭和阿根廷，中产阶级已经占到总人口的一半以上；而在危地马拉、洪都拉斯和尼加拉瓜，贫困阶层和赤贫阶层的比重占 50% 以上；智利的高收入阶层占比是拉美地区最高的，达到6.3%，而其他国家大多低于 4%。

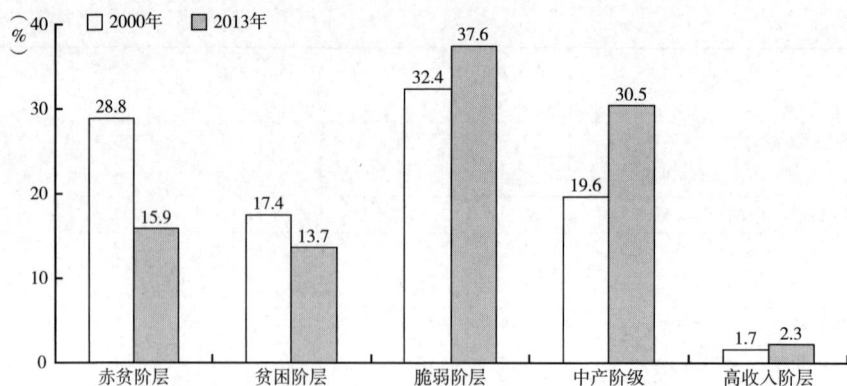

图 6 – 3　2000 年、2013 年拉美国家收入阶层变化

　　注：图中贫困阶层不包括赤贫阶层，指日均收入为 2.5 ~ 4 美元的群体，也称为一般贫困阶层。

　　资料来源：Marco Stampini，Marcos Robles，Mayra Sáenz，Pablo Ibarrarán，Nadin Medellín，*Pobreza，vulnerabilidad y la clase media en América Latina*，BID，mayo de 2015。

　　不断趋向合理的社会阶层结构仍然面临潜在的风险。首先，向下的社会流动并非个别现象。在 2003 ~ 2013 年的考察时段中，接近 10% 的脆弱阶层变为贫困阶层，其中约 1/5 甚至沦为赤贫阶层。中产阶级的地位也不够稳固，约 21% 倒退回脆弱阶层，约 1% 成为贫困阶层。[1] 其次，脆弱阶层虽然已经脱贫，但其中大部分人都属于"潜在的贫困群体"。这是指在某个考察时段中曾一次或数次陷入贫困，但在考察时段结束时又返回到非贫困阶层的群体。据统计，在上述 10 年中，65% 的脆弱阶层和 14% 的中产阶级曾经至少 1 次陷入过贫困。[2] 与城市相比，农村地区中低和中等收入阶层的贫困脆弱性更加突出。未来一段时间，经济的周期性波动、通货膨胀的冲击、劳动力市场的不平等，都有可能成为影响社会阶层结构变化的重要因素。

（四）社会开支基本情况

　　社会开支既是推行各种社会政策的资金保证，也是调节收入分配的重要

---

[1]　Marco Stampini，Marcos Robles，Mayra Sáenz，Pablo Ibarrarán，Nadin Medellín，*Pobreza，vulnerabilidad y la clase media en América Latina*，BID，mayo de 2015.

[2]　Marco Stampini，Marcos Robles，Mayra Sáenz，Pablo Ibarrarán，Nadin Medellín，*Pobreza，vulnerabilidad y la clase media en América Latina*，BID，mayo de 2015.

手段。20 世纪 90 年代初以来，拉美地区的社会开支占 GDP 的比重持续上升，已由 1991～1992 年的 12.6% 提高到了 2013～2014 年的 19.5%。[①] 然而国家之间的差异非常明显。1990～1991 年，厄瓜多尔、洪都拉斯、墨西哥、尼加拉瓜等国的社会开支占 GDP 的比重不足 7%，而阿根廷、巴西、古巴、乌拉圭、委内瑞拉、哥斯达黎加等国超过了 15%。

此后各国都努力提高社会开支，到 2013～2014 年已经没有一个国家的社会开支占 GDP 的比重低于 7% 了。但各国社会开支增幅仍存在较大差别。古巴是拉美地区社会开支占 GDP 的比重最高的国家，为 40% 左右。乌拉圭、巴西、阿根廷、委内瑞拉、哥斯达黎加等国也超过了 20%，但厄瓜多尔、多米尼加、秘鲁等国不足 10%。从人均享有的社会开支水平看，2013～2014 年 21 个拉美和加勒比国家为 1841 美元（按 2000 年价格加权平均）。[②] 巴西的人均享有的社会开支水平最高，超过 3000 美元，乌拉圭、阿根廷、智利、哥斯达黎加也都超过了 2000 美元。人均享有的社会开支低于地区平均水平的国家约占总数的一半，主要集中在安第斯和中美洲地区。

尽管社会开支的总体水平得到了明显提高，但这种增长在不同部门间的分布是不均衡的。1991 年以来拉美地区社会开支的增加在很大程度上得益于社会保障和社会救助支出的增长。这两个项目的支出占 GDP 的比重合计提高了 3.5 个百分点。另一个贡献来自教育支出，该项目占 GDP 的比重提高了 1.9 个百分点。这与拉美各国实现联合国千年发展目标、在最贫困阶层中普及初等教育、在其他阶层中普及中等教育的努力是分不开的。医疗卫生方面的投入占 GDP 的比重增加了 1.5 个百分点。住房方面的投入基本上没有变化，这与拉美各国将住房建设作为创造就业、振兴建筑业的主要手段，而不是为了解决住房缺口、改善居住质量有一定关系。

社会开支的多少取决于一系列经济、政治和社会因素，其中财政收入是一个很重要的因素，而政府财政收入又受到经济景气程度的影响。因此，拉美国家的社会开支通常具有正周期性特征，即经济形势良好时，社会开支有所增加，经济衰退或发生危机时，社会开支有所减少。实际上，社会开支不

---

① CEPAL, *Panorama Social de América Latina 2015.*
② CEPAL, *Panorama Social de América Latina 2015.*

应受到经济形势的左右。首先，教育、医疗、养老等社会权利在任何时候都应得到保证；其次，当经济不景气时，贫困阶层、非正规就业者、失业者等弱势群体受到的冲击和影响往往是最大的，这时他们也最需要政府出资加以救助。近两年来大宗商品价格的下跌对部分拉美国家保持社会开支规模提出了挑战。这些国家30%以上的财政收入依赖于自然资源开采和出口部门。因此，为保证必要的社会开支水平，各国政府将不得不采取更加多样化的财政手段。

比社会开支的规模更为重要的是其使用效果。社会开支应具有调节收入分配的功能，是收入再分配的重要手段。但拉美国家的社会开支在这方面所起到的作用并不尽如人意。联合国拉美经委会曾对拉美国家20世纪末到21世纪初期社会开支在不同收入阶层中的分配及其对基尼系数的影响进行过研究。结果表明，在18个国家中，有11个国家最富有的20%人群占有的社会开支最多，在巴西（1997年）和秘鲁（2004年）最富有阶层分别占据了41%和40%的社会开支。①

从社会开支的具体用途看，教育、医疗卫生和社会救助方面的投入对穷人都比较有利，20%最贫困的群体分别占据了23%的教育开支、24%的医疗卫生开支和35%的社会救助开支。初等教育是穷人受益最大的项目，但大部分的高等教育开支都被中高收入阶层所占据。在巴西和厄瓜多尔，最富有的40%人群享受着90%以上的高等教育开支。贫困阶层在社会救助开支上占据的份额虽然较大，但社会救助开支在整个社会开支中只占相当小的比重。社会保障开支是社会开支中最大的支出项目，长期以来保持着45%左右的份额。这部分开支的受益者主要是中高收入阶层，其中52%的社会保障开支被20%最富有的群体所占据，仅有6%用于最贫困阶层。原因在于低收入群体中大部分属非正规就业者，无法享受社会保障。

总的来看，教育开支和医疗卫生开支虽然向低收入阶层有所倾斜，但中高收入阶层占据的份额也并不算小。社会保障开支规模较大且主要向中高收入人群倾斜，社会救助开支虽然主要向低收入者倾斜但其规模较小。因此，在大多数拉美国家，社会开支不仅没能缩小收入差距，而且扩大了这一差

---

① CEPAL, *Panorama Social de América Latina 2007.*

距。这说明，社会开支的分配具有累退性，也就是说，社会开支对富有群体
更为有利。近年来，阿根廷、巴西、乌拉圭、智利等国家通过推行非缴费型
养老金制度，加大了社保支出向低收入阶层的倾斜力度，增强了社会开支的
再分配功能。但这项制度在其他国家的覆盖程度还比较低。未来一个时期拉
美地区的社会开支无论在规模上还是在调节收入分配的功能上都将面临挑战。

拉美国家的社会开支占 GDP 的比重见表 6 - 3。

表 6 - 3　拉美国家的社会开支占 GDP 的比重

单位：%

国家	比重（时间段）
阿根廷	26（2008～2009 年）
玻利维亚	11.5（2012～2013 年）
巴西	25.7（2008～2009 年）
智利	14.7（2012～2013 年）
哥伦比亚	13.4（2012～2013 年）
哥斯达黎加	23.1（2012～2013 年）
古巴	39.2（2010～2011 年）
厄瓜多尔	8.3（2012～2013 年）
萨尔瓦多	14.8（2012～2013 年）
危地马拉	7.6（2012～2013 年）
洪都拉斯	12.0（2010～2011 年）
墨西哥	10.7（2012～2013 年）
尼加拉瓜	12.6（2008～2009 年）
巴拿马	7.9（2008～2009 年）
巴拉圭	17.8（2012～2013 年）
秘鲁	9.4（2012～2013 年）
多米尼加	7.2（2010～2011 年）
乌拉圭	24.2（2010～2011 年）
委内瑞拉	21.2（2012～2013 年）
拉美地区（加权平均）	18.8（2012～2013 年）

资料来源：CEPAL, *Anexo Estadístico de Panorama Social de América Latina 2014*。

二　拉美国家反贫困政策的主要内容

在国际劳工组织（ILO）的反贫困统计中，拉美各国在反贫困支出方面

表现各不相同。需要指出的是，ILO 采用的指标是将人均收入低于 3.1 美元每天定义为贫困（赤贫线为 1.9 美元每天），与拉美各国实践中多采用的 4 美元每天指标相比相对偏低，因而其统计与拉美各国实际反贫困支出有一定差距。其中洪都拉斯支出占 GDP 比例最高，达到 4.60%，在有数据可查的国家中，智利支出只占 GDP 的 0.05%，这也从侧面反映了各国贫困情况的差异。详情参见表 6-4。

表 6-4　拉美部分国家反贫困支出（低于 3.1 美元每天）情况

单位：%，亿美元

国家	占 GDP 比例	实际支出额
墨西哥	0.19	22.56
巴西	0.3	72.90
哥伦比亚	0.59	21.79
洪都拉斯	4.60	8.53
尼加拉瓜	1.97	1.43
秘鲁	0.36	6.99
玻利维亚	1.52	4.11
智利	0.05	1.50
巴拉圭	0.52	1.27

资料来源：ILO，http://www.ilo.org/global/about - the - ilo/multimedia/maps - and - charts/enhanced/WCMS_ 481048/lang - en/index. htm。

为了对抗严重的贫困局面，20 世纪 90 年代以来，拉美国家采取了三种主要举措：一是劳动力市场建设，包括减少童工，加强最低工资立法与减少失业等；二是增加教育，包括技术教育与培训；三是加大社会救助力度，聚焦赤贫家庭，增加儿童福利以及构建非缴费型养老金制度[1]。

需要指出的是，这三种举措在拉美实践中也是相互交织的，尤其是教育与培训，针对贫困家庭的教育政策往往体现在社会救助政策中，而培训通常和劳动力市场相关联。对于教育与培训制度的作用，经典人力资本理论认为，教育和培训对提升劳动力素质，进而提高劳动生产率与技术创新能力意义重大。

[1]　Pauline Stockins, *Good Practices in Monitoring and Reporting on the Millennium Development Goals: National Lessons from Latin America*, ECLAC Statistics Series, Printed in United Nations, Santiago, Chile, August 2013.

　　昆廷（Quentin Wodon）等证明了教育，尤其是高等教育对反贫困具备显著的效果，更加重要的是，该效果是持续性的。基于家庭调查的测算显示：如果一个家庭拥有一名接受过高等教育的成员，则其家庭收入将比类似家庭高出 80% 以上；拥有一名接受过初等教育的成员则高 21% ~ 26%①。普莱博（Jennifer Pribble）等也在测算中证实：在反贫困效应的回归模型中，教育因素效果显著，甚至大于社会保障开支因素②。

　　教育培训项目在拉美取得了良好的效果，不仅体现在反贫困领域，还体现在经济增长领域。以巴西为例，1990 年经济活动人口为 6000 万人，2010 年经济活动人口为 1 亿人，在这样的情况下，巴西的雇员人均 GDP 从 1 万美元增加到了近 1.4 万美元，稳步增加的教育支出（从占 GNI 的 4% 缓慢上升到 5% 左右）对巴西劳动生产率的提升是决定性的③。

　　另外，劳动力市场相关内容可被拆分为经济政策和社会政策两部分：积极就业与最低工资立法等属于经济政策范畴，而减少失业与减少童工（尤其是通过转移支付等手段）属于社会政策范畴，如巴西 1996 年引入的消除童工计划（Erradicaçao do Trabalho Infantil）系通过对家庭的资助以达到消除童工的目的。

　　最后，社会救助政策作为反贫困最重要的载体，发挥着巨大的作用。但需要说明的是，拉美社会救助并不是指拉美社会保障，因为拉美社会保障定义与中国不同，指的是养老金制度。作为一种与劳动关联的制度，在很长时间内拉美养老金制度反贫困作用有限④。不过，近年来的拉美社会保障、社会救助与社会福利政策开始整合在一起，拉美反贫困政策也开始从主要针对特定群体，向更高层次的制度整合方向转化。下面，首先从劳动力市场政策开始谈起。

① Quentin Wodon, et al., "Poverty in Latin America: Trends (1986 – 1998) and Determinants," *Cuadernos de Economía*, Año 38, No. 114, on the *Economics of Poverty and Income Distribution in Latin America and the Caribbean* (August 2001), Published by Instituto de Economia, Pontificia Universidad Catolica de Chile, pp. 127 – 153.

② Jennifer Pribble, Evelyne Huber, John D. Stephens, "Policies, and Poverty in Latin America Comparative Politics," *Politics*, Vol. 41, No. 4 (July 2009), pp. 387 – 407.

③ World Bank, http: //data. worldbank. org/country/brazil, 2016 年 5 月 1 日。

④ Carmelo Mesa – Lago, Fabio Bertranou, *Manual de Economia de la Seguridad Social* (Montevideo: Centro Latinoamericano de Economia Humana, 1998).

（一）主要的劳动反贫困政策

在经济社会生活中，贫困与失业两者往往相伴而来。解决贫困问题最好的举措之一是就业，经验表明，劳动力市场变革对反贫困事业具备显著效果。拉丁美洲劳动力市场的主要特征是劳动力资源丰富与劳动技能（人力资本存量）相对较低并存，这在拉美工业化不足的情况下，导致非正规就业比例在拉美始终居高不下。因而，劳动力市场政策中与反贫困息息相关的最低工资立法与促进就业政策，在拉美实施的效果与其他国家有所差异。

在拉丁美洲，主要采取的劳动政策有五种类型，分别是：培训（Training）、公共服务（Public Works）、就业补贴（Employment Subsidies）、自雇（Self - Employment）、劳动力市场服务（Labour Market Services）。此外，还有普遍存在的最低工资立法。部分国家按类型分劳动政策享有人口比例情况见表6 - 5。

表6 - 5 部分国家按类型分劳动政策享有人口比例情况

单位：%

类型	阿根廷	巴西	哥伦比亚	厄瓜多尔	乌拉圭	秘鲁	总计
培训	36	48	40	60	62	40	44
公共服务	16	10	5	0	19	11	11
就业补贴	16	5	5	0	0	3	5
自雇	28	29	40	30	10	23	28
劳动力市场服务	4	10	10	10	10	23	12

资料来源：What Works: Active Labour Market Policies in Latin America and the Caribbean。

第一种类型为培训，以1994年乌拉圭开始引进的 Programa de Capacitación Laboral（PROCAL）为典型，该项目旨在根据劳动力市场需求和失业工人实际情况，提供劳动技能课程与职业辅导，以促进就业。1994 ~ 2007 年，共有45318人接受了该培训。对于该项目的争议之一是项目的成本，平均每人花费 250 美元。

第二种类型为公共服务，以哥伦比亚在 2002 年建立的 Empleo en Acción 为典型代表，该项目旨在消除 20 世纪 90 年代末期经济危机所带来的影响（职位减少），通过在低收入区域建设基础设施的方式，试图为低技能劳动者提供临时性的工作。项目实施期间，对参与者资格进行了严格的审查——18 岁以上、非在校生、失业且不享有社会保障待遇（SISBEN），该项目为参与者提供为期 5 个月的职位。据统计，共建设了 3724 项工程。

第三种类型为就业补贴，以巴西 2003 年建立的 Programa Nacional de Estímulo ao Primeiro Emprego（PNPE）最为典型。PNPE 旨在激励企业雇用年轻员工，参与的企业在维持原水平的基础上，通过法定程序可以有奖励地雇用 20% 的新员工——16 ~ 24 岁的初次失业者，且必须为收入低于最低工资家庭成员。企业需要与被雇用的新员工签订至少 12 个月以上的合同，其并能获得 6 次（每两个月发放一次）补贴，每次为 168 美元。

第四种类型为自雇，例如阿根廷 2004 年创立的 Microemprendimientos Productivos（MEP）。该项目替换了以往所建立的基于现金转移支付的项目 Plan Jefes y Jefas de Hogar Desocupados（Plan Jefes）。该项目为受益人提供两种类型的支持：一是提供金融支持和相应设备，金额大致相当于 Plan Jefes 项目 30 个月的补贴；二是提供为期 6 个月的支持，由当地政府出资提供设备。此外，项目还为自雇者提供技术支持。

第五种类型是劳动力市场服务，以秘鲁 1996 年建立的 The Red CIL-ProEmpleo 为典型。该项目旨在提升劳动力市场效率，完善职业匹配情况。项目为企业和求职者提供职业空缺和技能需求信息，并对求职者进行辅导。仅 2006 年就有 23642 名求职者通过该系统找到了工作，这相当于求职者总数的 28%，登记职业空缺的 68%。

另外，在拉美劳动力市场中，普遍存在最低工资立法，最低工资按照一定标准调整。但是，鉴于拉美存在强大的工会力量以及工业化程度不高，最低工资的反贫困作用非常有限，最低工资提升往往使非正规就业比例的进一步提升，而不是提升实际工资水平。拉美部分国家的非正规就业情况见表 6 - 6。

表 6-6　拉美部分国家非正规就业情况

单位：%

国家	年份	非正规就业比例	非正规就业中自雇者比例
玻利维亚	2006	75.1	53.6
洪都拉斯	2009	73.9	60.2
巴拉圭	2009	70.7	40.2
秘鲁	2009	69.9	59.0
萨尔瓦多	2009	66.4	57.6
尼加拉瓜	2009	65.7	58.4
厄瓜多尔	2009	60.9	47.5
哥伦比亚	2010	59.6	70.1
墨西哥	2009	53.7	44.4
阿根廷	2009	49.7	45.7
多米尼加	2009	48.5	57.9
委内瑞拉	2009	47.5	65.7
巴拿马	2009	43.8	60.3
哥斯达黎加	2009	43.8	56.1
巴西	2009	42.2	46.3
乌拉圭	2009	39.8	65.7

资料来源：ILO Labor Statistics，2012。

（二）拉美国家社会保障制度改革

1. 拉美国家社保制度历史

总体上从大的历史阶段划分，拉美国家的社保制度发展可以划分为两个历史时期：第一阶段为 20 世纪初至 20 世纪 80 年代之前，大部分拉美国家受欧洲大陆国家的影响，逐步建立起社会保守主义特征的福利制度，此阶段为拉美国家传统社会福利制度的发展时期；第二阶段为 20 世纪 80 年代以来的改革时期，以 1981 年智利的养老金私有化改革为起点，先后有十几个拉美国家进行了自由化、市场化倾向的社保制度改革。

按照建立的时间先后顺序，拉美国家的社保制度发展分为三个组别。

第一组是先锋国家，包括智利、乌拉圭、阿根廷和巴西四国，这些国家最早建立起福利制度，相比其他拉美国家福利制度也较为发达。在这四个国家，社保制度出现于 20 世纪二三十年代，它们受"俾斯麦"模式的影响，在福利制度划分上属于欧洲大陆的"保守主义"模式。其特点是社会保障资格与就业相关联,保护那些"具有良好组织的劳动职业阶层"。这种模式在拉美国家发展呈现的特征是:社会保障计划条块分割、碎片化分布,缺乏整体统一性;每个国家都有数量众多、各自独立的社保子系统,不同行业和部门具有不同的保障计划;而每个计划又有各自依据的法律和管理机构,在融资和待遇给付上差异性很大,从而出现了社会福利的分层制结构,其中小部分特权阶层处于社会权力的中心地位,享有最优厚的待遇,而社会大众却处于底层,保障水平差[①]。

第二组是二战后开始建立社保制度的一组国家,包括哥伦比亚、哥斯达黎加、墨西哥、巴拉圭、秘鲁和委内瑞拉等十几个拉美国家,这些后发国家的社保制度在一定程度上受到了"贝弗里奇"模式的影响,具有"社会民主主义"福利体制的特征,它们强调了"普享型"的保障目标,社会保障计划往往由统一的国家行政机构管理。但这些国家的社会保障覆盖面比较有限,早期的社会保障主要集中在首都和大城市人口中,在随后的发展中,这些国家不断地为国家公务人员等优势群体建立起单独的保障计划。

到了20世纪五六十年代,这两组国家的福利模式呈现不断融合的发展趋势,采用"俾斯麦"模式的国家逐步扩展覆盖面,到20世纪70年代覆盖人口占就业人口的70%左右,但社会福利的分层化也日益加重;采用"贝弗里奇"模式的国家在为社会各阶层提供一个最低保障的同时,也不断为经济发展中的优势部门建立起相应的保障制度。此外,这两种模式的一个共同特征是都将非正式就业人口(包括农民)排除在外。

第三组是中美洲的后发国家,它们大部分于20世纪五六十年代开始建立社保制度,而加勒比地区(不包括古巴)则于20世纪六七十年代开始建立社保制度。

2. 20 世纪 80 年代以来的私有化改革

20世纪80年代,拉美国家遭遇了20世纪30年代大萧条以来最严重的经济危机,被称为"失去的10年",面临沉重的债务负担和财政危机,大

---

① Mesa - Lago, Carmelo, *Changing Social Security in Latin America* (Lynne Rienner, Boulder and London, 1994), p. 17.

部分国家政府开始运用新自由主义政策进行经济和社会体制改革。在经济全球化、人口老龄化等因素的冲击下，许多国家的社会福利体制也陷入深深的危机之中，削减传统体制下沉重的财政负担成为改革的首要目标。在这种情况下，以1981年智利的养老金私有化改革为起点，拉美国家经历了一场"自由主义"福利体制的变革进程。

社会保障制度的私有化改革突出反映在养老金制度上。传统上拉美国家的养老保障制度都为公共管理的现收现付制度，这种制度面临人口老龄化、管理效率低、待遇不公平、财政不可持续等种种问题。1981年智利采用激进的变革方式，引入一种完全私营化的DC型（缴费确定型）完全积累养老金制度。其特点为：第一，为每个雇员建立养老金个人账户，缴费为雇员工资的10%，全部存入个人账户；第二，专门成立单一经营目标的私营养老金管理公司（AFP），由其负责缴费的收集、账户的管理以及基金的投资运作；第三，政府的角色发生转变，由公共养老金的提供者变为基金市场运营的监管者，国家成立养老金监管局（SAFP），对私营基金公司进行监管。

智利模式在20世纪80年代经历了成功的改革，进入20世纪90年代后，一批拉美国家开始纷纷效仿智利的做法，进行养老金制度的结构性变革，这被称为拉美"第二代改革"。养老金私有化改革涉及的国家有11个，它们先后分别为：秘鲁（1993年），哥伦比亚（1994年），阿根廷（1994年），乌拉圭（1996年），墨西哥（1997年），玻利维亚（1997年），萨尔瓦多（1998年），哥斯达黎加（2000年），多米尼加共和国（2003年），尼加拉瓜和厄瓜多尔（2004年，这两个国家仍处于改革过程中）。这些国家改革的共同点在于引入私营管理的积累制养老金计划，但在制度结构安排和改革模式上有不同的特点。总体上划分，拉美国家的改革模式可以大致分为替代式、并行式和混合式三种类型①。

---

① 关于三种改革模式的划分参见韩大伟、厉放、吴家亨《养老金体制：国际比较、改革思路、发展对策》，经济科学出版社，2000；Indermit S. Gill, Truman Packard, Juan Yermo, Keeping the Promise of Social Security in Latin America, World Bank, 2004；Carolin A, Crabbe, A Quarter Century of Pension Reform in Latin America and the Caribbean: Lessons Learned and Next Steps, Inter – American Development Bank, 2005。

3. 近年来引入非缴费型社会养老金制度

自 21 世纪初以来，拉美地区社保私有化改革的步伐逐步放缓，许多国家开始强调国家公共养老保障责任的回归，采取措施弥补私有化社保制度的缺陷。在此转型过程中，非缴费型社会养老金计划成为拉美新一轮社保改革的亮点。

据世界银行的统计，在 2000 年至 2013 年，该地区至少有 18 个国家引入了非缴费型社会养老金计划，将近 1100 万名之前未有养老金的老年人口被纳入保障体系，社保覆盖面有近 1/3 的增幅。[①] 该趋势可以说是对 20 世纪 80 年代以来私有化养老金改革的一种模式转换，说明拉美国家已开始重新审视政府在社会养老中的责任。拉美地区的非缴费型社会养老金可划分为三种类型。一为普享型：包括玻利维亚和特立尼达和多巴哥两国，所有符合条件的老年人都可获取社会养老金。二为融合型：在阿根廷、巴西、智利、墨西哥、巴拿马和乌拉圭等国家，社会养老金为补缺性质，覆盖未加入缴费型养老金的群体。三为目标定位型，在哥伦比亚、哥斯达黎加、厄瓜多尔、萨尔瓦多、巴拉圭和秘鲁等国家，社会养老金主要针对社会贫困群体。就待遇水平而言，大部分国家社会养老金待遇水平超过了贫困线，有的甚至是贫困线的几倍之上。就财政负担而言，大部分国家社会养老金占 GDP 的比重都低于 1%，处于财政可以承担的支付水平。

拉美国家的非缴费型社会养老金在扩展社保覆盖面中起到了关键性作用，在玻利维亚、厄瓜多尔、智利和哥斯达黎加四国，仅有非缴费型社会养老金待遇的老年人的比例分别达到了 58%、17%、14% 和 21%。[②] 非缴费型社会养老金对于扶贫同样重要。阿根廷、巴西、智利和哥斯达黎加四国在引入非缴费型社会养老金制度后，老年人的贫困发生率下降幅度为 20% ~ 30%，而赤贫率的下降幅度则更加明显，例如在巴西达到了 95.5%，智利和阿根廷则为近 70%，充分说明了社会养老金对于赤贫人口的重要保障作用。

---

① Beyond Contributory Pensions in Latin America and the Caribbean, World Bank, http://WDSContentServer/WDSP/IB/2013/11/21/000333037_ 20131121153001/Rendered/PDF/827240WP0P12960siones 0contributivas. pdf, 2013.

② R. Rofman, L. Lucchetti, G. Ourens, Pension Systems in Latin America:Concepts and Measurements of Coverage, World Bank, 2008.

（三）拉美国家的社会救助政策改革

拉美经验显示，社会救助政策对反贫困发挥了重要作用，遗憾的是，拉美福利统计并不区分缴费型与非缴费型制度，而是把所有的转移支付放到一个大类——社会保障与福利支出。在探讨反贫困政策时，显然非缴费型制度作用更大。原因在于：缴费型制度是一种与工作关联的制度，其反贫困功能较弱；非缴费型制度可分为普惠型与针对特定群体两种主要情况，是反贫困的主要制度载体。因而，对拉美反贫困政策作用的探讨，需要将社会救助政策拆解为更为具体的内容。

进入 21 世纪以来，拉美的社会救助政策可以分为三种类型：一是各种类型的家庭计划，如阿根廷有 Jefes y Jefas，巴西有 Bolsa Família，哥伦比亚有 Familias en Acción①；二是各种综合型计划，如智利的 Solidario，厄瓜多尔的 Bono de Desarrollo Humano，秘鲁的 Peru juntos；三是各种针对特定群体的计划，如巴西为养老金和教育、巴拉圭为社会保护、乌拉圭为生育、秘鲁为教育、玻利维亚为老年医疗等提供特殊的福利政策。

在对拉美社会政策梳理的过程中发现，拉美国家在相同时期采取的部分社会政策具有高度相似性：不仅名字近似，而且内容相当接近，都是在解决赤贫（饥饿）问题的基础上，聚焦教育、医疗和家庭福利。虽然在当时拉美国家之间并没有统一的社会政策框架，但由于历史渊源和经济社会发展的相似性，拉美国家的社会救助政策具备进一步整合的可能性。

而且，21 世纪初期的拉美社会救助政策，具有明显的从"需要"出发的特征，在某种程度上，拉美反贫困举措可以被理解为不同国家针对各自的脆弱群体的需要（UBN），按照本国实际能力提供的社会救助项目。不过，当时拉美的社会救助项目覆盖范围远不如今天，其原因有二：一是社会救助政策本身的滞后性，社会救助政策从颁布实施到初见成效需要很长时间；二是当时拉美国家普遍处于应对外部冲击的时期，公共财政的支持力度不足。即便如此，当时部分项目已经覆盖了相当数量的贫困家庭。详情参见表 6 - 7。

---

① 这些计划名字大同小异，详细翻译参见表 6 - 7。

表 6 - 7　拉美部分国家 21 世纪初期（2000～2006 年）社会救助政策概况

国家	项目	针对目标	覆盖情况	起始年份
阿根廷	家庭计划	消费水平	200 万个家庭（2003 年）	2002
	社会融合家庭计划	消费水平		2005
	家庭保障之死亡补贴	提供丧葬补助 ARS1000（2007 年）	丧偶遗属、同居遗属以及 18 岁以下遗属	2006
玻利维亚	教育计划	为学生提供补贴	在校学生	2006
巴西	博尔萨家庭计划	饥饿、医疗、教育、培训、养老	4400 万个家庭（2006 年）	2003
	博尔萨学校计划	教育	1120 万个学校（2006 年）	2001
	继续受益计划	消费水平	70 万个家庭（2002 年）	1996
哥伦比亚	家庭行动计划	营养、教育、医疗与性别平等	51.5% 家庭（2005 年）	2001
智利	团结计划	医疗、教育、住房、就业等	15 万个家庭（2005 年）	2002
厄瓜多尔	团结发展	教育、童工	106 万个家庭（2006 年）	2004
墨西哥	退休储蓄账户系统改革	养老	扩展至农村、政府雇员，并改进 AFP	2001～2003
巴拉圭	社会保护支持网络	消费水平	0.5 万个家庭（2005 年）	2005
秘鲁	聚合秘鲁计划	消费水平	7.1 万个家庭（2006 年）	2005
	老年医疗保障计划	为老年人提供免费医疗服务	60 岁以上居民，没有其他社会保障	2006
乌拉圭	紧急生育保障计划	生育	8.3% 家庭（2006 年）	2005

资料来源：笔者根据相关数据整理而来，参见 Enrique Valencia Lomelí, "Conditional Cash Transfers as Social Policy in Latin America：An Assessment of Their Contributions and Limitations," *Annual Review of Sociology*, Vol. 34, 2008, pp. 475 - 498；Armando Barrientos, Claudio Santibáñez, "New Forms of Social Assistance and the Evolution of Social Protection in Latin America," *Journal of Latin American Studies*, Vol. 41, No. 1（Feb.）, 2009, pp. 1 - 26；José Ignacio Antón Pérez, et al. , "Pobreza y desigualdad en América Latina：Del crecimiento a las transferencias condicionadas de renta," *Revista CIDOB d'Afers Internacionals*, No. 85/86, pp. 157 - 183。

在 21 世纪初期，拉美社会救助政策的反贫困效果是相当显著的，如巴西的博尔萨家庭计划，其支付相当于家庭消费水平的 20%，智利的团结计划支付水平相当于贫困线的 18%～50%，秘鲁的聚合秘鲁计划支付水平相当于赤贫线的 88%[①]。显然，能够享受到这些政策的群体经济状况得到了明显的改善，尤其是赤贫群体，在领取相应福利之后，脱离赤贫的可能性极大。这正是拉美贫困发生率自 2003 年峰值后迅速下降的最重要原因所在。

最后，需要指出的是，在"次贷"危机爆发之前，拉美的社会救助政策开始出现与传统社会保障制度融合的趋势。当时的社会救助政策改革聚焦于完善已有的社会保障制度，阿根廷、巴西、智利与秘鲁等国纷纷对社会保障制度进行修正，这一态势在此后外部冲击的作用下，在下一个时期中得到了更为迅速的发展。

"次贷"危机及随后"欧债"危机的爆发，给经济持续繁荣的拉美带来了持续的高强度冲击。在社会政策领域，受多年来财政支出居高不下的局面以及外部压力的双重影响，拉美社会政策转向了整合与完善阶段。在新的时期，随着拉美贫困发生率的逐渐下降，拉美社会政策呈现三个特色：一是加强了社会救助与养老金等传统社会保障内容的衔接与整合；二是针对特殊脆弱群体，引入了新的 CCT 计划；三是整合已有的日益庞大的家庭福利计划。这种改良式的发展历程，既是对以往发展路径的延续，也体现了反贫困政策开始从针对特殊群体转向整体发展。

加强对传统社会保障制度的整合力度，主要原因在于拉美传统社会保障制度存在三大缺陷：一是覆盖范围过小，二是制度缺乏再分配效应，尤其以养老金制度最为明显；三是财政负担日益沉重。以阿根廷为例，在其宣布退出个人账户制度当年（2008 年），养老金支出占公共财政支出的份额已经接近一半[②]。由于传统社会保障制度覆盖范围小，如玻利维亚、阿根廷、哥伦比亚等国，覆盖率均在一半以下，这意味着老年人贫困无法避免。为此，个人账户制度的创始国智利，在 2005 年引入了最低养老金保障制度（Guaranteed Pension，旨在解决老年人贫困问题），该做法随后被哥伦比亚、秘鲁、厄瓜多尔等国效仿。

---

① Enrique Valencia Lomelí，"Conditional Cash Transfers as Social Policy in Latin America: An Assessment of Their Contributions and Limitations," *Annual Review of Sociology*，Vol. 34 ，2008，pp. 475 – 498.

② 详情参见高庆波《阿根廷与中国养老金制度改革比较》，《拉丁美洲研究》2011 年第 5 期，第 47 ~59 页。

但是，最低养老金保障制度毕竟是对缴费群体的一种收入再分配制度，其无力解决最困难群体的养老问题。因而，此后各国普遍引入了符合各自国情的非缴费型养老金计划，也就是国民年金制度：2007 年，玻利维亚引入了体面养老金；2008 年，智利引入了基本老年年金；2009 年，厄瓜多尔引入了最低年金；2011 年，秘鲁引入了 65 养老金计划。这些制度虽然名字各异，但实质内容相同，都是国民年金制度。

新时期的拉美社会反贫困政策另一个特征是加强了对特殊脆弱群体的保护，其多以 CCT 计划方式实现，如阿根廷引入了儿童补贴、生育补贴；玻利维亚提供了妇女儿童补贴，这些有条件现金转移支付计划的实施，进一步减少了特定脆弱群体陷入贫困的可能性。最后，拉美各国开始对日益复杂的家庭福利政策进行整合，如巴西提出了消灭贫困计划，该计划整合替代了博尔萨家庭计划、博尔萨学校计划等；乌拉圭整合了原有职工家庭补贴计划与低收入家庭补贴计划，合并建立了新家庭补贴计划。详情参见表 6 - 8。

表 6 - 8　拉美家庭福利计划概况（2007 年至 2013 年）

国家	项目	性质与内容	资格条件	起始年份
阿根廷	生育补贴	为怀孕母亲提供补贴 ARS 220 每月（2011 年）	怀孕 12 周以上，没有其他社会保障	2011
	儿童补贴	为儿童提供补贴 ARS 220 每月（2011 年）	未满 18 岁；儿童所在家庭收入低于最低工资	2009
玻利维亚	妇女儿童补贴	BOB 1820 每年（2009 年）	妇女、儿童	2009
	体面养老金	国民年金（替代 Bonosol）BOB 2400 每年（2009 年）	60 岁以上本国居民；有其他养老金，则发放 75%	2007
巴西	消灭贫困计划	综合反贫困计划，Bolsa Família 等的继任者	贫困人口	2011
智利	基本老年年金	国民年金	65 岁以上，无社会保障或养老金低于最低养老金，2009 年为 75000 CPL	2008
哥伦比亚	家庭养老金配偶计划	年金数额等于法定最低工资	夫妻同时申请，男 62 岁，女 57 岁以上；无社会保障	2012
厄瓜多尔	最低年金	数额为法定最低工资一定比例，按照通胀调整	家计调查	2009

国家	项目	性质与内容	资格条件	起始年份
墨西哥	非缴费型养老金	525 比索，两月一付，定时调整	65 岁以上，居民	2013
多米尼加	农村非缴费型养老金	每月补贴 500 比索	70 岁以上，收入低于 2500 比索	2007
秘鲁	65 养老金计划	国民年金，数额为 PEN 250 每月（2011 年）	65 岁以上，没有社保	2011
	养老金补充收益	最低养老金保障	65 岁以上，缴费低于 20 年，养老金低于最低养老金	2007
乌拉圭	新家庭补贴计划	综合家庭补贴，整合原有职工家庭补贴计划与低收入家庭补贴计划	脆弱家庭青少年、儿童	2009

资料来源：笔者根据国际社会保障协会相关资料整合得出，详情参见 https：//www. issa. int/ country-profiles，2016 年 4 月 30 日。

（四）拉美国家社会福利制度改革的几点经验总结

拉美地区是全球社保制度的一个试验区，自 20 世纪 80 年代以来的社保私有化改革受到广泛关注。以 1981 年的"智利模式"为起点，该地区先后有 13 个国家进行了养老金制度的结构性变革，将传统的现收现付制养老金制度转变为基于个人账户的积累制模式。但自 2000 年以来，这种改革步伐开始"停滞"下来。尤其是 2008 年的金融危机之后，拉美国家经历了新一轮的社保改革，以智利建立社会团结养老金和阿根廷取消个人账户为典型，这轮改革的特点是回归国有化，强调政府在社保制度中的国家责任，可以得出以下几点经验教训和启示。

第一，拉美引入的个人账户计划并没有对扩大社保覆盖面做出积极贡献。经历 20 世纪 80 年代以来的私有化改革，许多国家引入了缴费型的个人账户养老金制度，但改革中大多数国家的养老金覆盖面处于"停滞"或下降状态。从理论上讲，个人账户计划有利于加强经济激励，鼓励养老金储蓄，但这种效果在拉美并未显示出来。其中的一个重要原因在于：强制储蓄性的养老保险覆盖率在很大程度上与宏观经济状况和劳动力就业相联系。自

20 世纪末以来，拉美整个地区就业市场的一个显著特征是非正规性越来越强，针对在大规模的非正规部门就业，缴费型养老金制度显得无能为力。

第二，在大多拉美国家，正规部门与非正规部门之间社保覆盖面存在显著差别，说明仅靠缴费型养老金制度，很难缩小农村与城市之间的社保覆盖面差距。从拉美国家 30 多年来的改革进程看，越来越多的国家正在引入非缴费型社会养老金计划，同时放缓养老金私有化改革的步伐。

第三，非缴费型社会养老金计划对国家扶贫起着重要作用。在许多拉美国家，非缴费型养老金在降低老年人贫困方面起到了突出作用，例如在阿根廷、巴西、玻利维亚和智利等国家，社会养老金待遇水平大都与社会贫困线或人均收入相挂钩，绝对额大都处于社会贫困线之上，并按年度进行指数化调整。

第四，拉美国家的社保个人账户制度处于不断完善之中。尽管拉美的私营社保基金取得较高的投资回报率，但也面临储蓄不足、管理成本高以及再分配性差等问题。近年来，智利、墨西哥、哥伦比亚等国家通过改革对个人账户制度和养老金投资体制进行了改革，取得了一定效果，但长期效果仍需观察。

第五，总体来看，拉美国家的社保制度正在向多支柱体系过渡。以往拉美国家的社保体系过分倚重个人社保储蓄，忽视了国家再分配责任。金融危机之后，许多拉美国家越来越重视针对社会中低阶层的分配政策，政府责任的第一支柱得到了加强。同时，国家通过缴费补贴、税收优惠等方式鼓励第二、第三支柱的发展，使多支柱体系结构更加平衡。

第六，在传统未进行社保私有化改革的拉美国家（如巴西等），由于人口老龄化、劳动力市场非正规化、经济增长率下滑以及财政收紧等因素，近年来社保制度改革面临越来越大的压力。改革的主要措施在于参量式调整，如提高退休年龄，延长缴费年限，严格待遇资格条件，建立精算式财务调整机制等，取得了一定效果，但改革难度较大。一个尤为突出的问题是公共部门（政府机构）的社保支出问题，使许多国家的财政面临很大压力。

第七，在社会救助制度方面，由于拉美国家贫困发生率较高，收入两极分化严重，因此许多国家实施了大量"社会项目"，其中有条件的现金转移支付计划在减贫方面取得了有效成果。金融危机之后，由于经济条件变差，许多社会救助计划的支出力度下降，减贫开始面临压力。

三　主要国家案例

（一）巴西

巴西是世界上收入分配不平等最严重的国家之一，基尼系数长期在 0.6 之上，21 世纪后略有下降，仍保持在 0.55 之上；同时，巴西又是世界上贫困发生率较高的国家，2003 年以前近 40% 的人口生活在贫困线以下。这种现象与巴西作为拉美第一大国的经济地位很不相称，更与同在 20 世纪 70 年代进入中等收入国家行列的新加坡、韩国相差甚远，后者均已在 20 世纪 90 年代上半期进入高收入国家，而巴西则在 "中等收入陷阱" 中徘徊了近 40 年。巴西的贫困与收入不平等与其奴隶社会遗留下来的大地产制和社会排斥有很大关系。

1. 贫困的根源

土地集中。16 世纪建立殖民地之后，巴西形成了大地产制，土地向少数人集中，1920 年 10% 的人控制了 75% 的土地，近一个世纪过去也未有明显改观。2006 年农业普查显示，土地分配集中化程度进一步提高，大型商业农场占用了近 3/4 的耕地。土地集中加上很多小农经常负债和破产，农民失去土地和生活来源，失地、缺地造成贫困的现象严重。

教育集中。2000 年巴西收入最低的 20% 家庭中适龄人口进入公立小学的不足 70%，进入公立中学的只有 5%，几乎没有人进入公立的高等学府学习。相反，收入最高的 20% 家庭中这三个比例分别是 41.5%、22.4% 和 13.6%。高等教育的公共资源严重倾向高收入者，造成穷人的孩子在低水平人力资本上徘徊，无法具有提高脱贫的能力。

福利集中。到 20 世纪 70 年代末，巴西的社会保障制度已经覆盖全部正规就业部门。但非正规就业者和灵活就业者一直被排斥在制度之外。巴西公共支出中社会保障支出占 70%，向富人倾斜严重。1998 年，巴西社会保障支出流向高收入者的占 65%，其中最富的 10% 人口就拿走了 50%。

2. 减贫政策的推进

20 世纪 70～90 年代中期，民主化推进社会支出增加，但减贫效果被极端通胀抵消。1988 年巴西新宪法颁布，强调向地方分权，在预算软约束下，州和市政府大举增加社会支出，贫困问题有所缓解，但靠举债发福利的日子不得长久，很快就发生了恶性通胀，1988 年通胀率升至 981.0%。1989 年民选的科洛尔总统上台，宣布采取紧缩政策，取消面向穷人的食品和营养计划，缩减了福利开支，结果贫困率反弹，到 1993 年达到 43%，赤贫率达到 20%。

20 世纪 90 年代中期最低收入保障制度和"有条件的"社会救助制度建成，贫困率有所下降。1993 年巴西政府出台《统一社会救助法》，建立最低保障和非缴费型的养老金计划，这项计划的"瞄准"度较高，低收入和弱势群体获得了实惠，对减贫起到了一定的促进作用。1995 年，根据联合国千年发展计划，巴西政府调整了社会救助法案，开始实施"入学资助计划"（Bolsa‐Escola Program，BEP）。这项计划将救助对象由低收入者转向有适学子女的贫困家庭，要求接受救助的家庭应向子女提供教育投资，送子女入学接受基础教育。因此，社会救助就变成"有条件的"现金转移支付。1993 年巴西启动"雷亚尔计划"（Plano Real），通胀率迅速下降，1998 年降到了 3.19%。实际工资增加，货币的购买能力增强，政府社会支出增加，到 1998 年贫困率降至 34%。

2003 年之后巴西社会政策目标调整。2003 年卢拉上台后，为了避免政治领袖和利益集团对社会政策改革进行阻挠，卢拉政府绕过社会保障改革的立法程序，通过行政手段实施社会保障项目，其中最重要的就是"家庭救助金计划"（Bolsa Família Program，BFP）。这是一项全国性的社会救助项目，为月收入在 120 雷亚尔以下的家庭提供现金转移支付。到 2006 年，其覆盖了所有贫困线以下的超过 1100 万个家庭，覆盖人口相当于巴西总人口的 1/4；2009 年，受益家庭达到 1240 万个，受益人口高达 4950 万人，约占巴西全国人口的 26%；2010 年底，受益家庭达到 1290 万个。该项计划 90% 的受益者来自收入最低的 40% 家庭，其中 68% 的受益者来自收入最低的 20% 家庭[①]。2003 年起，

---

① Bertelsmann Stiftung, *BTI 2012-Brazil Country Report* (Gütersloh: Bertelsmann Stiftung, 2012), p. 15.

受国际大宗商品价格走高的带动，巴西经济进入快速增长期，到 2010 年，先后有 2000 万人摆脱绝对贫困、3100 万人进入中产阶层，贫困率由 2003 年的 38.7% 下降至 2011 年的 20.9%，赤贫率由 2003 年的 14% 降至 2011 年的 6.1%。

3. 主要的减贫措施

《统一社会救助法》规定：超过 25 岁的人如果月收入不足 2 个最低工资，则可以得到政府提供的社会救助金，救助金标准相当于个人工资与最低工资之差的 30%；家庭人均收入低于 1/4 个最低工资的 65 岁及以上老年人和残疾人，可以领取相当于最低工资的养老金；农村 60 岁及以上老年人无须缴费便可领取相当于最低工资的养老金。

与其他拉美国家有条件现金转移支付由中央政府主导的做法不同，巴西的"入学资助计划"（BEP）由市政府设计并负责实施。这是新宪法扩大地方财权和事权的体现，但因巴西地区间经济差距较大，各地政府在现金转移支付计划上的负担差别很大，经济发达的南部和东南部地区 BEP 支出只占政府收入的 0.2% ~ 3.6%，而经济落后的北部和东北部地区 BEP 支出则占政府收入的 11.5% ~ 19.2%。社会支出的负担畸轻畸重，影响了地方政府推行这项现金转移计划的积极性。为此，2001 年巴西将各市管理的 BEP 并入"全国学校资助计划"（National Bolsa – Escola Program，NBEP），此后该计划由联邦政府负责实施。2002 年，全国学校资助计划就覆盖了 500 万个家庭。这项福利计划不仅为低收入家庭提供收入支持，而且敦促贫困家庭为子女上学投资，推动了巴西家庭教育投资的增加。2000 年以后巴西各个阶段入学率均有提高，中等教育表现尤为明显，巴西中等教育入学率比十年前提高了 3 倍多。

4. 小结

Nanak Kawani 和 Hyun H. Son（2006）的研究显示，卡多佐执政以后，尽管人均实际收入因通货膨胀而减少，但有条件的现金转移支付增加了穷人的收入，1995 ~ 2004 年，劳动收入年均下降 1.49%，而非劳动收入年均增加 0.86%，缓解了实际收入减少对穷人生活的影响。

尽管巴西经济波动、执政党交叠更换，但减贫政策保持了连续性。从卡多佐的社会救助计划，到卢拉的家庭救助金计划，再到罗塞夫的巴西无贫困计划，政党对选票的追求在民粹主义推动下不断抬高社会支出，作为左派政党重要票仓的贫民因此得益。不过，随着 2013 年大宗商品价格回落，巴西经济急剧下滑，贫困发生率再度回升。

总之，巴西的减贫政策提供了一些有益借鉴。一是通过对贫困者的甄别，寻找到真正的穷人，提高减贫政策的瞄准度。二是寻找最贫困人群，根据其状况不同对待，利用贫困差值确定受助者受助水平。三是增加对幼儿教育和健康的投入，让贫困家庭的学生优先入学。

（二）墨西哥

1. 贫困的测量（1990～2010 年）

20 世纪末，墨西哥测量贫困技术委员会（CTMPM）提出了一个全国统一的官方测量贫困方法，采用由国家统计、地理和信息局（INEGI）（现在为国家统计和地理局）每两年发布的全国家庭收入和支出调查的结果，同时参照 CTMPM 数据来源和联邦政府社会发展秘书处对贫困状况的划分，以及拉美经委会（CEPAL）对菜篮子标准的规定，将墨西哥贫困划分了三级。①食不果腹类贫困。家庭人均收入低于满足基本食物需求的标准，即每天 2220 卡路里。②能力型贫困。家庭人均收入低于满足对食品、健康和教育（小学和中学基础教育）的基本需求标准。③财产型贫困。家庭人均收入低于满足食品、服装、鞋帽、住房、医疗、公共交通和教育的基本消费需求标准。2003 年墨西哥成立国家发展政策评估委员会（CONEVAL），取代测量贫困技术委员会，对贫困的测量方法引入了资源缺乏和收入两种因子，确定"多维度贫困"测量方法；2008 年后又引入社会融入程度、教育落后程度、医疗服务可获性、居住环境质量和基本服务等因子，以此衡量的贫困率为 44.4%，赤贫率为 10.6%；到 2010 年，贫困率和赤贫率分别为 46.2% 和 10.4%。

2. 减贫政策的主要内容

（1）"机会"计划。"机会"计划是墨西哥具有代表性的有条件现金转移支付计划，它通过给予直接的经济支持换取家庭对人力资本的培养。该计划向有资格的家庭提供不同水平的现金支持，对受助家庭未成年人进行身高、体重的检测，但要求受助家庭的未成年人必须登记入学。"机会"计划通过教育转移支付（如奖学金）帮助儿童和青少年（尤其是农村地区，因为这里的妇女较早离开学校，对其子女提供足够家庭教育的能力不足）完成基础教育，利用现有的医疗卫生服务为受助家庭提供基本医疗服务，采取措施改善贫困家庭的食品消费和营养状况（特别是那些严重营养不良的儿童和妇女）。

2004 年世界银行评估认为这项计划对减少贫困和赤贫发挥了作用。不过，只依靠现金救助无法真正脱贫，一旦计划取消很多人会再次陷入贫困，且奖学金等助学项目在减贫方面的效果仍存在不确定性。

世界银行 2004 年的报告指出"不仅社会支出可以减少贫困，而且自己也可以减少"，警告说"政府目前的极端贫困战略在社会领域的发展比在生产领域要快得多，而后者应是未来政策的重点"。事实上，基于消费增长而不是收入增长的减贫是不可持续的。有研究显示，将赤贫（即食不果腹类贫困）人口减半，墨西哥的经济增速至少要维持在 5% 以上，而实际上，2000~2009 年墨西哥经济增长速度在拉美地区排名倒数第二，只高于海地，赤贫率和贫困率都在上升。

（2）"更好生活"计划。根据前任政府的政策方针，卡尔德龙政府推出了"更好生活"计划，试图建立一个在脆弱群体救助、灾难性医疗费用保障、暂时性失业保障、市场机会支持和自然灾害保障五个方面的社会保障网。

"更好生活"计划将经济政策与社会政策连接起来。在社会政策上增添促进经济的内容。①发展"机会"计划，让穷人的孩子拿到奖学金，获得教育和职业培训，提高生产能力。②增加幼儿园和托儿所，提高未来劳动力的素质。③发展社会生产性基础设施，涉及通信、交通运输、供水和能源等。④改善社区生活状况，规范社区规划，促进生态可持续发展。同时，在经济政策上引入社会发展的内容：①修订劳动法，降低就业门槛，使工作获取更加容易；②创造就业渠道；③帮助贫困家庭增加储蓄；④发展区域经济；⑤巩固法律和公共安全。

为此，在"机会"计划基础上，增加了新的政策支持：每月为"更好生活"计划提供食品援助，以"弥补"食品价格通胀；提供能源支持，以帮助承担能源成本，特别是天然气和电力；为受助家庭中年龄超过 70 岁成员提供补贴；对于在 22 岁之前完成高中学业的年轻人，该计划将以现金转移支付的方式给予奖学金。

（三）阿根廷

1. 减贫计划

（1）家庭融入社会计划。家庭融入社会计划是在原有计划基础上，为应对 2001～2002 年经济危机而增加了收入补助内容，2003 年全面实施。重点资助贫困人口占比较高的地区。规定：向有未成年子女、孕妇且没有接受失业补助和家庭补助或助学金的贫困家庭提供现金资助，但要求受助家庭中的孕妇、子女接受体检，保证子女入学。资助直接提供给女性家庭成员（学历在高中水平之下）。受助金额按子女数和孕妇数发放，子女上限为 5 人。受助家庭必须提供定期医疗检查结果、接种证明和 5～18 岁子女入学的季度证明。2004 年 10 月，该计划增加规定，将资助目标集中在有就业途径的受益者上，其他人员被移入其他救助计划中。

（2）立即行动计划。其于 2003 年 8 月实施，主要是通过向农业、畜牧业、工商业和服务业等领域的创业活动提供技术支持、培训资金，提高弱势群体的生产性技能。具体活动包括个人或家庭创业、为生产提供支持服务、生产链上的生产活动、自用消费项目、商业领域的创业、劳动工具的生产活动等。参加活动人需先通过地方咨询委员会提出一个项目，向社会发展部和劳动部提出申请，经审核通过后方能获得资助，申请人需详细列明参与项目的个人信息、项目计划、所需资助项目，并提交财务分析、竞争分析、推进计划、可持续性分析等在内的可行性报告。到 2006 年 9 月，该计划实施 3 年，共有 1928 个组织提出资助申请，其中 1482 个得到了资金。2003～2005 年，大约 3 亿比索（约 1 亿美元）的投资分配给了 5.4 万个生产单位，51 万个小生产者，共发放 3.6 万笔贷款及小额贷款。不过，由于申请程序复杂，该计划需要通过地方咨询委员会提出申请，这影响了资助的瞄准度。

2. 实施效果和问题

20 世纪 80 年代阿根廷经历经济危机，恶性通胀频发，失业率从 1990 年的 6% 增至 2001 年的 17%，贫困率也由 1990 年的 22% 增至 2011 年的 38%。为此阿根廷政府加大公共支出，实施了一些促进就业和增加保障的社会计划，其中以"失业家庭户主计划"为代表，这是阿根廷的第一个有条件现金资助计划。补助水平相当于最低工资，要求受助家庭的子女必须上学，失业的受助者要在社区工作。虽然规定受益对象是失业者和弱势群体，但仍有一些懒散人员享受资助，这与阿根廷社会计划的管理特点有关。

阿根廷社会计划的管理特点是：社会机构（通过地方咨询委员会）申请资助项目，劳工部进行遴选并与获准的机构合作，向其提供资助，地方政府负责监督实施。其弊端是，社会机构利用公共资源要求受益者为其指定的政客提供选民支持，结果是一些不符合资格条件的人获得了资助，而另一些真正需要帮助的人却被排斥在外。受排斥的人无处申诉，采取拦路示威运动的方式要求参与社会计划。研究显示，2002 年危机过后，大约有 150 万名失业者未获得失业家庭户主计划的资助，有 20 万个非贫困家庭却接受了资助，在受资助的家庭中有 25% 没有让 18 岁以下子女接受教育。2004 年，"失业家庭户主计划"对降低赤贫率仅贡献了 3.2 个百分点、对降低贫困率贡献了不足 1 个百分点（分别由 18.2% 和 40.9% 降至 15% 和 40.2%）。

（四）哥伦比亚

1. 减贫进程

自 20 世纪 90 年代末经济危机以来，哥伦比亚社会政策的发展进入新时期：开发一系列社会计划以消除极端贫困、减少经济衰退对弱势群体的影响。这时期哥伦比亚政府推出的"家庭行动"计划（FeA）是有条件的政策支持计划，力图改善受助家庭的自身发展能力。Lasso 在 2004 年的文章中指出，对教育的公共支出和对健康需求的补贴是该国 1997 年至 2003 年不平等问题得到改善的重要因素。Núñez 2009 年的研究进一步证明了社会计划补贴对 2008 年哥伦比亚改善贫困和不平等状况的作用，发现诸如"保护儿童"计划、"家庭行动"计划、家庭津贴计划、"家庭护林"计划、养老金和公共事业补贴计划等有利于减少贫困并改善收入分配状况。不过，劳动力市场用工标准高制约了增强社会包容的减贫政策的实施。Vélez 在 1996 年的关于社会补贴瞄准度问题的研究，发现该国最富裕的 10% 人口占据了社会补贴总量的 35%。Núñez 发现，31% 的补贴（不包括养老金）落入了最富裕的 1/5 人口手中，而最贫穷的 1/5 人口只获得了补贴（不包括养老金）的 19%，最富裕的 1/5 人口得到了养老金支出的 45%，而最贫穷的 1/5 人口只获得了养老金支出的 14% 。

社会公共支出是减少哥伦比亚贫困和不平等问题的重要因素，但糟糕的社会计划瞄准度削弱了政策效果。2002 年哥伦比亚贫困率为 49.4% ，2005 年降至 45% ，2010 年降至 37.2% 。尽管贫困水平在下降，但仍有 40% 人口的收入低于菜篮子消费水平的最低标准。2015 年约有 256 万个家庭得到了"更多家庭行动"计划的支持，该计划预算规模达到了 22.53 亿哥伦比亚比索，相当于国内生产总值的 0.3% 。

2. "更多家庭行动"计划及其效果

"更多家庭行动"计划的前身是"家庭行动"计划（FeA），于 2000 年推出，最初目标是对居住人口 10 万人以内的城市和乡镇给予暂时性干预。从 2007 年起，该计划逐步扩展，开始面向有更多居住人口的城镇。到 2012 年，这一计划成为得到法律支持、覆盖全国的长期社会计划。"更多家庭行动"计划的目标是致力于消除并预防贫困、促进人力资本的形成，为那些需要经济援助来抚养儿童、未成年人的家庭提供支持，帮助他们获得健康饮食、及时的发展以及持续的教育。这些贫困和脆弱家庭可以得到直接、有条件的、定期的货币转移支付，以补充其收入，改善家中不满 18 岁青少年的健康和教育状况。

筛选机制。哥伦比亚建有"社会计划潜在受助者识别系统"（SISBEN），根据生活水平和官方认定结果进行资格认定。"更多家庭行动"计划中有 55% 的受助家庭通过这一系统获得认定。SISBEN 给每个家庭打分，以确定其受助水平。

SISBEN 使用多维指数，通过健康、教育、居住质量和脆弱性的不同变量来衡量申请家庭的生活状况。该指数是根据不同的城市化水平，利用统计模型通过加权变量计算得来。据此，"更多家庭行动"计划确定了筛选门槛，14 个主要城市的分值为 0 ~ 30.56，其他城市的分值为 0 ~ 32.2，而农村地区的分值则为 0 ~ 29.03。

资助条件。①受助家庭须保证家庭中所有不满 7 岁的儿童参加卫生部"成长与发展监控中心"（CCD）组织的健康检查，每两个月一次。②受助家庭中 5 ~ 18 岁成员须在相应年级注册入学且达到必要的上课出勤率，即至少参加学校全部课程的 80% （出勤率以 10 个月一学年为考察周期）。如果没达到出勤率，则将失去资助。

转移支付机制。其分为无条件转移支付和有条件转移支付两种方式。①无条件转移支付是为所有完成注册的家庭在注册期间发生的运输及文件费用提供补贴，儿童数量较少的家庭获得的资助更多。②有条件转移支付取决于家庭对相关健康和教育责任的连续履行情况。家庭健康资助面向 7 岁以下儿童家庭，每个儿童或未成年入校上学（小学和中学教育阶段）者都可获得资助，支付金额随年级的增长而增加，对学前教育还有特别资助。

退出机制。受助家庭出现如下情况时，可以退出该计划：生活状况改善、子女长大、长期未履行计划内职责、提供虚假家庭信息。当受助家庭的生活状况得到改善并在"社会计划潜在受助者识别系统"中的得分超过选择范围分值，该家庭可退出该计划。

瞄准问题。社会计划最大的问题是对受助对象的瞄准。研究显示，某项社会救助计划中有 58% 的受助者并非贫困人口，住房补贴计划中 8% 收入较高人口获得的补贴占该计划全部转移支付金额的 41%。已有研究提出的建议包括：引入规则适宜的退出机制；强化计划实施过程的监测和效果的评估；有效整合涉及各类计划的社会政策；建立包容性劳动力市场，提高正规就业人员的薪酬，同时降低非正规就业人员加入社会保障计划的门槛。

（五）来自四国案例的主要结论

上述四国是拉美最大的四个经济体，合计人口 4.17 亿人，占拉美和加勒比地区总人口的 66%，经济总量占拉美和加勒比地区经济总量的 77%。四国减贫计划各有千秋，主要经验如下。

一是直接补助缓冲分配不均造成的贫困。资源配置的不公平带来财富集中，使社会福利不包括贫困补助。这些国家通过直接向贫困者提供现金补助，帮助其脱贫，指向性强。

二是转移支付均附带条件。对接受现金转移的受助者设置附加条件，敦促贫困家庭采取行动，包括让未成年子女入学、孕妇接受产检、相关人员参加接种防疫、失业人员接受培训等方式，增进这些家庭的人力资本，从而使其长期脱贫甚至永久脱贫。

三是多维指标确定贫困受助对象。不以收入等单一指标确定贫困受助对象，将人权和个人发展等因素考虑在内，确定多维贫困指标，将贫困群体分层，采取不同的减贫措施。

存在的主要问题是扶贫瞄准度不够。上述国家的减贫计划不同程度地存在瞄准问题。由中央政府规定资格条件和资助标准，由第三方机构评估资格，由地方政府监督实施，实践中，地方政府因无制定规则的权利而疏于监督，第三方机构也会用公共资源向受助者"索取"政治支持，结果造成资助对象错位。可行的解决办法是赋予地方政府更大的权限，由其制定资格条件和资助标准，按照第三方机构评估结果选定受助对象，定期重新评估资格，从而提高资助瞄准度。

四　拉美国家社会减贫政策成效及面临的问题

（一）拉美国家贫困和收入分配状况的新变化

长期以来，拉美地区被公认为世界上贫困率最高和收入分配最不公平的地区之一（另一个是撒哈拉以南非洲地区）。根据对拉美地区 19 个国家所做的估算，1999 年拉美地区的贫困率和极度贫困率分别高达 43.8% 和 18.6%①。也就是说，拉美地区有将近一半的人口处于贫困之中，而极度贫困人口几乎占到全部人口的 20%。我们知道，拉美地区是落入"中等收入陷阱"的典型代表，即经济发展水平早在 20 世纪 70 年代就进入了中等收入阶段，这种贫困率较高的原因并不是整体经济发展水平较低，而是该地区存在严重的收入分配不公。的确，拉美地区收入最低的 40% 人口只获得不到全部国民收入的 15%，而收入最高的 10% 人口却获得全部国民收入的 1/3。相比之下，收入最高的 20% 人口得到的全部收入是收入最低的 20% 人口的 19.3 倍②。但是，从 2003 年开始，拉美地区的贫困和收入分配不公问题出

---

① 这 19 个国家分别是阿根廷、委内瑞拉、玻利维亚、巴西、智利、哥伦比亚、哥斯达黎加、厄瓜多尔、萨尔瓦多、危地马拉、海地、洪都拉斯、墨西哥、尼加拉瓜、巴拿马、巴拉圭、秘鲁、多米尼加和乌拉圭。参见 CEPAL, Statistical Yearbook for Latin America and the Caribbean 2011, December, 2001, p. 65。

② CEPAL, Poverty and Inequality:The Latin America and Caribbean Outlook and Proposals for Social Protection and Education, October, 2011, p. 1.

现了明显改善迹象。首先，从贫困率变化上来看，2002 年该地区贫困率为
44%，2009 年已经降到 33.1%，到 2010 年继续下降到 32.1%；而极度贫困
率也相应从 2002 年的 19.4% 下降到 2009 年的 13.3% 和 2010 年的 12.9%。
从收入分配状况来看，拉美地区很多国家收入不公程度也开始降低。例如，
在拉美地区的 18 个国家中，2002~2009 年有 14 个国家收入最高的 20% 人
口和收入最低的 20% 人口之间的差距已经缩小，只有多米尼加和危地马拉
收入分配状况还在恶化①。

实际上，拉美地区的贫困问题由来已久，早在殖民地时期由于土地
的高度集中，大庄园主占有社会的主要财富，而广大农民则由于少地和
失地沦为贫困阶层，后来一些国家虽然也进行了土地改革，大庄园主的
势力有所削弱，但这种财富和资产高度集中的格局并没有太大的改观。
到 19 世纪后半期，当拉美地区进入初级产品出口导向阶段，为了提高初
级产品生产的规模经济效益，土地和社会财富进一步向少数人手中集中。
从 20 世纪 30 年代开始，拉美地区又转向了进口替代战略，尤其是 20 世
纪六七十年代一度在经济上取得了令人瞩目的成绩，但贫困问题依然没
有得到有效解决。到 1980 年，拉美地区的贫困人口高达 1.36 亿人，占
全部人口的 40.5%；而极度贫困人口达到 0.62 亿人，为全部人口的
18.6%②。

进入 20 世纪 80 年代，拉美地区爆发了严重的债务危机，其经济增长开
始陷入衰退，贫困状况趋于恶化，被称为"失去的十年"。因此，到 1990
年，拉美地区的贫困人口进一步增加到 2.04 亿人，占总人口的 48.4%；极
度贫困人口也增加到 0.95 亿人，占总人口的比例高达 22.6%。20 世纪 80
年代后期和 90 年代初期该地区很多国家开始进行较大幅度的经济体制改革，
虽然贫困人口和极度贫困人口的相对数量都有所下降，但绝对数量还在继续
增加，显然贫困问题没有得到根本缓解。例如在 1999 年，拉美地区的贫困

---

① 这 18 个国家分别是委内瑞拉、乌拉圭、秘鲁、萨尔瓦多、厄瓜多尔、哥斯达黎加、阿根
廷、巴拉圭、墨西哥、巴拿马、智利、尼加拉瓜、玻利维亚、多米尼加、巴西、哥伦比亚、
洪都拉斯和危地马拉。参见 CEPAL, Poverty and Inequality: The Latin America and Caribbean
Outlook and Proposals for Social Protection and Education, October, 2011, pp. 1 - 2。
② CEPAL, Social Panorama of Latin America 2011, Briefing Paper, November, 2011, p. 11,
Figure 1.

人口增加到2.15亿人，占全部人口的43.8%，比1990年下降了4.6个百分点；极度贫困人口为0.91亿人，占全部人口的18.6%，比1990年下降了4个百分点。进入21世纪，贫困人口和极度贫困人口无论从绝对数量上还是相对数量上来看都再次出现恶化趋势。2002年，拉美地区的贫困人口增加到了2.25亿人，是1980年以来的最高水平，占全部人口的43.9%，比1999年上升了0.1个百分点；极度贫困人口为0.99亿人，也是近几十年来的最高水平，占全部人口的19.3%，比1999年上升了0.7个百分点。但从2003年开始，拉美地区的贫困状况出现明显改善。到2008年，贫困人口减少为1.83亿人，占全部人口的比例也快速下降到33.2%；极度贫困人口减少到0.71亿人，只占全部人口的12.8%。2009年，由于受到全球性金融危机的影响，贫困人口总数略有上升，为1.84亿人，占全部人口的33%，基本与2008年持平；而极度贫困人口只是轻微增加到0.73亿人，占全部人口的13.1%。2010年贫困状况进一步好转，贫困人口减少到1.77亿人，占全部人口的31.4%；极度贫困人口为0.70亿人，占全部人口的12.3%，为近几十年的最好水平。2011年，衡量贫困状况的这个指标出现相反方向的变化，即贫困人口继续减少到1.74亿人，占全部人口的比例也相应下降到30.4%；但极度贫困人口增加到0.73亿人，占全部人口的比例也提高至12.8%。[①] 出现这种现象的原因主要来自两个方面：一方面是2011年拉美经济出现较快增长，GDP增长率为4.3%，带动城市失业率从2010年的7.3%降低到2011年的6.8%，据估计，实际工资水平也有了较大提高，相对2010年提高了20%，经济和就业情况的改善有利于处于贫困线附近的人口，使他们免于或者逃离贫困；但另一方面，2011年拉美地区消费价格指数上涨了6.9%[②]，由于穷人的恩格尔系数较高，处于极度贫困线附近的人口对物价变动非常敏感，这些人容易受到物价的影响再次陷入极度贫困中。

同样，收入分配不公长期以来都是拉美地区社会发展的一大顽疾，也是导致长期贫困问题的"罪魁祸首"。从基尼系数来看，拉美地区各国基尼系

---

① CEPAL, Social Panorama of Latin America 2011, Briefing Paper, November, 2011, p. 11, Figure 1.

② CEPAL, Preliminary Overview of the Economies of Latin America and the Caribbean 2011, December, 2001, pp. 95 - 116.

数都普遍较高，基本上为 0.4~0.6。在所选取分析的主要拉美地区国家中，玻利维亚、哥伦比亚、巴西、巴拉圭、智利、巴拿马和哥斯达黎加的基尼系数超过 0.5；厄瓜多尔、萨尔瓦多、墨西哥、秘鲁、多米尼加、乌拉圭、委内瑞拉、阿根廷和尼加拉瓜的基尼系数为 0.4~0.5。比较而言，除了撒哈拉以南非洲地区的基尼系数与拉美地区不相上下以外，其他地区的基尼系数都比拉美地区低。例如，东亚地区韩国的基尼系数为 0.316，而日本甚至只有 0.249；作为拉美地区前宗主国西班牙的基尼系数仅为 0.347；需要强调的是，即使在长期反对政府过度干预而信奉自由市场竞争和"自我负责"的美国，其基尼系数也不过为 0.408，和拉美地区收入分配最公平的国家（尼加拉瓜）基本持平，但毕竟美国是高收入国家，不会出现类似拉美的贫困状况[1]。

再从收入分配的五分法来看，拉美地区依然普遍存在严重的两极分化现象，但各个国家情况差异较大。如果将收入最高的 20% 家庭与收入最低的 20% 家庭相对比的话，那么玻利维亚家庭之间的收入分配差距高达 27.8 倍；而巴西、哥伦比亚、巴拉圭和巴拿马四个国家的家庭收入两极分化现象也十分严重，其收入分配差距分别为 20.6 倍、20.1 倍、17.3 倍和 17.1 倍；其他拉美地区国家的收入分配差距稍小一些，比如哥斯达黎加、萨尔瓦多、秘鲁、智利、厄瓜多尔、委内瑞拉、阿根廷和墨西哥等国，但差距也都为 10~15 倍；在所选取的拉美地区国家中，尼加拉瓜收入分配的两极分化程度是该地区最低的，只有 7.6 倍。在拉美地区之外，除了撒哈拉以南非洲地区（以南非为代表，其收入分配差距高达 25.3 倍）存在较为严重的两极分化现象以外，其他地区的两极分化现象都不十分突出，例如美国和西班牙的收入分配差距分别为 8.4 倍和 6.0 倍，而东亚地区韩国和日本的收入分配差距分别仅为 4.7 倍和 3.4 倍[2]。

在 19 世纪 90 年代和 20 世纪初，拉美地区处于经济体制转型期，其收入分配状况进一步恶化，大部分国家的基尼系数都出现了明显上升，其中年均基尼系数上升超过 1% 的国家为阿根廷、哥伦比亚和巴拉圭，只有乌拉圭、危地马拉、洪都拉斯和巴拿马的基尼系数出现了轻微的下降。到 2003 年，拉美地区收入分配状况出现了转折，大多数国家基尼系数开始下降，从

① "WDI Online", World Bank, 2010, http: //ddp-ext. worldbank. org.
② "WDI Online", World Bank, 2010, http: //ddp-ext. worldbank. org.

2002 年到 2008 年，基尼系数年均下降幅度超过 2% 的国家有委内瑞拉、萨尔瓦多和尼加拉瓜，而年均下降幅度为 1% ~ 2% 的国家分别是秘鲁、阿根廷、巴拿马、玻利维亚、智利、巴西和厄瓜多尔；相比之下，基尼系数出现上升的国家很少，其中危地马拉最为严重，年均增长接近 2%。在 2008 年金融危机后，拉美地区的收入分配状况进一步得到改善，基尼系数出现下降的国家数量继续增加，其中墨西哥、乌拉圭和委内瑞拉的基尼系数年均下降超过 2%，而萨尔瓦多、秘鲁和阿根廷的基尼系数年均下降幅度为 1% ~ 2%；只有厄瓜多尔、巴拉圭和多米尼加等少数国家基尼系数出现了轻微上升。[①] 虽然这种下降程度是非常有限的，目前还并没有改变拉美社会长期以来收入分配严重不公这一事实，但对于拉美地区各国来说，从 2003 年开始出现收入分配不公程度下降的意义是非常重大的，因为通过考察产生这一变化的原因，将有助于我们理解拉美地区收入分配不公以及由此带来贫困率较高的实质，并为进一步采取措施强化这种趋势提供指导。

（二）　贫困和收入分配状况新变化的原因分析

对拉美地区主要国家收入分配差距变化的贡献因素进行分解，可以得到最近几年收入差距变化的主要原因。

首先，成年人人均收入差距变化可以分解为成年人人均收入变化和成年人人数占比变化两个因素。可以看出，前一个因素对拉美地区收入差距变化的贡献率普遍都在 80% 以上（只有巴拉圭在 50% 左右），而在有的国家，如哥伦比亚、哥斯达黎加、多米尼加、巴拿马、乌拉圭和委内瑞拉，该因素的贡献率甚至超过 100%；后一个因素对收入差距变化的解释力偏弱，甚至与人均收入差距变化方向相反。显然，成年人人均收入差距变化这一因素主导了拉美地区人均收入差距变化（见表 6 - 9）。

其次，进一步将成年人人均收入差距变化分解成劳动收入变化和非劳动收入变化两个因素。对于拉美地区各个国家来说，这两个因素的贡献率并不完全相同，甚至在一些国家有着巨大反差。例如，在哥伦比亚、哥斯达黎

---

① CEPAL, Social Panorama of Latin America 2011, Briefing Paper, November, 2011, p. 14, Figure 2.

加、萨尔瓦多、尼加拉瓜和委内瑞拉等国，成年人人均收入差距变化主要是由劳动收入变化所导致的。又如，在多米尼加和巴拉圭，成年人人均收入差距变化显然受到非劳动收入变化影响较大。但总体上看，这两个因素对成年人人均收入差距变化的解释力不可忽视（见表6-9）。

最后，成年人劳动收入差距变化还可以继续分解为就业者人均收入变化和就业率变化。显然，对于拉美地区大多数国家来说，例如阿根廷、巴西、智利、厄瓜多尔、萨尔瓦多、墨西哥、巴拿马和乌拉圭等国，就业者人均收入变化这一因素具有更强的解释力，而就业率变化的解释力较差。只有在多米尼加等个别国家，就业率变化对成年人劳动收入差距变化的解释力较强。另外，在哥斯达黎加和巴拉圭等几个国家，就业者人均收入变化和就业率变化对成年人劳动收入差距变化几乎具有同等的解释力（见表6-9）。

表6-9　拉美地区收入分配差距变化的贡献因素分析

单位：%

国家	时期	年同比变化 成年人人均收入差距变化	贡献率 成年人人均收入变化	贡献率 成年人人数占比变化	年同比变化 成年人人均收入差距变化	贡献率 劳动收入变化	贡献率 非劳动收入变化	年同比变化 成年人劳动收入差距变化	贡献率 就业者人均收入变化	贡献率 就业率变化
阿根廷	2002年9月	-4.4	82	18	-3.6	55	45	-2.5	150	-50
巴西	2001年9月	-4.9	93	7	-4.5	58	42	-3.0	120	-20
智利	2000年6月	-4.2	87	13	-3.6	45	55	-2.4	134	-34
哥伦比亚	2002年5月	-5.2	144	-14	-5.9	95	5	-6.7	79	21
哥斯达黎加	2002年5月	-4.7	113	-13	-5.3	97	3	-6.2	66	34
多米尼加	2004年7月	-2.1	119	-19	-2.5	-58	158	1.6	-71	171
厄瓜多尔	2005年10月	-3.6	98	2	-3.5	61	39	-2.6	107	-7
萨尔瓦多	2001年10月	-5.8	97	3	-5.6	86	14	-6.3	103	-3
墨西哥	2000年10月	-3.1	93	7	-2.9	74	26	-3.0	120	-20
尼加拉瓜	2001年5月	-7.2	90	10	-6.5	146	-46	-10.7	72	28
巴拿马	2002年9月	-5.0	109	-9	-5.4	76	24	-5.4	101	-1
秘鲁	2001年10月	-4.4	85	15	-3.8	70	30	-4.1	88	12
巴拉圭	2001年9月	-2.7	52	48	-1.4	-27	127	0.8	42	58
乌拉圭	2004年10月	-3.6	101	-1	-3.6	24	76	-1.3	119	-19
委内瑞拉	2002年10月	-7.8	104	-4	-8.1	88	12	-8.8	97	3

资料来源：CEPAL, Social Panorama of Latin America 2011, Briefing Paper, November, 2011, p.16, Table 2。

根据上述分析，可以从如下三个主要因素来解释拉美地区贫困和收入分配状况的新变化：一是劳动力市场因素，即就业者人均收入差距的缩小；二是公共社会支出因素，即非劳动收入的变化；三是人口结构和生育率因素，即经济活动人口占全部人口的比例变化（见图6－4）。

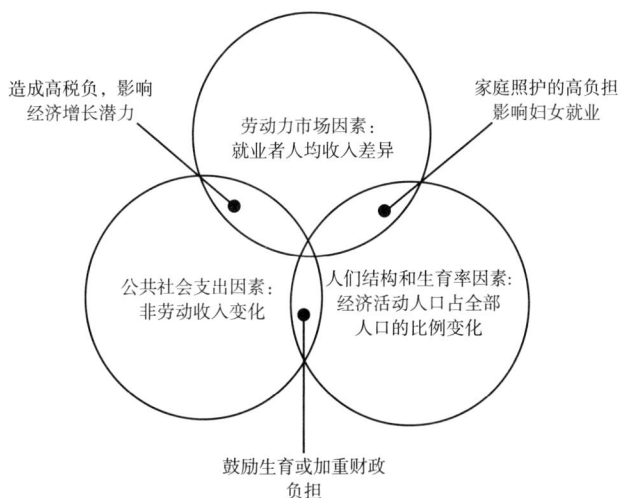

图6－4 拉美地区贫困和收入分配新变化的主要解释因素

资料来源：笔者分析并绘制。

但是，这三个因素的变化相互制约，并有可能出现冲突，因此需要处理好这三者之间的关系。

首先，公共社会支出属于二次分配领域，其资金主要来源于税收，如果通过公共社会支出增加低收入者的非劳动收入，则将给企业和劳动者带来较高的税负，最终可能不利于增加就业并影响经济增长潜力，反而不利于减贫和缩小贫富差距。

其次，一般来说，低收入家庭人口的生育意愿较高，如果公共社会支出项目设计和执行不当，那么向低收入家庭人口进行的财政转移支付就可能进一步鼓励生育，而不是改善他们的教育和营养状况并提高人力资本水平，最终不仅会导致财政负担进一步加剧，而且无法从根本上消除贫困和收入分配不公现象。

最后，如果低收入家庭的人口结构和生育率水平不变，那么就会带来较高的家庭照护负担，从而不利于这些家庭的女性就业，导致低收入家庭人口的劳动收入长期无法有效提高，使贫困和收入分配不公问题陷入代际的恶性循环。

1. 劳动力市场因素：劳动者就业和收入分配状况

正如前文所做的分析，近几年拉美地区贫困和收入分配状况改善主要来自劳动力市场的变化。在拉美地区现代化和城市化进程中，代表低生产力水平的非正规部门在国民经济中所占比例一直较高，吸纳了大量的劳动力就业。不可否认，较高比例的非正规部门在缓解快速城市化过程中的就业压力，提高城市贫困家庭收入等方面具有积极作用。但是，非正规部门只能给就业者带来相对有限的劳动收入（大大低于正规部门就业者的劳动收入），从而在一次分配领域形成巨大的收入差距。

按照生产力标准可以将拉美地区企业划分成三个部门：一是高生产力部门，主要包括就业人数在 200 人以上的大型企业，这些企业所创造的产值占GDP 比例高达 66.9%，但在该部门就业的人数只占全部就业人数的 19.8%；二是中生产力部门，主要包括就业人数在 200 人以下的中小型企业，这些企业创造的产值占 GDP 的比例高达 22.5%，该部门就业人数为全部就业人数的 30.0%；三是低生产力部门，即所谓的非正规部门，吸纳了高达 50.2%的就业人口，但创造的产值只占 GDP 的 10.6%（见图 6 - 5）。显然，前两个正规部门贡献了绝大部分的 GDP，而就业人数又相对较少，那么人均产值也必然较高，这就不难理解在这两个部门就业的劳动者的收入情况要远远好于在非正规部门就业的劳动者的收入情况。另外，正规部门就业者工作稳定和各种保障相对完善，这又进一步拉开与非正规部门就业者之间的待遇差距。

既然这三个部门是按照生产力标准来划分的，那么如果非正规部门生产力水平向前两个部门收敛，就意味着不同生产力部门之间的收入差距在缩小（假定劳动者收入水平取决于所在部门的生产力水平），就可以对近几年拉美地区收入分配差距缩小的新变化提供部分解释。但是，情况恰恰相反，近10 年拉美地区不同生产力部门之间劳动者收入差距非但没有缩小，反而还进一步扩大。2002 年，中高生产力部门就业者的实际工资为 535 美元（2005 年不变价格，下同），而低生产力部门就业者的实际工资却只有 318美元，差距为 217 美元；到了 2009 年，中高生产力部门就业者的实际工资稳步提到 565 美元，但低生产力部门就业者的实际工资几经波动反而降到了297 美元，二者之间的差距拉大到 268 美元（见图 6 - 6）。显然，拉美地区不同生产力部门就业者之间的收入差距具有非常大的刚性，从而无法对近期该地区收入差距新变化做出解释。进一步分析发现，近些年劳动力市场的流动性有所改善才是拉美地区收入分配出现新变化的一个主要原因。例如，1990 年左右，拉美地区低生产力部门的就业人数为全部城市就业人口的48.1%，而到了 2009 年，这一比例下降到了 42.7%[①]。

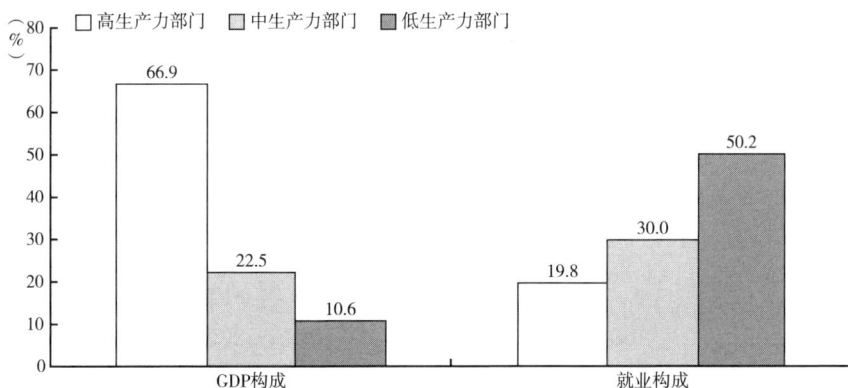

图 6-5　拉美地区不同部门的产出与就业状况（**2009 年前后**）

资料来源：CEPAL, Social Panorama of Latin America 2011, Briefing Paper, November, 2011, p. 26, Figure 8。

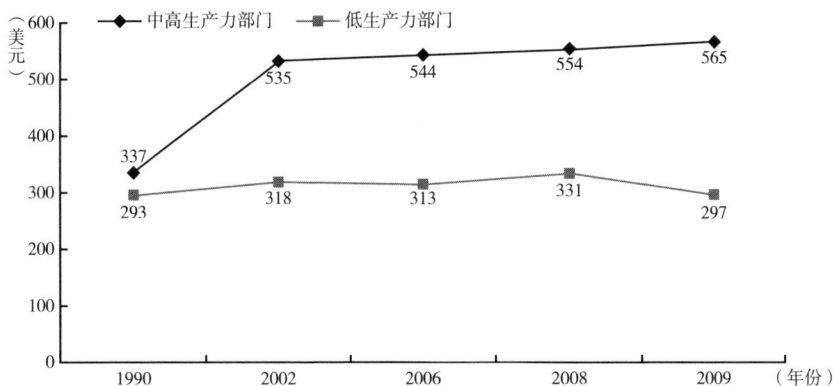

图 6-6　拉美地区不同部门劳动者实际工资差异变化

资料来源：CEPAL, Social Panorama of Latin America 2011, Briefing Paper, November, 2011, p. 27, Figure 9。

---

① CEPAL, Social Panorama of Latin America 2011, Briefing Paper, November, 2011, p. 26。

2. 社会支出因素：非劳动收入变化

从 1990 年开始，拉美地区的公共支出基本上变化不大。1990～2001
年公共支出占 GDP 比例几乎都保持在 25% 以上；2002～2005 年公共支出
占 GDP 比例略有下降，但都超过了 24%；2006～2007 年，公共支出占
GDP 比例又上升到了 25.6%；到 2008～2009 年，公共支出占 GDP 比例
进一步提高到28.6%，提高幅度较大，是 20 多年来的最高水平。比较而
言，社会支出占 GDP 比例却始终处于不断提高状态，从 1990～1991 年的
11.3%，一直提高到 2008～2009 年的 17.9%。相应地，社会支出占总公
共支出的比例也基本呈现上升趋势，只有个别年份出现了不同幅度的下
降。具体来看，社会支出占总公共支出的比例在 1990～1991 年为
44.9%；到 1994～1995 年迅速提高到 54.2%；但在 1996～1997 年下降
到 52.0%；此后这一比例开始不断上升，直到 2006～2007 年达到
63.0% 的峰值；在 2008～2009 年该比例又下降到 62.2%（见图 6－7）。
需要强调的是，社会支出占总公共支出比例出现了这两次下降主要是因
为拉美地区各国应对金融危机大幅提高公共支出，而不是社会支出总量
或者其占 GDP 比例出现直接下降。

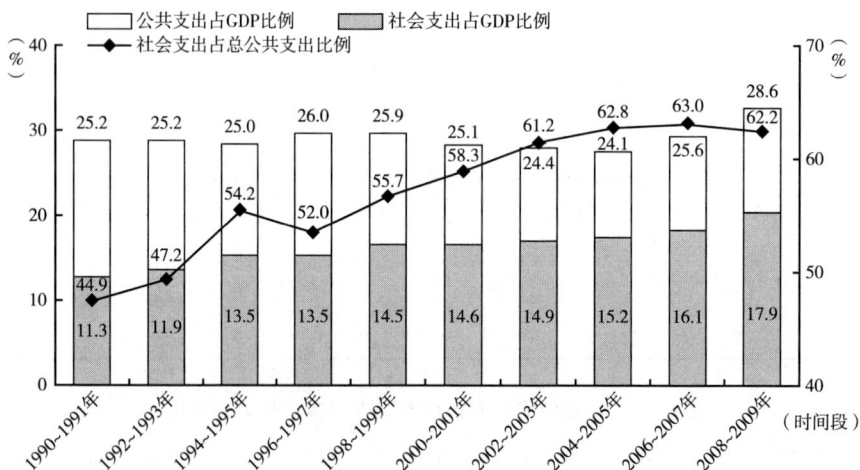

图 6－7　拉美地区公共支出占 GDP 比例及其构成情况变化

资料来源：CEPAL, Social Panorama of Latin America 2011, Briefing Paper, November, 2011, p. 39, Figure 17。

再来分析社会支出的构成及变化。社会支出主要包括教育支出、医疗和卫生支出、保障和福利支出、住房及其他支出四个类别。从 1990 ~ 1991 年到 2008 ~ 2009 年，社会支出占 GDP 比例由 11.3% 提高到 17.9%，增长了 6.6 个百分点。其中，首先保障和福利支出占 GDP 比例提高的幅度最大，即从 1990 ~ 1991 年的 4.4% 快速上升到 2008 ~ 2009 年的 7.9%，增长了 3.5 个百分点；其次是教育支出占 GDP 比例，从 1990 ~ 1991 年的 3.1% 提高到 2008 ~ 2009 年的 4.9%，增加了 1.8 个百分点；再次是医疗和卫生支出，其占 GDP 比例从 1990 ~ 1991 年的 2.7% 提高到 2008 ~ 2009 年的 3.7%，增长了 1 个百分点；最后是住房及其他支出，其占 GDP 比例相应从 1.2% 提高到 1.6%，增长了 0.4 个百分点。因为保障和福利支出的较大幅度提高对减贫和缩小收入差距的效果更为直接和明显，所以这也是拉美地区贫困和收入分配状况改善的一个重要原因。

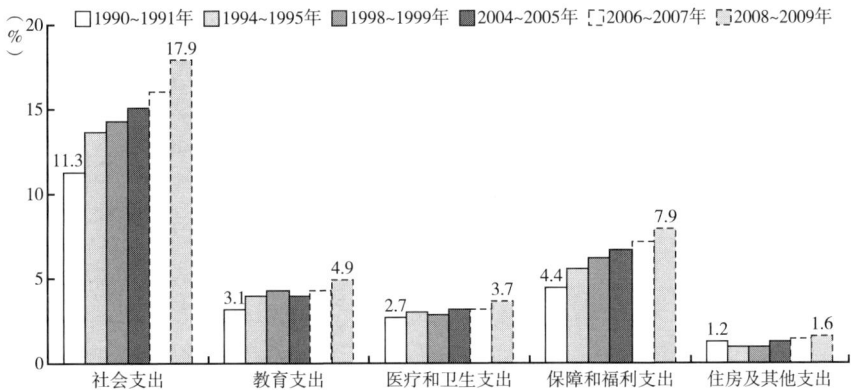

图 6 - 8 拉美地区社会支出占 GDP 比例及其构成情况变化

资料来源：CEPAL, Social Panorama of Latin America 2011, Briefing Paper, November, 2011, p. 41, Figure 19。

3. 人口结构和生育率因素：家庭负担的变化

20 世纪 50 年代后期，拉美地区人口的总和生育率高达 5.91%，不仅远远高于发达地区的 2.78%，还明显超过世界平均水平的 4.89%，几乎与欠发达地区的 5.94% 持平，说明当时拉美地区平均每个家庭的子女数量较多，家庭负担较重。进入 20 世纪 60 年代，拉美地区经历了快速的人口转型，总和生育率开始大幅下降。到 20 世纪 80 年代后期，拉美地区人口的总和生育率降低到了 3.42%，与同期的欠发达地区已经拉开了距离，非常接近世界平均水平，也与发达地区的差距在不断缩小。进入 21 世纪，拉美地区人口的总和生育率继续下降，到 2010 年已经降低到了 2.30%，进一步拉近了与发达地区的差距（见图 6 - 9）。按理说，这种人口生育率变动趋势可以大大降低家庭负担，从 20 世纪 60 年代开始就应该促使贫困率下降和收入分配差距的缩小。但事实并非如此，正如前文所做的考察，拉美地区贫困和收入分配状况改善仅仅发生在 2003 年以后的有限几年里。因此，总和生育率的持续下降可能并不是拉美地区收入分配状况新变化的一个主要原因。

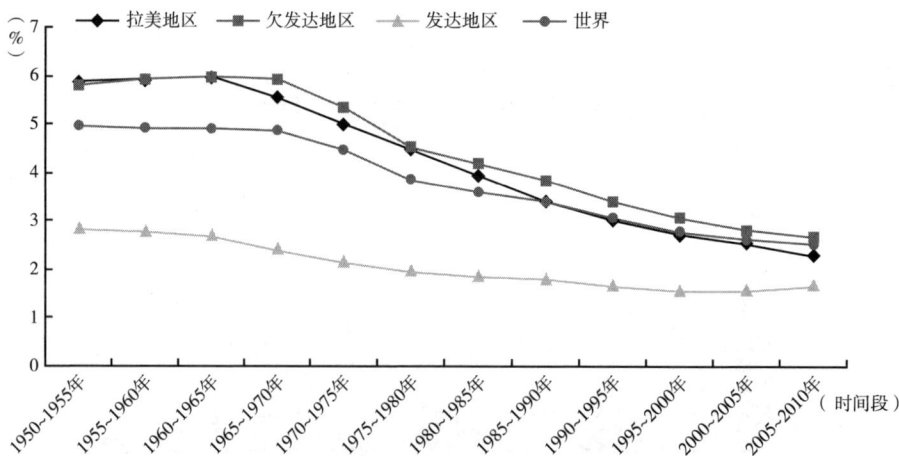

图 6 - 9　拉美地区与其他地区的总和生育率变化比较

资料来源：Population Division of the Department of Economic and Social Affairs of the United Nations Secretariat, World Population Prospects：The 2010 Revision。

另外，人口负担系数也是衡量一个国家或地区家庭负担的主要指标。20 世纪中期到 1965 年，拉美地区人口负担系数处在上升期，最高达到 88%。持续提高的人口负担系数为贫困率不断上升提供了一种可能解释。但是，从 1970 年开始拉美地区的人口负担系数下降，而且这种下降趋势没有反复，也几乎没有波动，一直到 2010 年为 53%，不仅与欠发达地区和世界平均水平基本持平，还与发达地区的平均水平非常接近。同样道理，人口负担系数的持续下降非常有利于减少贫困率，但在 40 多年的时间里，拉美的贫困率非但没有降低，反而在不断上升。因此，用平均意义上的人口负担系数下降来解释拉美地区近几年贫困率下降也显得非常牵强。

但是，考虑到生育率在不同人群中的结构性差异，可以对拉美地区贫困和收入分配状况新变化做出合理解释。在拉美地区，女性的教育水平越低，生育率越高。例如，在厄瓜多尔、海地和玻利维亚等国，未受过教育女性比受过中等教育女性平均多 3 个以上子女，而这种差距在未受过教育女性和受过高等教育女性之间更大。另外，虽然近几年拉美地区女性生育率出现了普遍下降趋势，但是未受过教育女性的生育率要远远高于受过中等教育女性的生育率，其原因不难理解，受过教育的女性结婚较晚，初次生育年龄较高，以及更多使用避孕工具[1]。

在过去 20 年拉美地区劳动力市场一个显著变化是大量的女性开始参与经济活动，但是未成年子女数量决定女性的就业能力和状态，即未成年子女数量越多的女性失业将越严重，尤其对低收入家庭更是如此。从 2000 年开始，拉美地区具有未成年子女的低收入家庭女性的失业率急速攀升。到 2009 年，具有未成年子女的低收入家庭女性失业率高达 20%，几乎是高收入家庭女性的 5 倍（见图 6 - 10）。不难理解，低收入家庭女性的受教育年限较少，生育的子女数量较多，在其职业生涯中具有未成年子女的时间更长，进而导致这些女性失业情况严重。所以，对于减贫和缩小收入差距来说，提高女性的教育水平尤为关键。

因此，需要进一步分析近些年来拉美地区女性受教育程度的变化情况。从 20 世纪末开始，拉美地区女性受教育程度经历了一个持续提高的过程。在 1999 年，拉美地区女性中等教育净入学率为 61.0%，到 2009 年已经提高到 75.8%，几乎平均每年提高 1.5 个百分点。女性高等教育入学率提高更为迅速，已经从 1999 年的 23.0% 提高到 2009 年的 44.0%，平均每年提高超过 2 个百分点（见图 6 - 11）。因此，从人口结构和生育率因素上讲，拉美地区女性受教育程度的提高使更多的女性（尤其是贫困家庭的女性）降

① CEPAL, Social Panorama of Latin America 2011, Briefing Paper, November, 2011, p. 21.

低了生育水平，从而一方面减轻了家庭负担，另一方面也提升了经济活动的参与能力并增加了家庭收入。因此，女性受教育程度的提高才是拉美地区近几年贫困和收入分配状况改善的一个主要原因。

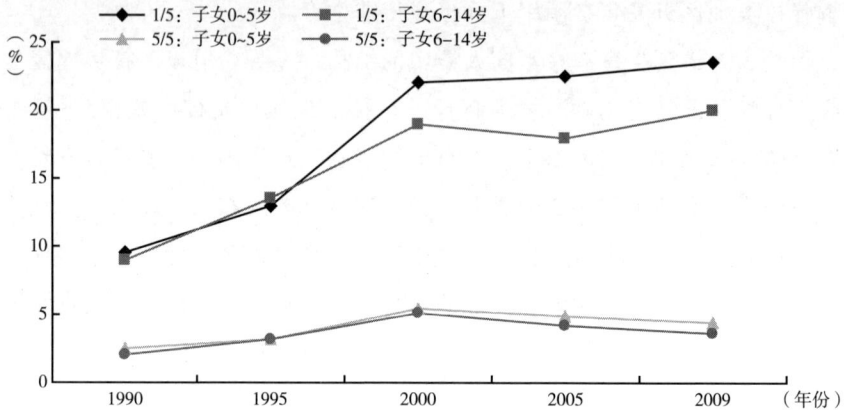

图 6 - 10　拉美地区不同收入组女性失业率的变化比较

资料来源：CEPAL，Social Panorama of Latin America 2011，Briefing Paper，November，2011，p. 30，Figure 11。

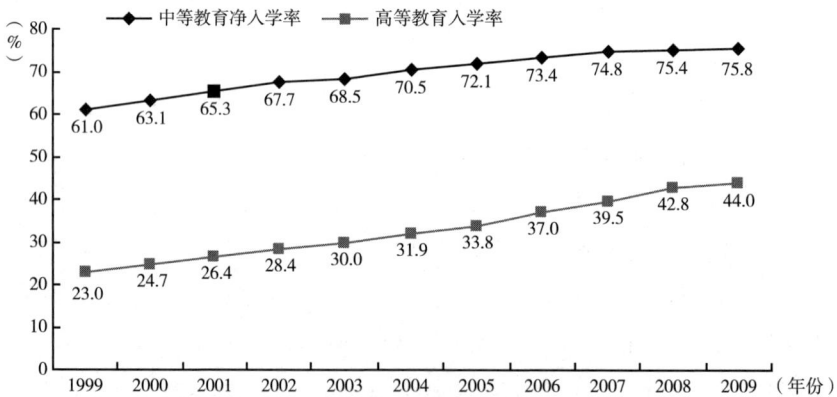

图 6 - 11　拉美地区女性受教育程度的提高

资料来源：WDI Online，World Bank，2010，http：//ddp - ext. worldbank. org。

（三）拉美地区减贫的主要经验和面临的挑战

1. 主要经验

拉美地区是最早开始工业化和现代化实践的发展中地区，但贫困率较

高和收入分配差距过大一直是拉美地区大多数国家面临的重要问题。在
20 世纪六七十年代，拉美地区经济也一度出现较快增长，但贫困和收入
分配问题并没有因此根除。进入 20 世纪 80 年代，拉美地区先后经历了
"失去的十年"和新自由主义改革等重大经济和社会转型，经济持续衰退
或低速增长，使本来已经很严重的贫困和收入分配问题进一步恶化。直到
21 世纪初，拉美地区多数国家才开始从长期经济增长停滞的困境中逐步
走出来。从 2003 年开始，在经济恢复增长的同时，拉美地区的贫困和收
入分配状况得到了持续改善，虽然幅度相对有限，但这种改善的趋势是非
常明显的。通过分析发现，近几年拉美地区贫困和收入分配状况改善主要
得益于如下三方面因素。

一是劳动力市场因素。拉美地区存在严重的就业市场分层，较高比例的
劳动力在非正规部门就业，该部门的生产力水平与正规部门差距较大，这一
差距在近几年不仅没有缩小，反而进一步扩大，导致非正规部门和正规部门
之间工资依然具有较大差异。但是，因为这几年拉美地区的教育普及程度提
高幅度明显，例如，中等教育净入学率已经从 2000 年的 61.5% 提高到
73.2%，而高等教育入学率更是从 2000 年的 22.7% 提高到 2009 年的
39.2%[①]。因此，人力资本总体水平得到提升。提升的人力资本使劳动力市
场的流动性得到进一步改善，即劳动力不断从非正规部门流向正规部门，一
部分低收入者的劳动收入水平得到相应提高，从而在一定程度上降低了拉美
地区的贫困率并缩小了收入分配差距。

二是社会支出因素。近几年拉美地区社会支出占 GDP 比例强劲增长，
其中主要体现在保障和福利支出上，而保障和福利支出为该地区 19 个国家
实施的"共同责任转移计划"（Co - Responsibility Transfer Programmes,
CTPs）提供了融资支持，该计划包括如下三个项目：一是直接面向低收入
者的"家庭补贴项目"（Bolsa Familia）；二是以受益人接受改善其子女教育
和营养状况为条件的"机会项目"（Oportunidades）；三是用于支持基本社
保制度扩面的"团结项目"（Solidarity）。2009 年，"共同责任转移计划"覆
盖了拉美地区 2500 万个家庭和 1.13 亿人口（占该地区总人口的 19%），融

---

① WDI Online, World Bank, 2010, http://ddp-ext.worldbank.org.

资规模相当于该地区 GDP 的 0.4%，使非劳动收入成为很多贫困家庭的一个重要经济来源，从而也缩小了收入分配差距①。

三是人口结构和生育率因素。长期以来，拉美地区低收入家庭女性由于受教育程度较低，生育率水平要明显超过高收入家庭女性，不仅直接给低收入家庭带来沉重的经济负担，还使抚养子女的低收入家庭女性在劳动力市场处于明显的劣势地位，导致就业能力较差和失业率长期居高不下，从而降低了低收入家庭的劳动收入，形成了贫困和收入分配不公的代际恶性循环。但是，近几年拉美地区女性受教育水平得到较为明显的提高，在一定程度上缓解了这种由受教育程度差距产生的贫困和收入分配不公的恶性代际循环。

2. 面临的主要挑战

虽然拉美贫困和收入分配状况的改善主要得益于人力资本水平的改善和各种社会政策的成功实施，但是未来所要面临的困难依然存在于这些领域。以拉美地区国家巴西为例，该国在教育政策、养老金制度和社会救助政策上还存在一些问题，这也是未来巴西所要面临的挑战。

首先，就教育政策而言，不可否认，虽然巴西教育情况已经明显改善，特别是近 20 年巴西初等教育和中等教育普及率有了显著提高，但仍没有消除与其他中等收入拉美国家和 OECD 国家之间的差距，特别是教育质量还面临特别大的挑战。例如，OECD 国际学生评估项目（PISA）2012 年的评估结果显示，在 65 个接受评估的国家和经济体中，巴西的学生在数学、阅读和科学的综合测试得分中都非常靠后，例如数学得分仅排在 58 名外，近乎垫底②。当然，巴西政府也意识到这一问题，但改变现状非一朝一夕，不仅需要持续的财政投入，还需要在目前基础上大幅增加财政投入，另外，学校基础设施和教师队伍的优化也很难取得立竿见影的效果。

其次，就养老金制度而言，虽然进行了改革，但由养老金制度给公共部门雇员和私人部门雇员造成的收入分配不公问题并没有得到根本解决。在巴西，私人部门养老金制度有缴费上限，从而限制了雇员的缴费，也限制了养

---

① CEPAL, Poverty and inequality:The Latin America and Caribbean Outlook and Proposals for Social Protection and Education, October, 2011, p. 3.

② http: //www. oecd. org/pisa/.

老金待遇水平。但公共部门养老金制度不受这个上限限制。虽然 2003 年和
2005 年，巴西对公共部门养老金制度进行了改革，但其效果需要很长时间
才能体现出来，因为这次改革对增加上限的要求只适用于改革后新入职的政
府机构雇员，换句话说，考虑到改革的巨大阻力，这次改革的过渡期非常
长，需要三十年时间才能实现两个制度的最终并轨。而且，养老金制度缴费
和待遇之间缺乏紧密联系不仅恶化了制度的财务可持续性，而且对公共财政
的健康运行带来了巨大隐患，更为严重的是它还带来了财政资源分配不公问
题。另外，养老金待遇调整机制的差异同样带来了严重问题。

最后，就社会救助政策而言，巴西具有收入保障功能的社会救济项目主
要包括两项：一是"家庭补助金项目"（"巴西关爱项目"作为补充）；二
是"连续现金福利项目"。应该说，到目前为止，这两个项目覆盖面持续扩
大，对巴西减贫进而减少收入不公问题起到越来越重要的作用。但是，同样
也存在两个问题，需要引起重视：一是虽然巴西先后实施的"零饥饿计划"
（Fome Zero）和"没有贫困的巴西计划"（Brasil Sem Miséria）对各项社会
救助制度进行了整合，但鉴于联邦体制下，中央和地方之间在财权和事权上
存在严重博弈，高度碎片化一时难以消除，而且待遇资格的界定需要借助
"家计调查"等手段，所以为此付出的高额管理成本就在所难免；二是虽然
目前用于"家庭补助金项目"和"连续现金福利项目"的政府开支较少[①]，
但巴西社会救助的一些项目（例如"连续现金福利项目"）的待遇标准是依
据最低工资来制定的（而不是物价指数），随着覆盖面的扩大，经济一旦出
现下滑，这些项目未来难免会给政府带来巨大的财政压力。

参考文献

Nanak Kawani, Hyun H. Son, "Pro-Poor Growth: The Asian Experience," Research
Paper, No. 56, June 2006.

[①]　2011 年，这两个项目的政府支出分别为 173 亿雷亚尔和 223 亿雷亚尔，分别占 GDP 的
0.4% 和 0.5%。数据来自 Claudia Robles, Vlado Mirosevic, Social Protection Systems in Latin
America and the Caribbean: Brazil, 2013, p. 25。

第7章 拉美社会养老金的精准扶贫与效果分析

中国社会科学院拉丁美洲研究所课题组[*]

一 导言

老年人贫困是很多发展中国家长期面临的社会问题，也是精准扶贫的对象之一。相对其他年龄组，老年人贫困问题基本不可能通过积极劳动力市场或教育培训等就业相关政策来化解，唯一可行的是通过收入转移政策来实现，通常有两个途径：一个是通过一般社会救助项目，向处于贫困的家庭或个人提供救助，而不是专门指向老年人，老年人只是其中的间接受益群体；另一个是引入完全针对老年人的收入保护政策，即"社会养老金"（Social Pensions）。所谓社会养老金，通常也被称为"非缴费型养老金"（Non-Contributory Pensions），是指政府定期向老年人提供收入的现金转移计划，其受益资格一般只局限于年龄、国籍或居住期限（很多还需要家计调查），而与过去的社会保障缴费或经济收入没有必然联系[①]。社会养老金的首要目标是减贫，因此也区别于政府针对特殊人群（比如军人和公务员）的无需个人缴费的养老金计划[②]。按照世界银行的"多支柱"养老保障体系的分类

---

[*] 中国社会科学院拉丁美洲研究所课题组。

[①] 除了老年人，社会养老金的受益群体也常常包括残疾人和寡妇，本章主要关注的是老年人，但是案例选取和探讨不限于此。

[②] Palacios, Robert, Charles Knox‐Vydmanov, The Growing Role of Social Pensions: History, Taxonomy and Key Performance Indicators, Public Administration and Development, Vol. 34, No. 4, 2014, pp. 251–252.

标准，社会养老金在 1994 年"三支柱"体系中处于第一支柱，为该支柱的一部分；而 2005 年在"五支柱"体系中被单独列出来，且被命名为"零支柱"[①]。

在一个连续的老年收入保障政策谱系中（见图 7 - 1），社会救助和社会保险位于其中的两端，而社会养老金（非缴费型养老金）位于谱系的中间，因此社会养老金与社会救助、社会保险既有联系又有区别。首先，联系主要表现在两方面：一是社会养老金与社会救助的融资来源一般都是中央或地方政府的财政收入（或指定的其他类型政府收入）；二是社会养老金与社会保险中的最低养老金都针对老年群体，都有降低老年人贫困的目的。其次，区别表现为三个方面：一是社会养老金待遇的取得不依赖于是否缴费，这是相对最低养老金的最大区别，在社会保险几乎全覆盖的高收入国家，二者在减贫和再分配方面的效果几乎没有差异，但在很多中等收入和低收入国家，这两种政策所带来的减贫和再分配效果完全不同；二是社会养老金的融资主要来自一般性财政收入或资源型收入，而最低养老金主要来自工资缴费（或工资税），对于非正规就业比例较高且政府收入以间接税为主的中等收入或低收入国家来说，社会养老金的财务空间更大；三是典型社会养老金的受益对象只局限于老年人，而一般意义上的社会救助项目往往包括所有人，即包括但不局限于老年人。

图 7 - 1 老年收入保障的政策选择

资料来源：Barrientos A. , "Is There a Role for Social Pensions in Asia?" *Asia & the Pacific Policy Studies*, 2015, 2 (1), p. 12, Figure 1。

社会养老金的历史最早可以追溯到 19 世纪晚期和 20 世纪早期，几乎和传统缴费型养老金计划同时出现。但长期以来，除了北欧国家和英联邦国家

[①] 参见世界银行《防止老龄危机——保护老年人及促进增长的政策》，劳动部社会保险研究所译，中国财政经济出版社，1996；〔英〕罗伯特·霍尔茨曼、〔英〕理查德·欣茨等《21 世纪的老年收入保障——养老金制度改革国际比较》，郑秉文等译，中国劳动社会保障出版社，2006。

外，其在其他大多数国家养老金体系中一直处于相对边缘的地位，重要性并没有得到充分重视。但是，最近 20 年，特别是一些发展中国家出于扩大养老金覆盖面和提供充足保障的需要，开始引入或强化社会养老金制度。"助老国际"（HelpAge International）统计显示，截至 2015 年 3 月，全球共有 107 个社会养老金项目，遍及 103 个国家，大约一半是从 1990 年后引入的，而且呈现一定加速态势①。比较而言，在发展中国家中，社会养老金比较少见，且主要集中在三个地区，一是拉美地区，特别是南椎体国家；二是南部非洲地区，例如博茨瓦纳、莱索托、纳米比亚、南非和斯威士兰；三是南亚国家，包括孟加拉国、印度和尼泊尔。

其中，最为典型的是拉美地区。直到 1990 年，真正意义上且有一定影响的社会养老金只有巴西的"农村养老金"（Previdencia Rural），且其覆盖的人口也远远不及今天。阿根廷、智利、圭亚那、苏里南、乌拉圭和一部分加勒比岛国也有某种形式的社会养老金，但基本上都采取家计调查，仅覆盖了很少的老年人。而现在，所有的南美国家都有社会养老金，中美洲除了洪都拉斯和尼加拉瓜外，也都建立了社会养老金制度，许多加勒比岛国，包括牙买加也建立了社会养老金制度。同时，一些国家的社会养老金覆盖面扩张迅速。那么，作为一个典型地区，如何评价社会养老金在拉美地区的减贫和其他效果，就成为一个需要探讨的政策性问题。因此，本章结构如下，第一部分梳理拉美发展社会养老金的历史背景，揭示这一现象的内在动因；第二部分说明拉美发展社会养老金的实践状况，描述各国社会养老金的基本特征；第三部分分析拉美社会养老金带来的减贫效果和其他效果；第四部分得出一些基本结论和启示。

二 拉美社会养老金的历史背景

拉美地区养老金制度可以追溯到 20 世纪 20 年代。这一时期经济较为发达的南锥体国家，即阿根廷、智利、乌拉圭和巴西等国开始引入了养老金计划，主要是雇主发起成立的职业性养老基金，且以国有和公共部门为主，因

---

① HelpAge International's Social Pensions Database，http：//www. pension － watch. net/about － social － pensions/about － social － pensions/social － pensions － database/.

此，覆盖人群主要局限于运输部门工人、政府公务员和军职人员。20 世纪五六十年代，很多拉美国家开始强化这些养老基金并将其纳入政府的控制之下，其逐渐演变成欧洲大陆式的社会保险制度，即基于正规就业的缴费型现收现付养老金制度，到 20 世纪 70 年代该地区几乎所有国家都建立了某种形式的现收现付养老金制度。虽然这些制度都提供最低养老金，但获得最低养老金必须以参保缴费为前提条件，而且还需满足最低缴费基数和缴费年限的严苛要求，因此很多低收入者或就业不稳定者根本无法加入进来，即将相当一部分人群，特别是非正规就业人员排斥在外，这就极大地限制了养老金制度对老年人的减贫效果。显然，在缴费型制度下，只有不断提高经济的正规化程度，改善劳动者的就业结构，才能将大多数人覆盖到养老金制度中，最终彻底消除老年人贫困问题。应该说，就当时而言，通过缴费型养老金制度不断扩大覆盖面，最终解决老年人贫困问题看起来似乎并非不可能，因为在 20 世纪 70 年代以前，拉美地区经济增长势头强劲，整个社会都对未来充满信心，尤其政府更是相信正规就业比例随着时间的推移会越来越高。

但是，到了 20 世纪 70 年代后期，拉美地区经济增长开始陷入停滞甚至严重衰退。进入 20 世纪 80 年代后各种危机频繁爆发，经济颓势得不到根本扭转，拉美地区遭遇了所谓"失去的十年"。其直接后果就是经济正规化程度非但没有提高，反而进一步降低，同时财政平衡遭到极大破坏，原有现收现付养老金制度的可持续性已经难以为继，彻底改革养老金制度势在必行。而且，从理论上讲，原有现收现付养老金制度存在隐形税收因素，其会诱导工人继续在非正规部门就业，而养老金私有化消除了隐形税收因素，从而减少了税收带来的"扭曲"，工人们将更多进入正规部门[①]。因此，在 1981 年智利养老金制度私人化改革的示范下，拉美各国养老金制度掀起了一波结构化改革浪潮，从 1993 年秘鲁率先引入完全积累制个人账户算起，到 2001 年哥斯达黎加、多米尼加和尼加拉瓜相继完成改革为止，又有 10 个拉美国家将现收现付公共养老金制度改造为积累制个人账户制度。

---

① Ferreira - Coimbra N., Alvaro Forteza, "Can Latin America Protect the Elderly with Non-Contributory Programmes? The Case of Uruguay," *Development Policy Review*, Vol. 23, No. 6, 2005, pp. 684 - 685.

大体来说，拉美养老金私有化改革主要采取三种模式：一是"替代模式"，即将公共养老金完全转换成个人账户私人养老金，原有的现收现付养老金制度不再接纳新人，包括智利、玻利维亚、墨西哥、萨尔瓦多和多米尼加；二是"平行模式"，即在转向个人账户私人养老金的同时，保留原有现收现付养老金制度，参保者可以在两个制度之间进行自由选择，秘鲁和哥伦比亚就采取了这种模式；三是"混合模式"，原有现收现付养老金制度作为"第一支柱"提供基础养老金，而引入的私人养老金作为"第二支柱"提供补充养老金，所有人都要同时参加这两个制度[①]。但是，不管采取哪种模式，预期的改革效果并没有出现，除了智利的覆盖面有了一定程度扩大外，大多数实施养老金私有化改革的拉美国家不论参保缴费者还是养老金待遇领取者的比例都有所降低，例如阿根廷[②]。

道理很简单，经济正规化程度的提高是各种因素综合作用的结果，单纯依靠养老金私有化来实现这一目标是不现实的。受到宏观经济环境约束，经济活动人口中缴费人数的比重在大多数国家都出现了下降。总体而言，21世纪初，该地区几乎一半的劳动者在非正规部门就业，且每4个经济活动人口中只有1个向养老金计划缴费[③]。从另一角度来说，覆盖面难以显著扩大，并不是因为劳动者短视和信息匮乏，而可能是其个人或家庭做出的正确选择。一方面，比起改革后的养老金制度，人们发现还有其他更好的投资工具选择，虽然养老金投资获得的回报较高，但波动性也较大，而且养老基金管理公司收取的管理费较高，对低收入者来说负担较重，他们到了退休时一般还被要求购买养老金或者养老基金管理公司将其转换为年金进行发放，对于预期寿命低于富人的穷人显然是不利的。另一方面，工人们更期待国家提供的是减贫工具，而不是储蓄工具，因此更多劳动者把缴费

① Mesa – Lago C. , "The Performance of Locial Security Contributory and Tax – Financed Pensions in Central America, and the Effects of the Global Crisis," *International Social Security Review*, Vol. 65, No. 1, 2012, pp. 1 – 2.

② Ferreira – Coimbra N. , Alvaro Forteza, "Can Latin America Protect the Elderly with Non-Contributory Programmes?" *The Case of Uruguay*, *Development Policy Review*, Vol. 23, No. 6, 2005, p. 685.

③ Barrientos A. , "What is the Role of Social Pensions in Asia?" *Ssrn Electronic Journal*, 2012, p. 5.

目标设定在取得最低养老金上，而储蓄需求完全可以通过其他金融工具实现①。

因此，从 2008 年到 2010 年，其中有 3 个已实行养老金私有化改革的国家又先后采取再改革，即将私有化养老金制度重新转回到原有现收现付养老金制度（2008 年阿根廷和 2010 年玻利维亚完全放弃了私人养老金制度）或对整个养老金制度体系做了较大调整，这相当于弱化了私人养老金制度的绝对地位（2008 年智利引入了"团结养老金"）。此外，更重要的是，大部分国家（包括没有进行养老金私有化改革的国家）都对本国养老金制度进行了参数改革，同时还快速增加了来自税收融资方面的社会养老金。也就是说，姑且不论现收现付制、个人账户积累制孰优孰劣，但就扩大养老金覆盖面的角度上讲，任何一种缴费型养老金制度都无法完成扩大养老金覆盖面的任务，从而无法从根本上保障老年人的晚年收入，对降低整个国家的贫困率的作用也就无从谈起。

实际上，从 20 世纪 90 年代中期开始，一些积极从事养老金研究和实践推广的国际组织便注意到这一问题。例如，1994 年世界银行就提出了"三支柱"模式，通过综合手段解决不同群体对晚年收入期望的差异问题，其中包括重新界定国家在消除老年人贫困问题上所应该承担的责任边界。随着实践经验的累积和认识的不断提升，2005 年世界银行把原有的"三支柱"模式扩展为"五支柱"模式，把社会养老金作为一个单独支柱（零支柱）从整个养老金体系中分离出来，从而强化了社会养老金在扩大覆盖面和消除老年人贫困方面的重要作用，无疑这为拉美地区各国养老金的进一步改革提供了新的范式和选择。

进入 21 世纪，特别是最初的 10 年，伴随着世界经济的强劲增长和国际大宗商品价格的迅速攀升，作为世界上主要能源和基础材料出口来源的拉美国家贸易条件得到了极大改善，经济再次回到较快增长的轨道上，各国财政收支逐步平衡且经济发展前景乐观。因此，在民主体制下，增加政府社会性支出，为弱势群体提供社会保护并缩小收入分配差距，实现包容性增长成为

---

① Gill I. S., Packard T. G., Yermo J., Keeping the Promise of Old Age Income Security in Latin America, The World Bank, 2004, pp. 2 - 3.

拉美各国的发展诉求，并在学术和政治方面得到广泛支持，其中联合国拉美经委会的长期支持和建言献策也发挥了重要作用。

因此，拉美各国政府开始积极实践，采取了一系列新的政策，推动福利模式由剩余型（Residual）向制度型（Institutional）转变。这些政策包括以推动人力资本提升为目的的综合性减贫项目、引入非缴费型制度，以及提高医疗卫生普及程度和提供更多就业机会等。例如，向贫困家庭提供的"有条件现金转移计划"（Conditional Cash Transfer，CCT）覆盖范围迅速扩大，从 2000 年占该地区总人口的 5.7% 快速提升到 2012 年的 21.1%。另外，65 岁及以上人口获得养老金的比例已经从 2002 年的 31% 提高到 2012 年的 41.9%，而在就业人口中，参加养老保险计划的比例从 2002 年的 46.1% 提高到 2012 年的 55.4%，参加医疗保险计划的比例从 2002 年的 54.4% 提高到 2012 年的 66.4%。2002 年，这些措施对降低贫困程度和缩小收入差距的作用是非常显著的，这些表现自 1982 年债务危机以来是绝无仅有的①。

三　拉美社会养老金的实践状况

在这种背景下，大约 2000 年以来，为老年人提供经济保护成为改革的主基调。其中，引入或强化已有社会养老金制度成为一个主要内容，从而掀起了新的养老金改革浪潮。应该说，社会养老金在拉美地区并非新鲜事物。例如，乌拉圭、巴巴多斯、特多和圭亚那早在两次世界大战之间便先后建立了"非缴费型养老金计划"（Programa de Pensiones No - Contributivas）、"非缴费型养老金"（Non - contributory Old Age Pension）、"老年人养老金"（Senior Citizens' Pension）和"老年养老金"（Old Age Pension）。二战以后，社会养老金在拉美地区得到进一步普及，巴西、苏里南、智利和哥斯达黎加相继在 20 世纪六七十年代引入了社会养老金；整个 20 世纪 80 年代，由于拉美地区遭遇了严重经济衰退，没有一个国家

---

① Cecchini S., Filgueira F., Martínez R., et al., *Towards Universal Social Protection*, *Latin American Pathways and Policy Tools* (Social Science Electronic Publishing, 2015), pp. 17 - 18.

在此期间建立社会养老金；进入 20 世纪 90 年代，又有三个国家构建了自己的社会养老金制度，分别是安提瓜和巴布达、阿根廷和玻利维亚。只是那时候无论从制度稳定性还是准入条件来说，社会养老金所具有的地位和影响力都非常有限。

相比较而言，从 2000 年到 2013 年，该地区至少 18 个国家进行了较大幅度的包容性改革，不断加强制度化建设，逐渐放宽准入条件，受益人群范围不断扩大，待遇水平快速提升，其中包括为老年人提供收入保障的社会养老金。截至目前，共有 25 个国家（或地区）引入或强化了社会养老金制度，超过拉美 33 个经济体的 2/3。

21 世纪后社会养老金的引入过程主要有两个特点。

第一个特点是，采取渐进策略逐步扩大覆盖范围或明确目标。其中，墨西哥是典型国家，其社会养老金先由地方试点，总结经验后推向全国，最终实现制度上的全覆盖，然后不断降低待遇领取年龄，扩大老年人受益范围。具体来说，2001 年，墨西哥城实施 "成年人食品养老金计划"，主要针对经济上更加缺乏保障的农村老年人，经过两年试点，从 2003 年开始迅速推向全国。2007 年，墨西哥对该计划进行了改造，专门向 70 岁及以上老年人提供晚年收入保障，并更名为 "70 岁及以上养老金计划"。2011 年，覆盖范围突破 70 岁限制，降低到 65 岁，为此再次更名为 "老年人养老金"，向每月缴费型养老金收入不足 1092 墨西哥比索的 65 岁及以上老年人提供最低收入和社会保护[①]。另外，巴拿马在 2009 年引入的 "70 岁全覆盖项目"，开始没有明确指向，后来大概是在 2011 年才规定受益人必须是生活在贫困或极端贫困地区，具有脆弱性或面临社会风险的人群。

第二个特点是，这些新引入的社会养老金往往并不作为一个单独项目而存在。例如，厄瓜多尔于 2003 年引入的 "老年人养老金" 是 "人类发展福利计划" 的一部分，而后者是基于社会权利概念建立起来的福利制度。类似的国家还有哥伦比亚，"哥伦比亚老年计划" 建立在 "老年人社会保护计

---

① Cecchini S., Filgueira F., Martínez R., et al., *Towards Universal Social Protection*, *Latin American Pathways and Policy Tools* (Social Science Electronic Publishing, 2015), pp. 230 – 231.

划"之上。

对于 20 世纪以前已经引入社会养老金的国家来说，该制度得到不断整合和强化，并通过宪法予以保证。以巴西为例，正如前文所述，对农业地区工人提供社会养老金可以追溯到 1963 年，但待遇资格限定的年龄较高，受益人群就越有限。1988 年，巴西颁布新宪法，把未参加缴费型养老金制度的老年人获得社会养老金作为一项由宪法保证的基本权利，同时对农村地区工人的社会保护权利加以明确。这使巴西在 1991 年对原有"农村养老金"做了一系列改革，制度覆盖范围进一步扩大到渔业和矿业等部门，领取人身份从之前仅限户主扩展到非户主的女性家庭成员，获得待遇最低年龄限制从 65 岁降低到 60 岁（男性）和 55 岁（女性），待遇标准也从最低工资的 1/2 提高到 1 倍。更为关键的是，不再需要收入调查，仅需证明没有其他养老金收入且以农村为工作地或生计来源地。

而在巴西的城市地区，社会养老金长期处于欠发展状态。1974 年虽然建立了"每月生活津贴"，以向不能自我供养的老年人和残疾人提供相当于最低工资一半的均一待遇。但想取得这一待遇，工人需要达到 70 岁且最短社会保险缴费时间为 12 个月，显然很少有人能满足这些苛刻条件。但是，1988 年宪法颁布后，这种情况随之改变，1993 年通过的《社会救助组织法》（Organic Law of Social Security，LOAS）具体制定了规则，1996 年正式引入了"连续现金待遇"：向生活在农村或城市人均家庭收入不足最低工资 1/4 的残疾人和 65 岁及以上老年人提供养老金待遇，其水平为最低工资，每两年评估一次，从而把自雇者、家政工人和临时性农民工纳入整个老年收入保障体系内。

在建立并不断完善社会养老金制度的同时，一些国家非常注重非缴费型制度与缴费型制度的衔接。例如，智利 2008 年的改革将原有的非缴费型制度做了进一步整合，把原有的"救助养老金计划"和"有保障的最低养老金计划"改造成了一个针对处于收入分配最低 60% 人群的"团结养老金制度"，待遇水平与完全积累制个人账户实现平滑衔接，避免了低收入参保人的道德风险（放弃个人账户缴费而选择等待未来的社会养老金待遇）。同样，2010 年玻利维亚也通过"体面收入计划"将缴费型制度和非缴费型制度进行了整合。

　　尽管拉美地区多数国家都建立了社会养老金制度，而且都处于不断强化中，但它们之间的差异也是非常明显的。

　　首先，从待遇领取的资格条件来看，大概分为三种类型。第一种类型的待遇是普享式的，不仅与家庭收入情况无关，而且不需要调查是否参加了缴费型制度以及缴费年限，只要满足最低限制条件（年龄）就可以领取待遇，玻利维亚特别典型。第二种类型致力于缴费型制度和非缴费型制度的有效衔接，需要养老金调查，即对家庭收入情况不做限制，而对其他养老金收入进行调查，如果后者达不到最低收入要求，便可以通过社会养老金进行补偿，典型国家是墨西哥和巴拿马。第三种类型也是拉美地区最为常见的类型，即需要家计调查，能否获得社会养老金取决于老年人所在家庭的人均收入情况，只要家庭人均收入低于政府设定的标准，老年人便可以获得相应待遇，例如阿根廷和巴拉圭。

　　其次，从待遇水平来看，各国也具有显著差异。最高的特多可以达到每月 468 美元，而每月待遇在 300 美元及以上的还有百慕大群岛（451美元）和巴西（300 美元）；最低的牙买加却仅为 9 美元；低于 60 美元的有哥伦比亚（32 美元）、厄瓜多尔（35 美元）、玻利维亚（36 美元）、墨西哥（40 美元）、秘鲁（45 美元）、巴拿马（50 美元）、萨尔瓦多（50 美元）、伯利兹（51 美元）和危地马拉（51 美元）。由于各国发展水平不同，各国相对待遇水平差距非常明显，如最高的巴西每月待遇水平占人均 GDP 比例为 33%，最低的牙买加每月待遇水平占人均 GDP 比例为 2%。

　　最后，从覆盖 60 岁及以上人口的角度来看，因为获得待遇资格条件不同，各国的差距也十分明显，玻利维亚实现了全覆盖，而阿根廷只覆盖了 1% 的人口。当然，为此付出的财务成本也大为不同，最高的苏里南付出的成本占 GDP 比例高达 1.608%，而最低的安提瓜和巴布达却只有 0.016%。不难理解，财务成本既是制度的一项参数也是其他参数带来的结果。一般来说（不考虑年龄结构差异），目标定位越宽泛，待遇资格年龄越低，待遇水平越高，社会养老金的财务成本就会越高（见表7-1）。

表 7 – 1　拉美地区社会养老金的基本构成情况

国家或地区	名称；引入时间	每月待遇水平；占人均GDP比例	资格年龄	目标定位	覆盖60岁及以上人口比例	成本占GDP比例
安提瓜和巴布达	老年救助计划（Old Age Assistance Programme）；1993 年	94 美元；8%	77 岁	家计调查	不详	0.016%
阿根廷	救助养老金（Pensiones Asistenciales）；1994 年	198 美元；25%	70 岁	家计调查	1%	0.035%
巴哈马群岛	非缴费型养老金（Old Age Non-Contributory Pension）；不详	245 美元；12%	65 岁	家计调查	6%	0.080%
巴巴多斯	非缴费型养老金（Non – Contributory Old Age Pension）；1937 年	299 美元；23%	65.5 岁	家计调查	22%	0.736%
伯利兹	非缴费型养老金计划（Non-Contributory Pension Programme）；2003 年	51 美元；12%	男 65 岁女 60 岁	家计调查	21%	0.129%
百慕大群岛（英国海外领地）	非缴费型养老金（Non – Contributory Old Age Pension）；不详	451 美元；不详	65 岁	养老金调查	不详	不详
玻利维亚	体面收入计划（Renta Dignidad）；1997 年	36 美元；15%	60 岁	普享式	103%	1.078%
巴西	农村养老金（Previdencia Rural）；1963 年	300 美元；31%	男 60 岁女 55 岁	养老金资格调查且以农村为工作地或生计来源地	28%	0.984%
巴西	连续现金待遇（Beneficio de Prestacao Continuada）；1996 年	300 美元；33%	65 岁	家计调查	8%	0.262%
智利	团结养老金制度（Sistema de Pensiones Solidarias）；1974 年	164 美元；12%	65 岁	家计调查	39%	0.049%
哥伦比亚	哥伦比亚老年计划（Programa Colombia Mayor）；2003 年	32 美元；5%	男 59 岁女 54 岁	家计调查和局部地区	26%	0.127%
哥斯达黎加	非缴费型计划（Programa Regimen No Contributivo）；1974 年	138 美元；15%	65 岁	家计调查	20%	0.368%

续表

国家或地区	名称;引入时间	每月待遇水平;占人均GDP比例	资格年龄	目标定位	覆盖60岁及以上人口比例	成本占GDP比例
厄瓜多尔	老年人养老金(Pensión para Adultos Mayores);2003 年	35 美元;7%	65 岁	家计调查	42%	0.240%
萨尔瓦多	普享式基础养老金(Pensión Basica Universal);2009 年	50 美元;15%	70 岁	家计调查和局部地区	5%	0.069%
危地马拉	老年人经济贡献计划(Programa de Aporte Economico o del Adulto Mayor);2005 年	51 美元;18%	65 岁	家计调查	11%	0.126%
圭亚那	老年养老金(Old Age Pension);1944 年引入,1993 年普享	65 美元;18%	65 岁	普享式	96%	1.063%
牙买加	健康和教育促进项目(Programme for Advancement through Health and Education);2001 年	9 美元;2%	60 岁	家计调查	18%	0.040%
墨西哥	老年人养老金(Pensión para Adultos Mayores);2001 年	40 美元;5%	65 岁	养老金调查	42%	0.200%
	地区计划(Regional Schemes);2001 年	6 美元;1%	64~70 岁	局部地区	9%	不详
巴拿马	70 岁全覆盖项目(100 a los 70);2009 年	50 美元;5%	70 岁	养老金调查	23%	0.166%
巴拉圭	老年人生计养老金(Pensión Alimentaria para las Personas Adultas Mayores);2009 年	103 美元;27%	65 岁	家计调查	17%	0.437%
秘鲁	65 岁养老金(Pensión 65);2011 年	45 美元;8%	65 岁	家计调查	11%	0.106%
圣文森特和格林纳丁斯	养老救助待遇(Elderly Assistance Benefit);2009 年	60 美元;10%	67 岁	家计调查	53%	不详

续表

国家或地区	名称；引入时间	每月待遇水平；占人均GDP比例	资格年龄	目标定位	覆盖60岁及以上人口比例	成本占GDP比例
苏里南	普通老年公积金（Algemene Oudedags Voorzieningsfonds）；1973年	153美元；19%	60岁	普享式	106%	1.608%
特多	老年人养老金（Senior Citizens' Pension）；1939年	468美元；27%	65岁	家计调查	45%	1.414%
乌拉圭	非缴费型养老金计划（Programa de Pensiones No - Contributivas）；1919年	298美元；22%	70岁	家计调查	5%	0.238%
委内瑞拉	关爱使命计划（Gran Mision Amor Mayor）；2011年12月	246美元；18%	男60岁女55岁	家计调查	19%	0.604%

注：以上数据为最新可获数据，但由于来源不同和时间不同，可能有误差，例如巴西的两个计划虽然待遇水平相同，但占人均GDP比例不同。

资料来源：HelpAge International's Social Pensions Database，http：//www. pension - watch. net/about - social - pensions/about - social - pensions/social - pensions - database/。

四 拉美社会养老金的效果评价

（一）减贫效果

来自发展中国家的家庭调查数据表明，年龄和贫困之间呈现一个"U"形关系，即年轻人和老年人的贫困发生率更高[1]，也就是说，老年人是整个社会贫困的高发人群之一。道理很简单，一个人进入老年通常意味着产出能力的下降，人力资本折旧在加快，特别是进入职业生涯末期，再加上劳动力市场存在的就业歧视，收入也会随之降低。同时，非劳动收入也会因为财富积累的放缓或被动消耗而出现下降，如果老年人的比重出现增长，整个社会的贫困发生率就会随之上升。换言之，为老年人提供社会保护，对于整个社会的扶贫效果将更为显著。因此，精准扶贫应该把老年人作为重点对象。从

---

[1] Barrientos A., Gorman M., Heslop A., "Old Age Poverty in Developing Countries: Contributions and Dependence in Later Life," *World Development*, Vol. 31, No. 3, 2003, p. 567.

理论上说，社会养老金是降低老年人贫困发生率的一个有效工具，但实践效果如何还要具体分析。从拉美地区各国实践情况来看，社会养老金的精准扶贫效果非常显著。

首先，社会养老金不仅直接降低了贫困发生率，而且更大幅度地缩小了贫困人口收入与贫困线之间的差距。以巴西为例，这一效果主要表现在以下两个方面，一是从贫困广度上讲，如果没有社会养老金，巴西贫困人数增长率将超过 7%，而赤贫人数增长率将上升至 9.6%；二是从贫困深度来看，社会养老金扶贫效果更为显著，如果没有社会养老金，平均的贫困差距（Poverty Gap）将提高 35.7%，而平均的赤贫差距（Indigence Gap）将提高三倍[1]。显然，社会养老金降低贫困深度的效果要优于降低贫困广度的效果，也即越是贫困的老年人，社会养老金所带来的扶贫力度就越显著。

其次，社会养老金作为普遍享有的社会权利，通过改善老年人心理健康水平，提高了社会的总体福利水平。不难理解，因为良好的心理状况可以提高幸福感受，这是福利水平的决定因素。例如在墨西哥，研究表明，能不能获得社会养老金对老年人的心理健康影响非常显著，一些老年人在获得社会养老金后，心理健康状况得到了极大改善，对周围事物持积极乐观态度。当然，虽然理论上讲社会养老金会有助于鼓励人们退出正规劳动力市场，但实践表明其对老年人的劳动参与率影响不大，因为这些老年人都转向了没有支付工资的家庭农业和家庭生意上。同时，社会养老金为老年人所在家庭的消费提供了很大支持，虽然家庭劳动收入减少，但总体收入增加，因此改善了贫困人口的收入情况，减贫效果比较显著[2]。

最后，具体而言，减贫效果还要取决于老年人所在的家庭的结构和成员人数情况。拉美地区大多数国家采取的是家计调查型社会养老金，待遇资格条件取决于家庭的人均收入水平，而不取决于个人收入情况，受益人只限定为老年人。因此，家庭人口数越多，减贫效果就越弱。以哥伦比亚和秘鲁为例，从家庭成员数来看，这两个国家贫困老年人往往都和子女居住在一起，

①　Barrientos A., Non-Contributory Pensions and Poverty Reduction in Brazil and South Africa, Idpm, 2005, pp. 18 – 19.

②　Galiani S., Gertler P., Bando R., "Non-Contributory Pensions," *Ssrn Electronic Journal*, 2013, p. 13.

因此家庭成员人数普遍偏多，其中家庭成员人数在 5 人及以上的比例分别高达 41.9% 和 33.1%，其中城市的这种趋势更为明显。因此，这种家庭成员的构成直接影响了社会养老金的减贫效果。就全国而言，实施社会养老金以后，哥伦比亚和秘鲁的贫困发生率水平可以分别降低 4.9 个和 12.9 个百分点。进一步分析可以发现，一是对农村地区的减贫效果更为突出，贫困发生率分别下降了 12.1 个和 24.8 个百分点，而城市贫困发生率的下降幅度则分别仅为2.8 个和 5.7 个百分点。需要强调的是，秘鲁社会养老金的减贫效果要明显好于哥伦比亚，一个重要原因是秘鲁老年人所在家庭规模更小（见表 7-2）。

表 7-2　基于不同家庭规模下的社会养老金减贫效果

单位：%

家庭成员人数	哥伦比亚			秘鲁		
	城市	农村	总体	城市	农村	总体
家庭成员人数分布						
1 人	9.7	12.0	10.4	5.6	13.2	10.9
2 人	16.0	22.2	17.9	18.8	35.1	30.1
3 人	14.5	17.5	15.2	15.6	14.4	14.8
4 人	15.3	12.6	14.5	14.4	9.7	11.1
5 人及以上	44.6	35.7	41.9	45.9	27.6	33.1
总计	100.0	100.0	100.0	100.0	100.0	100.0
社会养老金实施前的贫困发生率						
1 人	20.9	32.5	23.8	7.0	33.2	20.5
2 人	15.1	31.5	18.7	11.6	47.7	29.0
3 人	14.2	30.1	17.4	12.0	48.6	23.9
4 人	20.9	29.3	22.6	13.2	50.1	22.9
5 人及以上	35.2	41.8	36.6	21.3	62.1	32.8
总体	22.2	34.0	24.8	14.6	48.5	27.3
社会养老金实施后的贫困发生率						
1	15.2	14.6	15.1	1.6	5.1	3.4
2	12.6	15.4	13.2	4.9	12.8	8.7
3	10.9	16.4	12.9	7.6	24.2	13.0
4	18.9	24.3	19.9	6.8	37.1	14.8
5 人及以上	32.8	33.1	32.8	15.7	51.5	25.9
总体	19.4	21.9	19.9	8.9	23.7	14.4

资料来源：Olivera J., Zuluaga B., The Ex - ante, "Effects of Non - Contributory Pensions in Colombia and Peru," *Journal of International Development*, Vol. 26, No. 7, 2014, p. 959, Table 4。

（二）其他效果

拉美各国的实践表明，社会养老金作为发展中国家解决老年人贫困问题的一项长期制度性安排，其效果并不局限于减贫本身，往往还会带来其他影响，例如对收入分配、劳动力供给和财政成本都有一定的潜在影响。首先，就收入分配而言，拉美各国社会养老金对降低收入分配不公的效果有限。这主要是因为拉美地区缴费型养老金存在巨大的覆盖缺口，且制度倾向水平化和分层化，同时财政对正规化就业群体支持力度较大，真正用于社会养老金的财力空间有限，这就导致社会养老金待遇水平的有限，从而难以弥合正规化和非正规化就业人群的待遇差距，特别是对那些贫困发生率比较高的国家尤其如此。[①] 其次，就劳动供给而言，社会养老金对人们退休的决定性影响在拉美各国之间差异很大。个别国家比较显著，例如在巴西的农村地区，受益人一旦开始领取社会养老金，其中就有40%的人完全退出劳动力市场；而在大多数国家，这种影响是比较温和的，例如哥伦比亚和秘鲁，完全退出劳动力市场的比例分别只有5%和9%；还有一些国家，这种影响几乎不存在，例如在墨西哥，老年人获得社会养老金后，虽然从事有偿劳动的比例从23%降低到18%，但进行无偿劳动的比例从13%提高到19%，总体而言几乎没有变化。显然，造成这种差异的一个主要原因是待遇水平的高低，即待遇水平越高则老年人退出劳动力市场的可能性越大，例如，巴西社会养老金的待遇水平几乎是人均GDP的1/3，所以受益人完全退出劳动力市场的比例就高。最后，就财政成本而言，拉美地区实施社会养老金制度的大多数国家的财政成本是长期可控的，以哥伦比亚和秘鲁为例，2035年之前，社会养老金成本占GDP比例会温和上升，但以后这一比例就会因为人口老龄化速度的下降而开始进入下降通道。[②]

[①] Bertranou F. , Cetrángolo O. , Casanova L. , Universal Social Protection in Labour Markets with High Levels of Informality, 2015, p. 23.

[②] Olivera J. , Zuluaga B. , "The Ex – ante, Effectsof Non – contributory Pensionsin Colombiaand Peru," *Journal of International Development*, Vol. 26, No. 7, 2014, pp. 964 – 965.

五 结论与启示

拉美地区社会养老金的出现、加快发展和逐渐普及有其特殊历史背景。近100年来，拉美地区各国，在不断实践和向发达国家学习的过程中，社会保障制度经历了曲折发展。早在20世纪五六十年代拉美地区一些主要国家便开始效仿欧洲大陆，纷纷建立了现收现付制的养老保险制度，以为老年人提供晚年收入保障，因为民主制度下难以克服民粹主义倾向，福利增长较快，从而为财政平衡和经济健康发展埋下了隐患。但是，即便如此，老年人的晚年收入保障也只局限在正规就业部门。

20世纪80年代，拉美地区经济开始陷入衰退，经历了"失去的十年"，在社会矛盾进一步激化的同时，公共养老保险财务负担不断加剧，制度可持续性难以为继。进入20世纪90年代，在"华盛顿共识"的影响下，拉美地区很多国家政治经济开始右倾，建立私人管理的完全积累个人养老金制度成为其中一项重要内容，并替代或部分替代原有的现收现付养老金制度，以希望在借此减轻财政负担的同时，强化养老金制度的激励机制，从而扩大覆盖面，把非正规部门工人也纳入进来。但是，到21世纪初，这一美好愿望并没有如期实现，覆盖面至少没有扩大，老年人贫困问题依然是死结。在这种情况下，重新审视社会政策成为必然，建立以社会权利为基础的社会养老金制度进入很多国家当政者的视野，社会养老金制度开始快速发展起来。

拉美地区这一曲折实践过程与社会养老金制度的引入和完善无疑给发展中国家提供了重要借鉴。

首先，要认识到社会养老金可以作为精准扶贫的一部分。我们知道，精准扶贫的前提是确定谁是扶贫对象，然后才是项目的选择和资金的筹集和使用，而扶贫对象的识别却是最困难的环节。如果识别不准，那么不论后续投入多少资金，扶贫效果也会大打折扣。但是，就已经或即将丧失劳动能力的老年人而言，贫困识别难度大为降低，特别是对于一些没有养老金收入或者养老金待遇过低的农村老年人来说，通过引入社会养老金为他们提供晚年收入保障，从而杜绝老年人贫困的发生，使之成为全社会精准扶贫的一部分。

其次，要掌握社会养老金制度发展的一般规律。就大多数发展中国家而言，非正规就业是长期的社会现象，单纯依靠缴费型养老金制度（不管是个人账户积累制还是现收现付制）难以解决非正规就业群体的老年保障问题。特别是随着人口老龄化加速，当越来越多的人被排斥在社会养老金制度之外时，他们的晚年贫困问题就将越来越严重，最终成为重大社会问题。解决的办法必然是尽快构建多支柱养老体系，引入来自财政转移支付而又目标地位明确的社会养老金。需要强调的是，中国虽然已经为非正规就业群体建立了城乡居民养老保险制度并基本实现全覆盖，但该制度类似城镇职工的"统账结合"模式，目前来看，透明性和激励性都不理想，人们参保缴费积极性不高，大多数人选择最低档缴费（每年 100 元），未来个人账户养老金待遇会普遍较低，甚至可以忽略不计。因此，要么对现有制度进行改革，激励人们年轻时为养老多储蓄；要么大幅提高政府转移支付部分（基础养老金）的待遇标准，才能彻底解决老年人贫困问题。如果是后者，那么实质上也就转向了社会养老金。

再次，要正确理解社会养老金的功能定位。一般来说，政府在为老年人提供收入保障制度安排时，主要基于以下两种考虑：一是防止老年人贫困；二是促进消费平滑。显然，社会养老金的功能定位只能是前者，而不能是后者。如果是后者，那么就必然意味着政府要给受益人提供较高的待遇水平，从而带来一系列负面效果，比如，加重政府转移支付成本并在经济下滑时影响财政收支平衡；激励人们及时退出劳动力市场；抑制人们年轻时的自我储蓄行为。

最后，要处理好模式选择和长期成本制约问题。从资格条件上讲，社会养老金主要包括普享型、养老金调查型和家计调查型三种模式，但并不意味着普享型和养老金调查型社会养老金的成本一定高于家计调查型。原因有三：第一，如果缴费型养老金制度覆盖率较高，那么养老金调查型社会养老金的覆盖面就会相对较小，受益人数也必然较少，财政转移支付成本就会大大降低；第二，普享型社会养老金可以通过控制受益年龄而降低成本，特别是随着人口老龄化加快发展，不断提高受益年龄，受益人数就不会大幅度增加，财务成本就可以得到控制，当然前提是这种提高受益年龄的规则必须事先做出制度化安排，否则必然受到既得利益者的抵制；第三，相对于普享型和养老金调查型社会养老金，家计调查型社会养老金对目标受益人的甄别和管理成本是非常高昂的。总之，就面向老年人的精准扶贫而言，政府应该及早研究制定适合本国的社会养老金制度，实现总体上财务成本可控，管理成本有限，有效防止老年人贫困。

第8章 拉美国家有条件现金
转移支付计划的退出机制

中国社会科学院拉丁美洲研究所课题组*

一 拉美国家 CCT 计划的基本发展现状

CCT 计划是国际上社会安全网计划（Social Safety Net Programs）中的主要减贫项目之一，[①] 其主要特征是针对贫困家庭提供定期的现金津贴，前提是这些家庭要满足一定的行为条件要求，例如儿童入学，接受免疫、健康检查以及参加就业培训等。简而言之，CCT 计划的理论基础是附加条件的现金转移支付，即"以金钱换取行动"。第一代 CCT 计划诞生于 20 世纪 90 年代的拉丁美洲，进入 21 世纪以来逐步扩展到非洲和南亚等发展中国家。从 1997 年墨西哥第一个引入 CCT 计划（机会计划）以来，CCT 计划至今已有 20 多年的发展历程。根据世界银行出版的《2015 社会安全网报告》，2014 年全球实施 CCT 计划的国家有 63 个，其中拉丁美洲国家 22 个，非洲国家 18 个。在这些国家中，中等收入国家居多，合计

---

* 中国社会科学院拉丁美洲研究所课题组。

① 根据世界银行的定义，社会安全网是指针对贫困或弱势家庭的非缴费型社会救助项目，按照现金与实物待遇以及有无附加支付条件的两类标准划分，社会安全网计划可划分为有条件现金转移支付计划、无条件现金转移支付计划（Unconditional Conditional Cash Transfer Programs, UCTs）、有条件实物转移支付（Conditional in - Kind Transfers）和无条件实物转移支付（Unconditional in - Kind Transfers）四大类。2014 年全球共有 19 亿人从社会安全网计划中受益，在统计的 145 个发展中国家（经济体）中，社会救助项目有 587 个，参见 *The State of Social Safety Nets* 2015，World Bank，http://documents.worldbank.org/curated/en/2015/07/24741765/state - social - safety - nets - 2015，2015。

有 43 个（见表 8 - 1）。2014 年，全球覆盖人数最多的 5 个 CCT 计划分别
为巴西的博尔萨家庭计划（5780 万人）、墨西哥的机会计划（3230 万
人）、菲律宾的家庭桥梁计划（2000 万人）、哥伦比亚的家庭行动计划
（950 万人）和印度的 Janani Suraksha Yojana 计划（950 万人）。在全球各
类社会安全网计划中，CCT 计划覆盖了 50% 的受益群体，扶贫作用日益
突出。[1]

表 8 - 1 全球实施 CCT 计划的国家分布

单位：个

各地区	个数	类型	个数
非洲	18	低收入国家	14
东亚及太平洋地区	7	低中等收入国家	22
欧洲及中亚	7	高中等收入国家	21
拉丁美洲	22	高收入国家	6
中东和北非	5	—	—
中东和北非	4	—	—
合计	63	合计	63

资料来源：*The State of Social Safety Nets* 2015，World Bank，http：//documents. worldbank. org/
curated/en/2015/07/24741765/state - social - safety - nets -2015，2015。

从实施效果看，CCT 计划作为一种社会减贫计划，在增加贫困家庭消
费，提高中小学入学率，改善儿童健康和营养状况以及提高性别平等方面，
已起到明显的作用。以拉丁美洲为例，2011 年，拉美 18 国的 CCT 计划覆盖
了约 1. 29 亿人口，约占总人口 20%，覆盖贫困人口近 70%[2]。在巴西，该
国的博尔萨家庭计划是全球覆盖人数最多的 CCT 计划，受益群体人数占到
该国总人口数的 1/4 以上，与社会贫困人口总量大致相当。相对于社会养老

---

[1] *The State of Social Safety Nets* 2015，World Bank，http：//documents. worldbank. org/curated/
en/2015/07/24741765/state - social - safety - nets -2015，2015.

[2] Marco Stampini Leopoldo Tornarolli，The Growth of Conditional Cash Transfers in Latin America
and the Caribbean：Did They Go Too Far? IZA Policy Paper，No. 49，http：//ftp. iza. org/
pp49. pdf，2012.

金（Social Pension）和无条件现金转移支付计划等福利项目，CCT 计划的目标定位性更强，更有利于实施精准扶贫战略。在拉丁美洲国家，CCT 计划 50% 的资源用在最贫困的群体上。

图 8 - 1 说明了 CCT 计划与其他社会救助项目在贫困人口目标定位效果上的比较，对照五分位法划分的收入群体，CCT 计划覆盖了 40% 以上的 Q1 群体（最低 1/5 收入群），该比例远高于现金转移支付计划、社会养老金、社会公益项目。一般普享型的福利项目具有均等化分配资源的特点，扶贫效果类似于"撒芝麻盐"，而 CCT 计划的对象则更有针对性，因此再分配作用更强。从 CCT 计划的支出水平看，大部分财政负担保持在 GDP 的 1% 以内，2011 年拉美 18 国的平均支出不足 GDP 的 0.5%。[①] 可以说，CCT 计划以较低的成本支出，实现了较好的减贫效果，拉美国家的实施情况尤其说明其在降低婴幼儿死亡率、营养不良、童工使用率，以及提高学校出勤率和家庭健康水平等方面，成效突出。尽管 CCT 计划对提高学业成绩、找到工作和提高收入水平等方面的作用还不突出，但总体来看，CCT 计划已在国际扶贫中发挥了显著作用，甚至成为许多发展中国家旗帜性的扶贫计划。

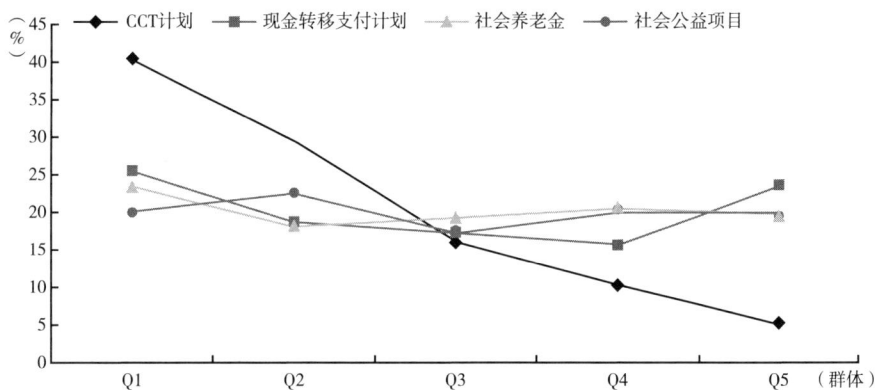

图 8 - 1　CCT 计划与其他福利计划的覆盖面比较（对照五分位法划分的收入群体）

资料来源：*The State of Social Safety Nets 2015*，World Bank，http：//documents. worldbank. org/curated/en/2015/07/24741765/state - social - safety - nets - 2015，2015。

---

① Marco Stampini Leopoldo Tornarolli，The Growth of Conditional Cash Transfers in Latin America and the Caribbean：Did They Go Too Far？IZA Policy Paper，No. 49，http：//ftp. iza. org/pp49. pdf，2012.

二 拉美国家 CCT 计划退出机制的主要经验做法

尽管 CCT 计划在国际扶贫中取得了巨大成功，并受到越来越多国家的欢迎，但其制度设计、实施和成效等环节仍面临大量争论。对早期第一代 CCT 计划，人们更多关注计划的条件确定、适用人群、进入规则、待遇结构和水平、支付系统的有效性以及监督实施和效果评估等问题。随着 CCT 计划的广泛推开，一个更深层次问题被提了出来，即项目的退出机制问题：项目提供的现金转移支付待遇是永久性的，还是临时性的？受益期限如何确定？如果是临时性的，那么受益人退出项目的标准是什么，受益人退出后有什么计划跟进，退出的目标究竟为何？

自 2000 年以来，国际上对"贫困退出"的研究逐渐增多。较早的研究集中于美国国际开发署（USAID）实施的食品和营养技术援助项目（The Food and Nutrition Technical Assistance Project，FANTA），联合国针对南部非洲国家的食品安全项目（Southern Africa Food Security Emergency，C‐SAFE）等。退出战略（Exit Strategy）是指一项具体计划，描述对贫困地区的援助项目如何撤出，但在撤出的同时不得损害项目目标的实现，在未来能使受益对象取得更大的进步；因此退出的核心在于保障项目影响的可持续性，退出之后的活动不能发生偏离。① 项目退出意味着从整个项目领域撤出外部提供的资源（包括实物、人力资源和技术援助等），受益人享受的待遇暂时中止。值得着重指出的是，国际上关于退出战略的研究尤其强调的一点是，退出不等于单纯地催促贫困人口离开项目，项目退出本身并不是目的，它真正的目的在于提高受益人可持续发展的能力。

拉美地区是 CCT 计划的发源地，虽然在 20 多年的实践中已积累起丰富的运作经验，但直到最近几年才将建立退出机制提上议程，其中有两个最基本的问题：一是受益人资格的重新认证程序；二是退出过程中的收入干预措施。

---

① Alison Gardner, Kara Greenblott, Erika Joubert, What We Know about Exit Strategies-Practical Guidance for Developing Exit Strategies in the Field, http：//reliefweb. int/sites/reliefweb. int/files/resources/A02C7B78FB2B408B852570AB006EC7BA‐What％20We％20Know％20About％20Exit％20Strategies％20‐％20Sept％202005. pdf, September, 2005.

（一）受益人资格的重新认证程序

重新认证（Recertification）程序（简称"重认程序"）是指对受益人的资格进行重新评估和再次确认的过程。随着 CCT 计划的实施，受益家庭的收入条件会不断发生变化，项目管理者需要运用一定的甄别机制筛选已脱贫的家庭，并为仍处在贫困线以下的家庭重新进行资格认证。因此，重新认证是退出战略的前提，也是 CCT 计划走向精准化管理的一个前提。一般来说，对于慢性贫困或赤贫家庭，重认程序频率要低一些；而对于中度贫困或临时性贫困家庭，重认程序频率要高一些。传统上在拉美地区，除巴西外，真正实施重认程序的国家并不多，虽然少数国家已着手这项工作，但大部分国家尚未出台有效、透明的重认程序。表 8 – 2 提供了拉美 13 个国家 CCT 计划实施重新认证程序的基本情况。

表 8 – 2　拉美 13 个国家 CCT 计划实施重新认证程序的基本情况

项目重认方式	国家和项目	社会经济状况评估体系	评估方法	目标群体	重认程序频率
有固定期限	智利:家庭公平收入计划	社会保障卡	代理家庭调查（PMT）	弱势家庭	未实施重认程序
有固定期限	特立尼达和多巴哥:有条件现金转移支付计划	—	家计调查	弱势家庭	未实施重认程序
无重认程序	阿根廷:儿童补贴计划	国家社会保障局（ANSES）	家计调查	18 岁以下儿童、失业者、自雇人员	无重认程序
无重认程序	洪都拉斯:Bono 美好生活计划	—	PMT	弱势家庭	无重认程序
无重认程序	秘鲁:团结计划	贫困家庭目标定位体系	PMT	19 岁以下儿童或孕妇	无重认程序
有重认程序	巴西:博尔萨家庭计划	国家统一注册处	家计调查	18 岁以下儿童	每隔 2 年
有重认程序	哥伦比亚:家庭行动计划	国家区域规划处	PMT	18 岁以下儿童	每隔 4 年
有重认程序	哥斯达黎加:前进计划	人口目标信息系统	PMT	儿童、7 ~ 18 岁青少年	每隔 3 年
有重认程序	多米尼加共和国:团结进步计划	受益人管理系统	PMT	16 岁以下儿童	每隔 4 年

续表

项目重认方式	国家和项目	社会经济状况评估体系	评估方法	目标群体	重认程序频率
有重认程序	厄瓜多尔：人类发展计划	社会注册处	PMT	18 岁以下儿童	每隔 5 年
有重认程序	萨尔瓦多：社区团结计划	—	PMT	18 岁以下儿童	每隔 10 年（每次新的人口普查）
有重认程序	牙买加：PATH 计划	受益人资格评审系统	PMT	18 岁以下儿童	4 年
有重认程序	墨西哥：机会计划	家庭社会经济调查	—	儿童、22 岁以下青年、育龄妇女等	8 年

资料来源：Medellín, Nadin, Ibarrarán, Pablo, Stampini, Marco, Villa, Juan Miguel, Moving ahead：Recertification and Exit Strategies in Conditional Cash Transfer Programs, https：//publications. iadb. org/handle/11319/7359#sthash. aaXTx9qX. dpuf, 2015。

　　拉美国家未出台重新认证程序的 CCT 计划有两类情况。第一类情况是有固定的结束期，无须进行重新认证，受益人到期即退出计划，如表 8 - 2 所示的智利以及特立尼达和多巴哥两国。在这种情况下，CCT 计划通常被看作一种短期的干预措施，或作为全国长期性扶贫政策中的一个组成部分。值得说明的是，有固定退出期的计划更适用于普享型补贴项目，例如针对全国儿童开展的国家教育补贴和医疗服务项目，通常是有固定退出期的。第二类情况是有些项目的退出期是开放式的，也就是说一旦加入 CCT 计划，只要家庭有符合条件的目标人群，就可持续参加计划，即项目没有固定退出期的要求。这样的例子包括阿根廷、秘鲁和洪都拉斯。但从现实情况看，这三个国家也正在考虑在计划中引入重新认证程序。

　　实施重新认证程序的拉美国家包括巴西、哥伦比亚、哥斯达黎加、多米尼克共和国、厄瓜多尔、萨尔瓦多、牙买加、墨西哥，表 8 - 2 说明了这些国家实施重新认证程序的频率和评估方法等，以下进行说明。

　　机构安排。一般来说，负责 CCT 计划初始进入资格认定的机构也同时负责重认程序。在墨西哥和牙买加两国，重认程序本身就是 CCT 计划实施的一部分。而在其他一些国家（例如巴西、哥伦比亚、厄瓜多尔、多米尼加共和国等），重认程序则由获得授权的外部机构执行，这些机构同时负责其他一些社会项目的管理，将 CCT 计划进行统一管理有利于节省成本。

评估机制。大部分国家运用统一的评分体系，评估家庭的社会经济状况，以重新确定受益人的资格条件。评估方法有家计调查（Mean Test）或代理家计调查（Proxy Mean Test，PMT）两类。在 PMT 中，管理机构通常不直接进入家庭进行调查，而是运用一系列经济收入、消费或资产等替代性指标对家庭贫困状况进行评估。家庭收入评估体系所采用的评分公式需定期进行更新，以反映家庭资产、人口结构和贫困状况的变化。例如，哥伦比亚和厄瓜多尔两国在 2013 年就对评分公式进行了重新修订。

认证频率。不同国家 CCT 计划的重认程序频率有很大差别。在巴西，博尔萨家庭计划每隔 2 年对家庭状况进行一次审查；而在墨西哥，机会计划的重认程序频率则长达 8 年；在萨尔瓦多，社区团结计划每隔 10 年才对目标群体进行一次调整，即在新的人口普查时进行认证。值得说明的是，大部分国家 CCT 计划的重认程序在执行中都存在时间延误问题，经常得不到如期执行。

认证程序。对管理机构来说，重认程序是一个复杂的过程。拉美国家采用的认证方法有两类：一是通过家访，了解家庭状况；二是要求受益人前往 CCT 计划管理办公室，更新家庭记录。第一种方法的实施成本较高，但更有利于准确地了解目标对象的家庭状况，大多数拉美国家采用这种方法；第二种方法仅在巴西使用，重认的责任由受益家庭自己承担。巴西的博尔萨家庭计划由社会发展与消除饥饿部（MDS）负责管理，要求受益家庭每隔 2 年到地方性的项目注册处（称为统一注册处，Cadastro Unico）申报家庭状况，即家庭自我申报方式。如果家庭不去申报，就会被取消受益资格。巴西第二大国有银行（CAIXA Econômica Federal）建有统一的管理数据库，以记录关于家庭的人口、收入、住址、教育和就业等方面的信息，这些信息被用作筛选博尔萨家庭计划资格的基准条件。值得指出的是，家庭自我申报方式面临的一个问题是漏选，某些边缘家庭可能由于种种原因无法前往管理机构进行认证，被排斥在计划之外。因此，选择这种方法时，通常应辅助以相应的补救机制，包括社会工作者入户调查等。

重认结果的处理策略。经过重认程序后，家庭面临两个结果，其一是满足条件退出计划；其二是重新获得资格认证，继续保留在计划之内。需要指出的是，对低收入群体的鉴定标准是一个动态过程，通常退出计划时的收入门槛要比进入计划时高一些。从拉美国家的实施情况看，实际退出 CCT 计划的人口比例并不高。例如，在墨西哥，2012 年机会计划对大约 100 万个受益家庭（占总数的 1/6）进行了资格重新认证，其中有 18% 的家庭因脱贫而退出计划；另外，6% 家庭因不再有受益成员（包括儿童、22 岁以下青年和育龄妇女等）而退出计划；还有 16% 的人被转移到另一个称为"差异化"（EDA）的方案之中；最终结果是还有 60% 的家庭经重认程序后仍停留在机会计划之内。对于哥伦比亚的家庭行动计划，2015 年在项目过渡期结束后，约有 21.8 万个家庭退出，仅为全部受益家庭的 8% 左右。[①]

（二）退出过程中的收入干预措施

CCT 计划并不是单纯的福利性计划。纯福利性计划倾向于提供临时的收入扶持，帮助家庭应对外部冲击（例如经济危机或自然灾害）引起的临时贫困现象。CCT 计划的目标在于长期脱贫，其退出战略能否成功有两个关键环节：一是贫困者退出计划时是否具备了脱贫条件；二是退出后是否有能力获得持续性的收入，以维持脱贫状态，具有更高的生活水准。因此，退出过程中的收入干预（Income Intervention）措施是非常重要的，许多拉美国家为此建立了连接 CCT 计划的收入创造（Income Generation）计划。这些干预措施可作为 CCT 计划的平行战略提出，在受益人临近退出 CCT 计划时实施；也可以在退出 CCT 计划后实施（作为跟进的收入干预措施）。基于受益人的就业形态，干预措施分为工资就业（Wage Employment）收入干预和自雇就业（Self Employed）收入干预两大类。前者包括资产转移、创业、小额贷款等措施，而后者主要包括培训和劳务中介服务等措施。

表 8-3 说明了拉美国家针对自雇人员的收入干预措施，干预措施主要包括技能培训、小额信贷、创业和转移生产资料（如种子、化肥和家畜）

---

① Medellín, Nadin, Ibarrarán, Pablo, Stampini, Marco, Villa, Juan Miguel, Moving ahead: Recertification and Exit Strategies in Conditional Cash Transfer Programs, https://publications. iadb. org/handle/11319/7359#sthash. aaXTx9qX. dpuf, 2015.

支持等。在巴西、萨尔瓦多和墨西哥三国，还为小生产者（例如工匠和农民）提供了与当地市场对接的服务项目。在过去 20 多年中，拉美就业市场的一大特点是非正规部门就业人口快速增加，正规部门就业人口增长缓慢。就 CCT 计划的参加人员而言，进入正规部门的比例就更低了。从实施效果看，尽管这些国家都试图将 CCT 计划与各类收入干预项目连接起来，但受益人参与这些项目的比例并不高。Cho 和 Honorati（2013）对发展中国家自雇人员收入干预措施开展的研究表明，这些措施对促进青年人创业有一定积极影响，然而，在创建企业、扩大生产和增收方面，并未带来明显成效。[①]

表 8 - 3　拉美国家针对自雇人员的收入干预措施

国家及 CCT 计划名称	连接 CCT 计划的收入创造计划	针对自雇人员的主要收入干预措施
巴西:博尔萨家庭计划	巴西消除赤贫（Sem Miseria）计划	城市:小额信贷、创业。农村:技能培训、转移生产资料（如种子、化肥和家畜等）、联系市场等
智利:家庭公平收入计划	无	创业
哥伦比亚:家庭行动计划	红色团结（Red Unidos）	——
多米尼加共和国:团结进步计划	无	技能培训、创业和小额信贷
厄瓜多尔:人类发展计划	生产促进信贷计划;人力资本发展信贷计划	小额信贷
萨尔瓦多:社区团结计划	无	城市:创业、技能培训、社区工作、有条件经济激励措施。农村:技能培训、转移生产资料（如种子、化肥和家畜等）、联系市场
牙买加:PATH 计划	走向工作计划	创业
墨西哥:机会计划	多个项目	技能培训、创业、联系市场、小额信贷
秘鲁:团结计划	我的创业农场（Mi Chacra Emprendedora）计划	转移生产资料（如种子、化肥和家畜等）、技能培训

资料来源：Medellín, Nadin, Ibarrarán, Pablo, Stampini, Marco, Villa, Juan Miguel, Moving ahead: Recertification and Exit Strategies in Conditional Cash Transfer Programs, https://publications. iadb. org/handle/11319/7359#sthash. aaXTx9qX. dpuf, 2015。

[①]　Cho Yoonyoung, Maddalena Honorati, Entrepreneurship Programsin Developing Countries: A Meta Regression Analysis, World Bank Policy Research Working Paper, Washington D. C., United States: World Bank, 2013.

　　针对工资就业者的收入干预措施主要包括课堂培训（技术和软技能）、岗位培训和劳动中介服务以及对雇主的奖励措施等，其重点针对的人群是青少年、青年失业人员或半失业的成年人，目标在于提高这部分人找工作的概率或提高工作质量。在各类干预措施中，培训是针对 CCT 受益人最为普遍的一类，这些培训主要集中在城市地区（见表 8 - 4）。例如，巴西的国家技术培训和就业（PRONATEC）计划，参加者为低于中学教育水平的非技能人员。牙买加的成员补习教育计划，则提供补充教育（识字以及针对 PATH 计划的定制课程）。这些培训计划的持续期不同，有些计划还提供技术证书。从实施效果看，拉美国家的这些计划对创造就业和提高劳动者收入有一定影响，但并不显著。女性和青年群体受益较多，他们通过培训找到工作后，收入水平有较大幅度提高。已有的研究结论表明，岗位技术培训效果要比课堂教育更为有效。[①]

表 8 - 4　拉美国家针对工资就业者的各类培训计划

国家及连接 CCT 计划的收入创造计划	持续期	培训	激励措施
巴西：国家技术培训和就业（PRONATEC）计划	最少 160 个小时的培训	为非技能人员（低于中等教育水平）在全国各场所提供大量（376 种）课程学习机会	书本和其他材料免费，为交通和食物提供补贴
智利：就业支持（IEF）计划	4 个月内的非全日制培训	对工作岗位培训（对农业经营和生态旅游的技术培训）以及找工作予以扶持	提供低收入工作
哥伦比亚：SENA 资格培训计划	880～3520 个小时的培训	职业培训	参加培训获得技术证书后，可得到每月 153 美元的现金支付
萨尔瓦多：社区团结计划	6 个月内 80 个小时的培训	社区项目、职业培训	参加培训每月可得到 100 美元的现金支付
牙买加：成年补习教育计划	—	补充教育：识字以及针对 PATH 计划的定制课程	—

　　资料来源：Medellín, Nadin, Ibarrarán, Pablo, Stampini, Marco, Villa, Juan Miguel, Moving ahead: Recertification and Exit Strategies in Conditional Cash Transfer Programs, https://publications. iadb. org/handle/11319/7359#sthash. aaXTx9qX. dpuf, 2015。

---

① González - Velosa, Carolina, Laura Ripani, David Rosas Shady, How Can Job Opportunities for Young People in Latin America Be Improved? Technical Note, Washington D. C., United States: Inter - American Development Bank, http://publications. iadb. org/handle/11319/5539, 2012.

为了改变 CCT 计划收入干预措施覆盖面小、连接机制松散的问题，许多拉美国家正在出台一些新的举措，以增强收入干预措施的效力，主要包括以下三方面。

一是建立机构间的合作协议。为建立 CCT 计划与其他收入干预措施之间的联系，许多国家出台了管理部门之间的合作协议，政府部门之间共享 CCT 计划受益人的名单及服务等方面的信息，共同参与计划管理。例如在墨西哥，为实现 CCT 计划（机会计划）与收入干预措施的对接，政府对收入干预措施的实施程序进行了再修订，避免同一群体重复享受 CCT 计划和其他社会项目的现金补贴。

二是引入社会工作者。部分拉美国家雇用社会工作者，参与 CCT 计划受益人的收入干预措施管理。例如表 8 - 3 中所示的智利的家庭公平收入计划和哥伦比亚的家庭行动计划，都是针对 CCT 计划赤贫家庭的收入扶持项目，社会工作者和受益家庭共同协商制定脱贫计划，家庭成员在参加技能培训时，可获得一定的奖金奖励。

三是采取一定的财务奖励和惩罚措施。智利、哥伦比亚和牙买加等少数国家，已开始研究运用财务奖励和惩罚措施；例如，在哥伦比亚，现金奖励与受益人参加培训课程的多少挂钩，受益人参加培训获得技术证书后，可得到每月 153 美元的现金支付；在智利的家庭公平收入计划下，奖金与找工作结果挂钩，低收入的弱势家庭妇女可以申请一个为期 4 年的债券，其后只有保持工作状态才能获得项目奖励。[①]

三 实施退出机制面临的问题和困难

贫困是一个复杂的社会现象，它与经济增长、就业机会和社会环境等方面的诸多因素联系在一起。尤其是对于慢性贫困家庭来讲，脱贫是一个长期过程。CCT 计划的主要目标在于通过现金补贴的方式带来需求激励，提升受

[①] Medellín, Nadin, Ibarrarán, Pablo, Stampini, Marco, Villa, Juan Miguel, Moving ahead: Recertification and Exit Strategies in Conditional Cash Transfer Programs, https://publications.iadb.org/handle/11319/7359#sthash.aaXTx9qX.dpuf, 2015.

益家庭的教育和健康水平以及收入能力。就退出计划的家庭而言，有两个重要的问题值得关注。一个问题是退出后是否继续有能力维持基本的生活水准。假如这些家庭收入的恢复是临时性的，当其遇到经济危机、失业等情况时，还有可能再次陷入贫困状态。另一个问题是是否具备了相应的人力资本积累水平，能够实现长期收入稳定。尤其是就那些有儿童的家庭而言，在失去现金补贴的情况下，家庭户主能否维持儿童的健康和营养状况，并且保障他们持续上学，这是非常重要的。从实施效果看，大多拉美国家 CCT 计划在短期内的减贫效果有限，指望贫困家庭在几年内退出是不现实的。墨西哥的机会计划就是这方面的典型案例。

墨西哥的机会计划是世界最著名的 CCT 计划之一，它的设计、实施和评估体系曾为许多国家提供了学习经验。该计划创建于 1997 年，主要针对赤贫家庭，提供的待遇补贴主要包括食品消费、儿童卫生和营养补贴、对孕妇和哺乳期妇女的补贴、初级保健服务、各个学龄段的奖学金以及对老年人的现金转移支付等。对受益人的要求条件包括参加健康和教育讲座、接受体检和上学考勤等。机会计划从边缘农村地区最先开始，后来扩展到墨西哥全国的农村和城市地区。到 2008 年时，大约覆盖了 500 万个城市地区的赤贫家庭。① 该计划最初设计时已考虑到了待遇补贴的持续期问题，规定只要家庭符合受益资格，就可保留在计划内，保留期限视对家庭的社会经济状况评估结果而定。如果受益家庭的月收入水平超过退出资格线（即最初进入计划时设定的收入门槛再加上一个定额的食品消费量），它们就会被转移到另一个待遇水平消减的减贫计划（称为"消减计划"，Differentiated Scheme）中去，该计划的待遇补贴额等于之前 CCT 计划下的待遇补贴额减去食品消费和助学金等，其前提是假定这些家庭已有能力支付这些消费项目。"消减计划"的期限为 3 年，随后家庭将彻底退出 CTT 计划。到 2003 年计划实施6 年，第一批家庭开始退出 CCT 计划，计划退出的基本评估情况如下。一是贫困家庭达到退出门槛是一个长期过程。机会计划实施 3 年后，98% 的家庭达不到退出门槛。6 年后，仅有 20% 家庭超过该门槛。二是从被转移到

---

① Degol Hailu, Fabio Veras Soares, Cash Transfers Lessons from Africa and Latin America, International Poverty Centre, http：//www.ipc-undp.org/pub/IPCPovertyInFocus15.pdf, 2016.

"消减计划"的家庭情况看，仅少数家庭可以应对计划待遇补贴水平的下降，大部分赤贫家庭被迫减少基本的食品消费，同时出现了儿童入学率降低的情况。这部分家庭通常为弱势家庭——有老年人或病人等弱势群体，赡养负担较重，也有一部分从农村转移到城市的家庭出现了类似情况。三是在那些达到退出门槛的家庭中，42% 的家庭的收入水平有重新降到资格线以下的可能性，仅有 4% 的家庭的收入水平维持在资格线以上。[①]

上述结果充分说明了墨西哥存在的慢性贫困以及贫困家庭的高脆弱性。为此，墨西哥政府不得不重新调整机会计划的退出规则，2006～2008 年做出了以下调整。一是将机会计划第一次评估的时间从第 3 年延长到了第 6 年。如果家庭收入水平超过重估的收入线，它们就将被转移到另一个为期 6 年的计划中去，总计 12 年后才退出机会计划。二是对农村和城市家庭实施同样的退出时间限制。三是老年人家庭免于退出计划。四是当退出计划的成员收入条件恶化时，他们可重新申请回归计划。五是对于那些在第一次评估时未达到退出条件的家庭，在第 8 年和第 9 年时要进行再次评估，如达到评估标准，就要转到一个为期 3 年的计划中去，之后退出机会计划。到 2008 年时，机会计划中约有 20 万个家庭（占受益家庭总量的 4%）转到"消减计划"中去，完全实现脱贫退出的家庭比例则更低一些。墨西哥的经验充分说明了脱贫的长期性，两个基本教训是：一是不应仅用贫困线指标来衡量退出标准，还应更多地应用人力资本指标衡量家庭的健康状况和收入能力；二是退出计划仅意味着家庭在某个时点上不再贫困，但并不代表永久脱贫，尤其是在拉美地区，经济和就业的不稳定通常会带来家庭重返贫困的风险。[②]

四　几点主要结论

自 20 世纪初以来，国际扶贫中退出机制得到了越来越多的重视。本章以拉美国家的 CCT 计划为例，分析了扶贫战略中的退出机制，从中可以得

① Degol Hailu, Fabio Veras Soares, Cash Transfers Lessons from Africa and Latin America, International Poverty Centre, http://www.ipc-undp.org/pub/IPCPovertyInFocus15.pdf, 2016.
② Degol Hailu, Fabio Veras Soares, Cash Transfers Lessons from Africa and Latin America, International Poverty Centre, http://www.ipc-undp.org/pub/IPCPovertyInFocus15.pdf, 2016.

到以下几点主要借鉴经验。

第一，在国际扶贫中，退出战略的真正含义在"退出贫困"，而不仅是"退出计划"。退出的最终目标在于提高贫困家庭的收入能力，实现长期的可持续独立发展。

第二，来自拉美国家的经验表明，退出是一个长期复杂的过程，尤其是对于慢性贫困和赤贫家庭来说，短期内达到计划退出门槛并不意味着永久脱贫。在拉美国家除少数案例外，CCT 计划一般不设定固定的退出年份，而是采用基于减贫效果的退出标准。

第三，出于预算约束和扶贫项目本身管理绩效的考虑，设定退出门槛是必要的。但退出计划仅仅是第一步，更重要的是要在后期跟进持续性的收入干预措施，包括各种收入扶持、就业培训、创业辅助和生产信贷等。

第四，迄今为止，在发展中国家扶贫退出机制得到良好应用的案例并不多，大部分尚处于退出战略实施的初步阶段，退出扶贫计划的人口仍为少数。由于存在退出标准确定、资格重新认证、财政资源约束以及政治成本等难题，退出战略的实施并不顺利。因此，退出机制的设计是一个复杂过程，不仅要考虑制度激励和实施程序等问题，还要考虑到政治成本等问题。

第五，从更高层面看，退出战略不仅是社会保护体系的一部分，而且是整个经济社会政策的一部分。贫困问题的解决取决于包容性经济增长、就业机会增多、生产环境改善、基础设施完善以及便利的金融信贷支持等方面的一系列条件。贫困退出的过程也是社会政策转型的过程，即由福利救助政策转向综合性的经济社会扶持政策。

参考文献

Yoonyoung Cho, Maddalena Honorati, Entrepreneurship Programs in Developing Countries: A Meta Regression Analysis, Policy Research Working Paper 6402, The World Bank Human Development Network Social protection and Labor Unit, 2013.

第9章　巴西"社会计划登记系统"

胡茂根[*]

一　巴西建立"社会计划登记系统"的社会背景

20世纪90年代后期，巴西开始采取具有前瞻性的社会救助政策，即有条件的现金转移支付计划，将社会救助政策的重点转向儿童的教育和健康问题，以投资于人的发展。2003年出台"家庭补助金计划"，将学校津贴计划、粮食救济金计划、膳食计划、燃气救济补助和杜绝童工计划等十几个直接转移支付计划整合在一起，目标人群是极端贫困家庭。

为了实施以上减贫和社会救助措施，为精准救助提供信息支撑，巴西从2001年开始建立"社会计划登记系统"。

二　"社会计划登记系统"的主要做法

"社会计划登记系统"，即巴西版贫困户建档立卡系统，注册登记了家庭人均收入在最低工资一半以下的家庭信息，目的是把全部脆弱人群注册在一个全国统一的系统中，以供各类社会救助项目和扶贫项目使用。综合来看，其主要做法如下。

（一）立法先行

1988年，联邦宪法从六个方面规定了公民的社会权利，为减贫和社会

---

* 胡茂根，国务院扶贫办信息中心处长。

援助提供了基本依据。在 21 世纪的第一个十年，巴西制定了一系列社会援助政策法规，如 2004 年的社会援助国家政策，2005 年和 2012 年的社会援助政策实施规范，2006 年的人力资源政策实施规范，2009 年的社会援助服务分类，2011 年的社会援助法、老年人和残疾人福利法等。这些都是建立"社会计划登记系统"的法律依据。立法以后，不管哪个政党执政，也不管宏观经济形势的变化，减贫和社会救助的目标不易变动。

（二）统一标准

每个贫困家庭一张登记卡片，该卡片包括 40 个住户特征指标和 100 多个个人特征指标。例如，住户特征指标包括住址、房屋间数、住户类型、资产状况、建筑材料、厕所、电灯、饮用水、水处理、垃圾收集等，其中家庭构成包括家庭成员（哺乳期妇女、孕妇、老年人、残疾人等）数。个人特征指标包括收支情况、身体、教育、医疗、就业等。全国 27 个州、6000 多个市都按统一的标准和工作程序进行登记。目前，该系统覆盖了 2300 万个家庭的 7500 万人口。

（三）部门协同

该系统的建立虽然由社会发展与消除饥饿部牵头负责，但得到了国防部、通信部、联邦储蓄银行以及地方政府的支持，动员了 3 万名干部和社区工作者参与。巴西政府认为，建立家庭信息采集系统是一项巨大的社会投资。统一登记系统由巴西联邦储蓄银行组织开发和负责监测，地方政府需要签订保证数据质量的共同责任条款。目前所有地方行政单位全部可以在线填报、更新数据。

（四）信息共享

巴西社会计划登记系统以法律为依据，由联邦政府进行顶层设计，27 个州、6000 多个市遵照执行，是一个全国统一联网的系统。所有与帮扶登记对象有关的部门，比如教育、社保、住房、税务、医疗、劳工等，既有使用系统所有信息的权利，也有提供登记对象与本部门业务相关信息的义务。本系统与其他系统，如正规部门就业人员收入系统、死亡登记系统等进行交又比对验证，以保证数据的真实可靠性。真正实现了系统信息在全社会的共享。

（五）自主申报

相关法律、规划制定以后，市政当局利用报纸、杂志、网站、竞选活动等，深入社区进行宣传，让全社会知晓，同时市政府社会保障局设立登记中心，符合条件的个人和家庭到登记中心自愿申报，行动不便的由工作人员登门登记。系统信息采用登记制，不进行调查核实，但不实申报一旦被人举报或与行业部门信息不符，申报人将失去得到救助的机会。申报人的资料和信息 6 个月至 2 年更新一次。

三　巴西"社会计划登记系统"与我国扶贫对象 建档立卡信息系统的比较

综合比较来看，巴西"社会计划登记系统"与我国扶贫对象建档立卡信息系统有以下异同。

（一）相同方面

目的相同。两者都是建立一个全国大一统的特定人群的信息系统，都是为弱势群体服务的，都是为开展全国范围的减贫和社会救助提供信息支撑的。

组织方式相同。两者都由政府主导，逐级实施，由国家预算开支。中央（联邦）政府制定规划，发布文件（法令），进行统一的顶层设计，逐级组织实施，巴西是州政府和市政府两级，中国是省、市、县、乡、村五级。

主要指标基本相同。巴西包括 40 个住户特征指标和 100 多个个人特征指标。我国贫困户建档立卡指标包括 60 多个涉及贫困户家庭和个人的信息。主要指标都围绕家庭成员、生产生活条件、住房、健康、教育、就业、收入、支出等方面。

（二）不同方面

社会背景不同。巴西是一个没有户籍限制的国家，城镇化率达 85%，大量农村人口流向城市，居住在城市周边，形成规模庞大的"贫民窟"，"贫民窟"的居民是巴西穷人的主要组成部分，所以巴西的贫困不像我国分为城市低收入人群和农村贫困人口。巴西的减贫工作涵盖我国城市的民政工作和农村的扶贫工作。

致贫原因不同。我国农村贫困人口的主要致贫原因为因病致贫、缺资金、缺技术、缺劳动力、因学致贫、因残致贫等，深层次表现为个体条件差、生产生活要素缺乏和基础设施及公共服务缺失等。巴西贫困问题产生的主要原因为推进工业化发展中忽视农业的发展、城市化过快、收入分配严重不均、土地分配高度集中等，高失学率、高失业率、吸毒泛滥是造成巴西贫困的直接原因，深层次原因主要在于制度方面和社会方面。

识别方法不同。从表面上看，两国都以收入为主要标准来识别穷人。但由于国情不同，识别方法迥异，巴西每个公民都有的身份卡和税卡记录了本人从生到死的基本情况、收支财产状况，通过税卡就能识别出穷人。我国虽以收入水平划分贫困标准，但建档立卡工作开展以前，由统计抽样方法测算出农民年均收入，推算出农村贫困人口规模。此轮建档立卡工作政策上遵照"以收入为主"，同时，实际识别是按照"分配贫困人口规模 + 村民民主评议"方法进行的。可以说，巴西的识别方法简单而准确，由于国情不同，我国无法采取巴西的识别方法。

信息填报方式不同。巴西由申报人自主填报信息，不予审核，申报人享受政策过程中一旦发现信息不准，即失去政策享受资格。我国建档立卡工作每年要组织几百万名干部进村入户采集信息，而且需要反复审核。

信息共享程度不同。巴西"社会计划登记系统"由联邦政府组建，各部门都有义务提供数据，都有权共享信息，基本实现了全社会信息共享。我国建档立卡信息系统由扶贫部门建设，其他部门的信息交换没有法律约束，基本上是"各自为政""信息分割"。

建设阶段不同。巴西"社会计划登记系统"已经建设了 10 多年，日趋成熟。我国建档立卡信息系统处于建设初期，许多方面正待完善。

四　对我国建立建档立卡信息系统工作的建议

中巴两国社会制度不同、民族文化不同、国情不同，做任何事情都不能互相照搬，但中巴两国都已进入中等收入国家行列，都需要避免和跨越"中等收入陷阱"，从这个角度来讲，两国在扶贫领域的经验又可互相借鉴。本章总结巴西建立"社会计划登记系统"的经验，思考我国建档立卡信息系统建设的未来，提出以下建议。

（一）坚定目标、久久为功

一是毫不动摇地建立全国大一统的信息系统。在建立全国建档立卡信息系统以前，广东、江苏、贵州、重庆等省份都建立了信息系统，2015 年以来，甘肃等省份和地市一级又在建设精准扶贫大数据信息平台，如何处理国家系统和地方系统的关系是当前建档立卡信息系统建设面临的突出问题。从巴西建立"社会计划登记系统"的经验来看，建立全国大一统的信息系统先难后易，时间越长，数据越多，信息越准，发挥作用越大。因此，我国要毫不动摇地建立全国大一统的建档立卡信息系统。

二是要有长期作战的思想准备。建立全国大一统的信息系统，不可能一蹴而就，尤其是扶贫系统信息化工作基础非常薄弱，现有人力、物力、资金严重不足，面向广大农村，面向亿万农民采集信息难度很大，行业部门"信息分割"严重，没有十年八年的功夫，建档立卡信息系统很难成熟。因此，实施建档立卡信息系统建设规划，就要把基础打牢，使功能逐步完善，一步一步推进。

（二）不断完善顶层设计

一是不断优化指标。我国建档立卡信息系统中，针对贫困户、贫困村、贫困县有几百个指标，但不一定都有用。随着城镇化水平的提高和农村社会生活的变化，反映扶贫对象的指标必然需要随之变化。随着精准扶贫、精准脱贫要求越来越高，反映扶贫对象帮扶需求和帮扶成效的指标会越来越多、越来越细。因此，要对现有的指标体系不断优化升级，两三年做一次大的调整。

二是完善信息采集机制。我国建档立卡信息系统的信息现在是每年集中采集一次，耗费大量人力、物力，地方不堪重负，而且时间紧、任务重，影响数据质量。随着手机 APP 等手段的使用，我国可借鉴巴西做法，从集中采集制向随时申报制过渡。

（三）强化信息共享

一是交换行业数据。我国在设计贫困户、贫困村、贫困县建档立卡指标体系时，征求了相关行业部门的意见，但信息采集不是通过行业部门的渠道。目前建档立卡信息系统中的数据与行业部门的数据有一定偏差，如贫困残疾人情况、贫困户一些生产生活条件指标数据、贫困村基础设施现状、贫困县一些综合指标数据等。目前主要由国务院扶贫办组织与行业部门进行数据比对，但难度很大，进度很慢，效果不理想。建议下一步借鉴巴西经验，由国务院扶贫开发领导小组统一部署，相关部门必须参与，把本部门与建档立卡扶贫对象有关的数据，与建档立卡信息系统的数据进行比对，只有这样，才能真正形成扶贫开发大数据。

二是全社会使用数据。我国建档立卡信息系统框架建成以来，第一次产生了全国农村贫困村、贫困户完整数据，为中央"十三五"扶贫决策、为"五个一批"分类施策、为各个脱贫攻坚工程的实施以及建立脱贫攻坚工作平台，提供了信息支撑，但与巴西"社会计划登记系统"实现了全社会信息共享相比，还有很大的距离。建议借鉴巴西经验，打通各部门数据联通屏障，加强信息管理，使其面向全社会开放。

（四）保障建设资金

目前，我国建档立卡信息系统建设资金由中央财政列支，但列支的是项目科目，鉴于信息系统建设的重要性、长期性，建议借鉴巴西经验，以后建档立卡信息系统建设资金纳入中央预算，在安排扶贫专项资金时单列科目，予以保障。

第10章 巴西减贫经验对我国
精准扶贫的启示

徐丽萍[*]

巴西减贫经验丰富，尤其是"家庭补助金计划"因花钱少而收效好，成为享誉全球的社会政策典范，非洲、中东和亚洲的许多国家都开始向巴西取经，在我国国内也得到有关方面的关注，其"社会计划登记系统"等做法对我国建立精准扶贫、精准脱贫工作机制有重要借鉴意义。

一 基本背景

1961~1980年，巴西经历了最好的20年，GDP年均增长7.4%，1975年就进入中等收入国家行列。1981~1990年，巴西经历了最差的10年，产业结构过早地越过劳动密集型，向资本密集型转变，出现大量失业人口。收入分配严重不公，基尼系数很高。中低收入人群无法有效增加收入，导致国内需求不足。1990年，城镇化率就高达75%，土地使用权高度集中在少数精英手里，大量无地无房的人口流入城市，形成了巨大的城市贫困问题，1/4为贫困户。上述原因致使巴西落入"中等收入陷阱"。

为了扭转贫困与不平等加剧的形势，1988年，巴西颁布宪法，尝试把"零饥饿计划"作为国家减贫战略目标，启动了持续福利计划（BPC）和农村社会福利计划（PSR）。持续福利计划向极端贫困的老年人（70岁以上，2003年调整为65岁以上）和残疾人提供非缴费型养老金。农村社会福利计

---

* 徐丽萍，中国国际扶贫中心副研究员。

划向缺乏缴费能力的农村非正式就业人员（年满55岁的女性和年满60岁的男性）每月提供一份相当于最低工资的养老金。到20世纪90年代初，这两项针对没有劳动能力的老年人的社会救助覆盖了85%以上的老年人。

20世纪90年代后期，巴西开始采取具有前瞻性的社会救助政策，即有条件的现金转移支付计划，将社会救助政策的重点转向儿童的教育和健康问题，以投资于人的发展。2003年出台的"家庭补助金计划"（BFP），将学校津贴计划、粮食救济金计划等十几个直接转移支付计划整合在一起，瞄准极端贫困家庭，项目支出占GDP的0.4%。"家庭补助金计划"通过设定条件引导家庭投资人力资本，从而在长期内打破贫困代际传递的恶性循环。

综合三个社会救助计划，巴西建立起覆盖全部贫困人口和脆弱人群的救助式扶贫体系。"持续福利计划"瞄准农村老年人和残疾人的养老，"农村社会福利计划"瞄准农村非正式就业人员这一弱势群体的养老，"家庭补助金计划"瞄准极端贫困人口，特别是儿童、妇女及其家庭。

二 巴西扶贫主要做法和基本经验

（一）巴西减贫历程

巴西20世纪90年代以后开始大规模的减贫计划。从卡多佐政府的"雷亚尔计划"到卢拉政府的"零饥饿计划"再到罗塞夫政府的"无贫困计划"，巴西的减贫政策不断深化。特别是2003年卢拉政府上台执政后提出向贫困宣战，确定在未来4年内消除饥饿的减贫目标，即"零饥饿计划"。巴西政府为"零饥饿计划"设计了一揽子项目，其中最核心的是"家庭补助金计划"，其特点是以教育、卫生为条件的现金转移支付。卢拉政府的减贫政策起到了明显成效，2001年到2011年，共约2600万人脱贫。

罗塞夫政府继续执行"家庭补助金计划"，并于2011年启动"无贫困计划"，提出在4年任期内消除绝对贫困现象，进一步扩大"家庭补助金计划"受益范围，通过职业培训和提供技术指导等为贫困人口创造更多就业机会，同时为贫困人口提供医疗、教育、住房以及水电供应服务等。一系列大规模的减贫计划缩小了巴西的贫富差距，基尼系数从 1989 年的 0.628 降到 2009 年的 0.518，再降到 2012 年的 0.498。

（二）主要做法

1. 扶贫立法

巴西减贫一项显著特征是在 1988 年将减贫与社会保护的各项具体要求写入宪法，将贫困人口的社会福利和帮扶政策以法律形式确定下来。在宪法基础上，制定一系列减贫与社会救助政策法规，规范社会政策范围，包括社会救助的国家政策及实施规范、人力资源政策实施规范、社会救助服务分类、社会救助法、老年人和残疾人福利法等。

2. 设立专门的减贫与社会发展机构

为实施"零饥饿计划"，卢拉总统牵头成立了"社会发展与消除饥饿部"，负责政策制定、项目实施和监测评估等，共协调 22 个部门，实施 100 多个社会发展项目，主要包括实施"家庭补助金计划"，对贫困家庭实施救助，对老人和残疾人提供社会救助和最低生活保障等。

3. 建立跨行业、跨部门的全国统一登记系统

巴西为贫困人口建立的全国统一登记系统，类似我国的贫困户建档立卡系统，但又有自身特点。

一是信息共享。与我国不同的是，巴西全国统一登记系统实现了跨行业、跨部门的信息统一和共享。巴西各类扶贫和社会救助项目都以全国统一登记系统为依据，为信息系统内的贫困人口提供教育、医疗卫生、住房、社会救助，以及就业培训等各项服务。从 2001 年开始创建，至今已有 2300 万个家庭被纳入其中。

二是部门协调。联邦政府社会发展与消除饥饿部牵头负责创建全国统一登记系统，国防部、通信部、联邦储蓄银行以及地方政府提供支持。巴西联邦储蓄银行负责软件的开发、系统维护和培训，负责数据核查整合，并拨付转移支付资金。教育部、环境部、整合部、卫生部、能源部、城市部、农业发展部、交流部、社会保障部、社会保障国家研究所、国家电信局、巴西电管局等依据该系统提供各项服务。

三是自主申报，定期更新。贫困人口自主申报个人信息，巴西政府坚持信任原则并不进行入户调查。贫困人口到居住地附近的社会保障局现场登记，填写家庭信息登记表，该表包括 40 个住户特征指标和 100 多个个人特征指标。贫困人口每 6 个月需要到社会保障局更新一次登记的资料和信息，超过两年没有更新个人信息就取消各项家庭补助。

四是精准识别，精准退出。巴西能够准确识别贫困人口的收入信息源于其全国统一规范的税卡制度。巴西公民每人都有的一张税卡记录了每个人的收入、纳税情况等信息。税卡好像身份证一样，号码唯一，信息唯一。在贫困人口登记个人信息时，系统根据个人税卡号码自动识别个人和家庭的收入情况。家庭人均月收入在 70 雷亚尔（约合 123 元人民币）以下即为贫困家庭，可以领取家庭补助金并获得其他扶贫和社会救助项目。贫困人口的退出也基于税卡识别的收入信息，当家庭人均月收入超过贫困标准 2 倍以上，系统自动剔除，贫困家庭将无法领取家庭补助金。已经脱贫的贫困人口如果返贫，则可以在每 6 个月更新登记信息时，重新进入系统并领取家庭补助金。

4. 整合资源，形成家庭补助金计划

巴西学校津贴计划、粮食救济金计划等十几个直接转移支付计划整合为"家庭补助金计划"。

瞄准对象。这项计划的瞄准对象分为两类：一类是极端贫困家庭，人均月收入低于 70 雷亚尔（约合 123 元人民币），约有 1600 万人，另一类是一般贫困家庭，人均月收入为 70~140 雷亚尔，约有 3400 万人。

受益标准。针对极端贫困家庭，基础补助为 70 雷亚尔。如有子女可额外获得儿童补助和青少年补助，15 岁以下儿童可获得 32 雷亚尔补助，16~17 岁青少年可获得 38 雷亚尔补助。一般贫困家庭没有基础补助，但可获得儿童补助和青少年补助。

附加条件。受益家庭中 6~15 岁的儿童必需上学，出勤率要达到 85%，16~17 岁的青少年上学出勤率要达到 75%。受益家庭成员承诺按时接种疫苗，孕妇接受产前检查，哺乳期母亲和婴儿定期体检等。只有凭学校和卫生部门的证明才能继续领到救助金。

5. 多项举措，分类施策

促进就业和增收的项目。2013 年，推出全国技术教育和就业计划，为中学毕业后的学生提供职业教育和培训，以帮助其就业，脱离对"家庭补助金计划"的依赖。此外，还向在系统中注册的 290 万个个体商户提供了 76 万笔小额贷款，以增强其脱贫致富能力。

促进农业和农民增收项目。在农村开展了技术援助和生产性资产的现金转移项目，为所有人修建的家庭储水池项目，生产用水项目，农村小额信贷项目等。"全国学校供餐计划"要求学校包括幼儿园所采购的粮食，必须至少 30% 来源于农户。"食品采购计划"则投入 35 亿美元用于从 16 万户农户手中采购食物，每年有 1400 万人从这个计划中受益。

为穷人提供基本公共服务。在提供公共服务方面，巴西实施了较为全面的社会救助项目，如巴西学生照料项目、全时教育项目、低收入人群的基本卫生照料项目、贫民窟改造和低收入家庭的住房项目等。

针对特殊贫困群体分类施策。巴西政府尤其关注老人、残疾人、儿童的社会保护，除采取分年龄的各类补助外，还设立各类救助和活动中心，为困境中的弱势群体提供救助、照料、卫生等服务。

（三）主要特点

1. 立法先行是减贫的制度保障

立法先行成为巴西减贫的制度保障，不管哪个政党执政，也不管宏观经济形势的变化，减贫和社会救助的目标都不易变动。此后巴西开始大规模的减贫计划，历经的三位总统在任期内都将减贫作为政府工作的重中之重。

2. 总统亲自牵头，加大扶贫工作力度

巴西先后两位总统亲自抓扶贫，提出消除贫困的目标，制定一整套减贫政策，十几年内成功地减少了贫困并缩小贫富差距。

3. 城市贫困为主要特征

巴西的城镇化率较高，贫困问题主要指城市贫困，城市中的贫困人口聚集形成贫民窟。因此，巴西的贫困往往伴随失业、暴力、吸毒、基础设施落后等特征。

4. 全国统一登记系统是减贫的重要基础

巴西的全国统一登记系统具有全国范围内统一数据、统一识别标准、信息共享、动态更新、贫困识别和退出机制简单易行等特点，这成为巴西政府制定各类减贫政策和设计减贫项目的重要基础。

5. 一揽子扶贫计划是减贫的重要保障

巴西将原有分散的扶贫和救助项目整合，以贫困数据为基础设计一揽子扶贫计划。整合资源，集中财力是成功减贫的重要保障。

6. 多项举措保证项目到户到人

巴西的减贫与社会救助项目从设计之初就保证到户到人。贫困人口信息登记以家庭为单位，项目设计主要针对家庭。例如，贫困家庭获得家庭补助金同时获得儿童补助，家庭必须接受教育、卫生项目等。巴西在靠近贫困人口聚集的社区设立社保中心，以便于项目落实到户。

三　思考与建议

（一）推动立法，加快扶贫制度建设

消除贫困是社会主义的本质要求，推动立法是扶贫工作的制度保障。扶贫立法有利于保证社会发展成果惠及穷人，有利于规范减贫政策范围，保持减贫政策的持续性和稳定性，使扶贫工作尽快走上法制化轨道。

（二）建立完善跨行业、跨部门的扶贫开发大数据系统

建议借鉴巴西经验，将全国贫困人口的建档立卡系统建设成全国统一的扶贫开发大数据系统。可由国务院扶贫开发领导小组统一部署，各部门、各行业与建档立卡扶贫对象有关的数据，应与建档立卡信息系统的数据进行比对，形成统一决策、信息共享的扶贫开发大数据平台，形成脱贫攻坚合力，为精准扶贫、精准脱贫提供科学依据。

（三）整合资源，分类施策，探索扶贫到户的新机制

借鉴巴西"家庭补助金计划"，将分散在各部门、各行业的减贫相关政策整合，打包设计一揽子扶贫政策和项目，可由国务院扶贫办统一规划，分类施策。从项目设计阶段即以家庭为单位，借鉴有条件现金转移支付的办法，结合家庭的人口结构以及教育、卫生等综合情况，探索扶贫到户的新机制。

（四）丰富"开发式扶贫"内涵，拓展扶贫对象

我国"开发式扶贫"与"最低生活保障制度"两轮驱动，在制度设计上比巴西以社会救助为主的单一体系相对完善。不过有两方面可以借鉴巴西经验，一是我国扶贫开发需更加突出人力资本开发，推动生产发展与人力资本开发相结合的新型开发式扶贫模式；二是拓展"扶贫对象"的定义，将儿童、无劳动能力的老年人、残疾人，甚至2亿多名的流动人口完整地包括在扶贫对象中，然后根据部门职能，确定各部门的重点工作对象。

（五）及时化解城市化进程中的贫困问题

巴西作为传统的农业大国，在快速的城市化进程中没有及时化解流动人口的贫困问题，使大量社会问题迅速堆积。建议借鉴巴西的教训，一方面避免农村人口过度流失，另一方面尽快将流动人口的贫困和城市贫困问题纳入国家扶贫开发战略，在城市化进程中化解矛盾。

（六）以加强中巴减贫交流合作为重点，进一步推动中拉减贫合作进程

以巴西为代表的拉美国家大多都经历了所谓的"中等收入国家陷阱"。由于与我国现阶段相似，加强减贫经验的交流分享，有利于汲取发展经验。此外，和非洲国家注重资金和项目援助不同，拉美国家比较注重经验的分享和交流，这对我们开展减贫交流合作没有太大压力，也符合我们开展国际减贫交流合作的特点和实际。

第11章 墨西哥和哥伦比亚多维减贫概况

徐丽萍[*]

一 多维贫困测量方法与减贫实践逐渐成为国际减贫主流

从联合国开发计划署《2010年人类发展报告》采纳多维贫困测量方法，并发布全球多维贫困状况以来，多维贫困指数（MPI）被越来越多的国家采纳，并受到联合国、世界银行等国际组织的重视。

联合国2030年可持续发展目标提出"消除一切形式的贫困"。"一切形式的贫困"反映了除收入以外，需要从更多的维度衡量贫困状况。因此在推动落实2030年可持续发展目标中，多维贫困测量方法逐渐成为主流趋势和热点领域。世界银行全球贫困委员会（Commission on Global Poverty）于2016年10月发布的《全球贫困监测》（Monitoring Global Poverty）就明确提出，建立关于非货币贫困的补充指标，包括教育、医疗卫生、基本服务获取三个领域。目前有40多个国家的减贫部门和统计部门正在研究制定或已经实施从多维度对贫困进行综合评价的标准，以补充收入贫困标准对教育、卫生、住房、就业、饮用水、厕所、用电、生活用燃料、耐用消费品等非收入贫困状况评价的不足。此外，国际发展援助领域也逐步接受采用收入贫困和多维贫困指数引导国际发展援助。

---

* 徐丽萍，中国国际扶贫中心副研究员。

二　墨西哥和哥伦比亚应用多维贫困测量方法
开展的减贫实践成效显著

1. 墨西哥的多维减贫实践

墨西哥是第一个用多维贫困测量方法识别、瞄准贫困人口的国家。其做法一是由专门机构承担贫困识别工作，社会政策评估独立委员会专门从事多维贫困指导、定义、识别和测量，以及规范、协调社会发展政策和项目的评估。二是从 8 个维度识别贫困，可以精准地识别出谁是贫困人口，贫困到什么程度以及致贫原因。三是做到了扶贫到户，以促进人的发展。直接向贫困家庭提供现金，资金直接到户到人，资金与"机会均等"扶贫计划直接挂钩，提高了人的发展能力，提高了扶贫资金的使用效率和效益。

（1）多维贫困测量指标。2009 年，墨西哥政府采纳 8 个维度的多维贫困测量方法识别穷人，包括教育差距、健康服务、社会安全、室内基本服务、居住场所质量、食物、人均收入和社会融合度。其特点是将收入维度与非收入维度结合起来。每个维度确定具体指标，如教育差距这个维度，由两个指标构成，一个是反映 2～15 岁儿童的教育；另一个是反映 16 岁及以上成人的教育。8 个维度中，收入维度和非收入维度各被赋予 50% 权重，非收入维度中各项被赋予相同权重。

（2）识别穷人。贫困人口分为两类：中度贫困人口是指一个收入贫困，并且在 1～2 个社会维度贫困的人口；极端贫困人口是指一个收入贫困，并且在 3 个及以上社会维度贫困的人口。2014 年，墨西哥多维贫困发生率为 46.2%，贫困人口为 5530 万人。其中，极端贫困发生率为 9.5%，极端贫困人口为 1140 万人；中度贫困发生率为 36.6%，中度贫困人口为 4390 万人。

（3）在扶贫项目中的应用。用多维贫困测量方法识别出贫困人口后，由"机会均等"扶贫计划帮扶。该计划是墨西哥政府于 2002 年创立的一项由政府主导的"家庭补助计划"，目标是通过有条件现金转移支付帮助贫困家庭完成教育、卫生服务和营养支持。"机会均等"扶贫计划实施以来，覆盖的家庭由 2002 年的 250 万个提高到 2012 年的 650 万个，使墨西哥 30% 的家庭从计划中受益。计划实施以来，墨西哥的基尼系数由 2000 年的 0.54 下降到 2010 年的 0.477。此外，由于教育、卫生、营养条件的改善，其所带来的人力资本提升的社会效益更为明显。

2. 哥伦比亚的多维减贫实践

2011 年，哥伦比亚总统桑托斯宣布把减贫作为核心的国家发展计划。2012 年开始，哥伦比亚政府建立了"教育、卫生、儿童和青年、就业、住房和公共设施"5 个维度 15 个指标的贫困综合评价标准（多维贫困指数）。根据哥伦比亚国家统计局数据，2015 年，按收入维度统计，贫困人口约 1300 万人，贫困发生率为 27.8%。按多维贫困测算，2015 年多维贫困人口约 960 万人，多维贫困发生率为 20.2%。

（1）全国统一信息分享系统。哥伦比亚社会繁荣署和统计局负责计算全国的多维贫困指数，每年做多维贫困调查。目前，该系统共有 106 万户、460 万名贫困人口信息。

（2）多维减贫项目。根据不同群体和不同区域的多维贫困状况，2012 年哥伦比亚实施"家庭行动项目"。该项目瞄准 250 万个贫困家庭、900 万名贫困人口。重点对贫困儿童（包括 0～3 岁儿童）、青少年进行扶持，综合改善教育、卫生和营养等人力资本条件，阻断贫困代际传递。国家安全网项目是哥伦比亚消除极端贫困的主要政策，项目瞄准 150 万个家庭、约 500 万名贫困人口。通过保障性住房、社区改水改厕和洗澡设施，彻底改善贫困户人居条件；通过社区农业综合开发项目，促进增收和就业等。

（3）社会工作队伍。社会繁荣署通过政府购买社会服务形式，从全国 27 个省的社会工作机构聘请 7283 名社会工作人员，专门对贫困户进行识别登记和信息更新，并实施基层减贫项目。社会工作人员为专职人员，要求大学以上学历，聘用期一般为 1 年，可以续聘。社会繁荣署和社工机构分别负责培训和发放工资，平均月薪 350 美元（据介绍，这在当地是一份不错的工作）。

（4）监测、评估与退出。桑托斯总统建立了一个特别的部级内阁委员会，以监督国家减贫计划的实施。贫困家庭（人口）脱贫需使多维致贫因素低于 5 项、11 项主要指标达标、收入高于扶贫标准。多维减贫政策实施以来，哥伦比亚减贫工作取得显著成效，多维贫困发生率从 2010 年的 30.4% 下降到 2015 年的 20.2%。

三　中国精准扶贫是多维减贫的最佳实践

我国对"贫困"的定义本身就是多维度的，既包括收入方面的"贫"，也包括非收入方面的"困"。我国的扶贫开发历来是从多个维度解决贫困问题。从"八七"扶贫攻坚计划开始，除解决温饱增加贫困人口收入外，还从道路、饮水、电力、教育、健康等多个方面消除贫困。我国政府根据贫困的多维现象，于 1986 年就在国务院设置了跨部门的减贫机构。针对贫困人口致贫原因的多维度，我们坚持政府主导、社会动员，用多种政策"组合拳"从多个维度合力推进减贫工作。此外，我国政府始终坚持把扶贫开发作为战略部署纳入国家经济社会全局同步推进，始终坚持把发展作为解决贫困的根本途径，帮助贫困地区、贫困群众提高发展能力，创造发展机会，共享发展成果。

党的十八大以来，以习近平同志为核心的党中央提出精准扶贫、精准脱贫方略，强调 6 个精准，并根据贫困的不同情况和不同维度，实施了"五个一批"脱贫措施。可以讲，我国目前实施的脱贫攻坚政策和措施，与国际提倡的多维减贫理念与方法是高度契合的。目前很多国家正处在研究和应用阶段，而我国早已从多个维度实现大规模的减贫，许多减贫政策和措施力度也走在世界前列。

我国的多维减贫与国际多维减贫也存在区别。国际上应用多维贫困测量方法更加注重社会问题，我们更加注重经济方面。国际上更加注重从区域角度减贫，我们的精准扶贫直接到户到人。但也要看到，我国还未建立一套完整的多维监测体系，许多具体领域的扶贫工作也没有相应的硬指标约束和指导。

四　积极争取国际话语权，展现中国精准扶贫软实力

中国的减贫成就和经验是国际公认的，在国际减贫领域需要中国更加强有力地发声，精准扶贫和多维减贫将为中国争取国际话语权发挥更大作用。在三十多年的扶贫实践和理论基础上，总结提炼创新出的精准扶贫方略，不仅给中国的减贫工作开创新局面，而且将继续引领国际减贫，推动世界减贫

事业的共同发展，为人类共同富裕做出新贡献。

习近平总书记在 2015 年减贫与发展高层论坛上提出，推动建立以合作共赢为核心的新型国际减贫交流合作关系，要求发挥好中国国际扶贫中心等国际减贫交流平台作用，提出中国方案，贡献中国智慧，更加有效地促进广大发展中国家交流分享减贫经验。中国的精准扶贫经验和做法受到高度关注，国际社会也期待学习和分享中国的精准扶贫经验。

目前，多维减贫逐渐成为国际减贫的主流方向。在 2016 年 G20 杭州峰会上，第一次就落实联合国 2030 年可持续发展目标制订行动计划。2017 年在德国召开的 G20 会议，把可持续发展作为主要议程。为积极应对，中国可将精准扶贫的多维减贫实践作为落实 2030 年可持续发展目标的主要手段。在落实国内减贫目标和 2030 年可持续发展目标进程中，主动利用多维减贫理念讲好中国故事，有利于掌握国际话语权，进一步增强中国软实力。

五 主要建议

以墨西哥和哥伦比亚为代表的拉美国家大多都经历了所谓的"中等收入国家陷阱"。由于与我国现阶段相似，加强减贫经验的交流分享，有利于汲取发展经验。此外，和非洲国家注重资金和项目援助不同，拉美国家比较注重经验的分享和交流，这对我们开展减贫交流合作没有太大压力，也符合我们开展国际减贫交流合作的特点和实际。

2015 年国务院扶贫办成为中拉合作论坛后续委员会成员单位，可充分发挥中拉合作论坛平台作用，以《中国与拉美和加勒比国家合作规划（2015 - 2019）》为指导，在中拉合作论坛框架下，适时召开中拉减贫合作分论坛，重点在经验分享、人员交流、能力建设、合作研究等方面开展合作。

图书在版编目（CIP）数据

　　世界各国减贫概要. 第二辑／左常升主编 . -- 北京：

社会科学文献出版社，2018.7

　（国际减贫与发展丛书）

　ISBN 978 - 7 - 5201 - 2366 - 2

　　Ⅰ. ①世…　Ⅱ. ①左…　Ⅲ. ①扶贫 - 概况 - 世界

Ⅳ. ①F113.9

　　中国版本图书馆 CIP 数据核字（2018）第 044306 号

·国际减贫与发展丛书·

世界各国减贫概要（第二辑）

主　　　编／左常升
副 主 编／谭卫平　张广平　徐丽萍

出 版 人／谢寿光
项目统筹／周　丽　冯咏梅
责任编辑／冯咏梅　王春梅

出　　　版／社会科学文献出版社·经济与管理分社（010）59367226
　　　　　　地址：北京市北三环中路甲 29 号院华龙大厦　邮编：100029
　　　　　　网址：www. ssap. com. cn
发　　　行／市场营销中心（010）59367081　59367018
印　　　装／三河市龙林印务有限公司

规　　　格／开 本：787mm × 1092mm　1/16
　　　　　　印 张：15.25　字 数：245 千字
版　　　次／2018 年 7 月第 1 版　2018 年 7 月第 1 次印刷
书　　　号／ISBN 978 - 7 - 5201 - 2366 - 2
定　　　价／79.00 元

本书如有印装质量问题，请与读者服务中心（010 - 59367028）联系